教育薪火书系·第一辑

范仲淹的教育人生

王俊永◎著

山西出版传媒集团
山西人民出版社

图书在版编目（CIP）数据

范仲淹的教育人生/王俊永著.—太原：山西人民出版社，2018.5
（教育薪火书系/张斌贤主编）
ISBN 978-7-203-10381-3

Ⅰ. ①范… Ⅱ. ①王… Ⅲ. ①范仲淹（989—1052）-教育思想-研究 Ⅳ. ①G40-092.441

中国版本图书馆 CIP 数据核字（2018）第 088524 号

范仲淹的教育人生

著　　者：王俊永
责任编辑：陈俞江
复　　审：傅晓红
终　　审：员荣亮
装帧设计：李尚斌　张国仁

出 版 者：山西出版传媒集团·山西人民出版社
地　　址：太原市建设南路 21 号
邮　　编：030012
发行营销：0351-4922220　4955996　4956039　4922127（传真）
天猫官网：http://sxrmcbs.tmall.com　电话：0351-4922159
E - mail：sxskcb@163.com　发行部
　　　　　sxskcb@126.com　总编室
网　　址：www.sxskcb.com

经 销 者：山西出版传媒集团·山西人民出版社
承 印 厂：山西出版传媒集团·山西人民印刷有限责任公司

开　　本：787mm × 1092mm　1/16
印　　张：16.75
字　　数：295 千字
印　　数：1—3000 册
版　　次：2018 年 5 月　第 1 版
印　　次：2018 年 5 月　第 1 次印刷
书　　号：ISBN 978-7-203-10381-3
定　　价：75.00 元

教育薪火　传承不息(总序)

钟秉林

在人类的历史长河中,教育一直伴随人类的文明进程在不断发展进步,那些弥足珍贵的教育著作、教育思想、教育人物和事迹,无时无刻不在拨动着教育工作者的心弦。我们永远无法忘记那些给我们留下宝贵思想财富的教育家,他们的思想、言论和实践,依然是激励我们教育工作者前进的动力。时至今日,教育的发展与变革更成为世界各国应对日趋激烈的国际竞争的重要战略。在科教兴国战略的指导下,党和国家对教育工作给予了高度的重视,深刻认识到教育家对教育事业的重要性。《国家中长期教育改革和发展规划纲要(2010—2020年)》就明确提出:“创造有利条件,鼓励教师和校长在实践中大胆探索,创新教育模式和教育方法,形成教学特色和办学风格,造就一批教育家,倡导教育家办学。”

要想成长为教育家或者在教育实践中能够起到扛鼎作用并非易事,需要我们教育工作者吸收过往教育家留下来的丰富教育营养,清晰地认识什么是真正的教育家,教育家应该具备什么样的素质和条件,做到融会贯通,大胆实践,自成一家。与此同时,在教育改革的大背景下,普通教师同样迫切需要能够在教书育人过程中得到启迪和突破的催化剂,教育家的思想和实践是经过检验的真理,是教学启迪催化剂的最佳选择。

然而,在浩瀚的书海中,以教育家为主线、囊括中外、跨越古今、自成体系的书系并没有面世。山西的《新课程》杂志社和《现代职业教育》杂志社,在教育的广袤园地上深耕多年,熟知一线教师的需求,希望为普通教师策划一套教育理论普及读物，以使广大中小学教师能够“近距离”地接触中外历代教育家的教育思想、实践经验和办学理念，促进教育理论水平的提高，从而更好地开展教育教学实践。书系的策划人与张斌贤教授为理事长的中国教育学会教育史分会的夙愿不谋而合，合作编写一套大规模的、以教育家为主线的书系的想法随之形成。

策划团队把书系命名为“教育薪火”，是希望教育家的教育思想能够薪火相传，不断推动人类文明的发展。“教育薪火”书系拟分为三辑出版，按照中国古代、中国近现代、外国古代和外国近现代分类。第一辑共选择了一百余位中外教育家，一位教育家一本书，规模宏大，应该说能够在中国教育出版史上留下浓墨重彩的一笔。所选教育家都是经过书系编委会认真研究、充分论证而定的，他们在教育史上有较大的影响，能够启迪或者感染教育工作者，推进教育和教学的发展。当然，其中有的教育家更为名声在外的不是在教育上，但是他们在教育上的贡献毫不逊色于其他方面的贡献，比如我们熟知的一些革命家；另外，还包括了一些具有地方特色的教育家以及还没有被人们真正认识的教育家。

必须提及的是，中国教育学会教育史分会非常荣幸地邀请到我国著名的教育学者顾明远教授、叶澜教授、史宁中教授、宋乃庆教授、田正平教授、裴娣娜教授和朱小蔓教授等担任书系的顾问，成立了由40位教育学界具有重要影响的学者组成的编委会，为书系的质量保驾护航。

还需提及的是，《新课程》杂志社和《现代职业教育》杂志社为物色学有专长的作者付出了巨大的辛劳。书系的作者地域和院校分布广泛，既有北京师范大学、华东师范大学、东北师范大学、华中师范大学、陕西师范大学、南京师范大学、首都师范大学等师范院校的学者，也包括武汉大学、四川大学、南京大学、南开大学、天津大学、河北大学、河南大学等综合大学的教师。作者以教育史专业的中青年教师为主力军，他们朝气蓬勃、时代感强，研究范围涉猎较广，能大胆地探索和怀疑，一些新的教育研究成果不断涌现，为书系注入了难得的新鲜气息；他们与一线中青年教师同处一个频道，其思维模式很容易被接受。

客观而言，现在每年出版的教育类图书很多很多。一类为实践性强和操作性强的教学类图书，教师拿来就可以在课堂上使用；另一类为理论性强和学术性强的图书，印数少，流通范围小，普通教师往往望而却步。然而，教育理论只有指导教育实践才有存在的价值。在我看来，书系最具特色的价值就是秉承了教育理论通俗化这一理念，在教育理论研究者和普通教师之间架起了一道桥梁。书系以教育家为主线，坚持学术性与普及性并重，用通俗化的语言，或阐述教育家的教育思想精华，或叙写教育家的精彩教育事迹和教育实践，力图“润物细无声”，让教师喜欢读，在读中提高素养，深刻理解教育家，形成自己的理论，推进“教育家办学”。

当然，书系在真实性上也颇下功夫。以史料为依据，实事求是叙述，客观全面评价，不有意拔高教育家的贡献，注重教育家闪光点的挖掘和传播，是教育家历史画卷现代版的呈现。书系成规模、系统化，学术性和可读性强，具有较强的收藏价值，非常适合各中小学图书室和大学图书馆选择配置。

中国教育学会教育史分会为教育事业做了一件好事，张斌贤理事长请我作序，我觉得理应支持，欣然应允。

希望广大教育工作者能够认真阅读这套图书，为自己的教育职业生涯发展打下坚实基础，为成长为新时期的教育家而不懈努力。

丁酉年正月于北京

（作者系中国教育学会会长、北京师范大学原校长）

目录

第一章

贤者为师，博取百家：范仲淹教育思想形成

范仲淹有《睢阳学舍书怀》诗云：

白云无赖帝乡遥，汉苑谁人奏洞箫？
多难未应歌凤鸟，薄才犹可赋鷦鷯。
瓢思颜子心还乐，琴遇钟君恨即销。
但使斯文天未丧，涧松何必怨山苗。

这是一首对仗工整的七言律诗，写于北宋真宗大中祥符七年（1014），那一年，范仲淹刚满26岁。这首诗用凤鸟、鷦鷯比喻才艺高低，借用颜回、钟子期等古人的典故，表达了作者对未来人生的期许。全诗洋溢着寒窗苦读数载，会当一博天下的豪情，更抒发了范仲淹甘于清苦、洁身自好、寻求知音的殷切渴望和充满自信的乐观主义精神，将"以天下为己任"的责任感与坚韧不拔的坚强意志交融在一起，让人振奋，给人激励。

范仲淹写这首诗的时候，已经在帝乡南都的应天府书院苦读了五年之久，即将踏上科举之路。五年的时间，一个远离亲人的贫寒学子，忍饥挨饿，其甘如饴，夜不解衣，手不释卷，终于成长为一名腹有诗书、心忧天下的英才。

诗中的"帝乡"，就是今天的河南省商丘市。这里地处中原，人杰地灵，在春秋战国时期为宋国首都，文化底蕴深厚，历史源远流长，产生了很多有名的历史人物，如战国时期著名思想家的庄周、墨家创始人墨翟、协助汉高祖打天下的将军灌婴、南北朝时期著名文学家江淹、明代大将于谦和文学家侯方域等，可谓群星璀璨，光耀古今。而赵宋王朝之所以将此地作为南都，皆因宋太祖赵匡胤发迹于此，属于龙脉所在。赵匡胤建国取名"宋"，也是来源于此。

北宋真宗大中祥符八年（1015），27岁的范仲淹进士及第，终于实现了家境贫寒的读书人“朝为田舍郎，暮登天子堂”的梦想，这也是他此后近40年间出将入相、坐镇一方、激扬天下的开始。

范仲淹这个名字，对于读书人都不陌生。我们在学生时代就开始学习他的千古名篇《岳阳楼记》，记住了他的人生豪言“先天下之忧而忧，后天下之乐而乐”，也曾经被那篇不足500字的美文深深打动。我们曾经朗诵着他的《渔家傲·秋思》漫步校园，在“长烟落日孤城闭”的苍凉中，想象着“羌管悠悠霜满地”的边塞奇景。

在《岳阳楼记》《渔家傲·秋思》的字字珠玑中，我们看到的仅仅是作为文学家和诗人的范仲淹，远远无法代表这位千古名臣辉煌人生的全部。如果我们拂去历史的烟尘，走进宋仁宗庆历年间，就会看到作为副宰相的政治家范仲淹，在忧国忧民的思虑中夜夜秉烛直书；如果我们身处宋夏鏖战的西北战场，看到的是作为军事家的范仲淹，在滚滚黄尘中指挥千军万马；如果我们站在书声琅琅的校园，看到的是作为教育家的范仲淹，在为百年树人的教育事业而孜孜不倦；如果我们驻足富饶的江南鱼米之乡，面对滔滔洪水，看到的是作为地方长官的范仲淹，在为治理水患、拯救黎民而殚精竭虑……

这是一个有着很多故事的千古名人，这也是千百年来为无数后来者所崇敬的人生楷模。范仲淹虽然出身寒微，却通过不懈的努力、超人的才艺与高尚的人格博得了身前身后名。在他病殁之后，宋仁宗亲手书写“褒贤之碑”进行嘉奖，并赐谥号“文正”。这个谥号是宋代及以后读书人所获取的最高荣誉。从北宋初年到清朝末年近千年的时间里，人才济济，但是能够获得谥号“文正”的只有区区二十几人，范仲淹就是历史上第四个获得这项崇高荣誉的人。

对于范仲淹的评价，从古至今，众口一词，都是美誉。这是不可想象的，也证明了范仲淹独特的人格魅力，即使穿越了千年的风雨，至今依旧不衰。与他同时代的大臣叶清臣评价说：“为社稷之固者，莫若仲淹。”另一位名臣文彦博则说：“范墨韩文传不朽，首阳风节转孤高。”“唐宋八大家”之一的曾巩则一语中的：“天下想闻其风采，贤士大夫以不获登其门为耻。”大文学家苏东坡少年之时就对范仲淹极为仰慕，可惜当他入朝为官之时，范仲淹已经故去。这位世间罕见的文学天才一直为不能与这位名臣交游而深以为憾，他说道：“出为名相，处为明贤。乐在人后，爱在人先。经天纬地，轶后空前。有宋文明之运，实自公始。天下信其诚，争师尊之。”明代方孝孺则评价说：“古之志人，忘己徇民。孰若先生，为民之忧。饮食梦寐，四海九州。”而毛泽东在《讲堂录》中写道：“中国历史上不乏建功立业的人，也不乏思想品行影响后世的人。前者如诸葛亮和范仲淹，后者如孔、孟等人。但二者兼有，即‘办事兼传教’之人，历史上只有两位，即宋代的范仲淹和清代的曾国藩。”

范仲淹是千古名臣，也是一个建立了丰功伟业的读书人。他一生秉承着“以国为家，心系天下”的理念，并通过几十年的时间实践笃行之。是读书，让他从贫寒的学子成为治国良臣；是读书，让他汲取了古往今来的先贤智慧，并融会贯通，在实战中无坚不摧。是教育，让他脱胎换骨，成为一代伟人；是教育，让他成为激浊扬清的士人楷模，成了影响后世千百年的宋学奠基人。

既然读书和教育如此重要，我们就很有必要重温这段历史，回到范文正公叱咤风云的千年以前，追寻他的人生足迹，了解他的治国事迹，梳理他的教育思想，提炼他的治学精神，让这位闪耀着人格魅力的先贤指引我们的人生与未来。

第一节　教育兴衰，国运所系

想要了解范仲淹的教育思想及其育人理念，就需要回顾一下北宋之前教育的漫长发展历程，并对五代军阀混战、民生凋敝、文化残破、教育凋零的社会现实做一个概览。这样我们才会明白，为何赵宋开国皇帝赵匡胤将重用读书人作为后世子孙严格遵守并笃行的准则；为何在北宋168年的时间里，从来没有一名文官被戕害；为何宋代会打通底层人士上升的通道，百花齐放，百家争鸣，创造出超越汉代的又一次文化巅峰。

教育，是富民之本，更是救国之路；教育，是振兴一个民族的必经之路和不二法则。

不管在城市还是乡村，静谧的校园或者隐藏在华宇楼台之间，或者点缀在绿树丛荫之地，学校周边的气氛总是与其他地方完全不同。不管我们内心多么浮躁，一旦走进校园里，总是不由自主地产生敬畏之感。其实，那是我们内心深处对于知识的敬畏。“百年大计，教育为本”可不是一句空口号，教育的好坏和成功与否，直接决定着一个民族的未来。

我国教育的发展源远流长，上古的三皇五帝时期，由于还处于半神话半传说时代，属于原始社会时期，其教育制度已经很难考证和追寻，想来就是部落长老掌握着本族流传下来的一些宝贵的生存经验，通过口述的方式传给族人。在那个茹毛饮血、刀耕火种、生产力极不发达的年代，部落的长老扮演着类似巫师的角色，同时也是部落的最高首领，还兼任着教师的职责。

传说中的仓颉造字是一件开天辟地的大事，以至于有仓颉造字“天雨粟，鬼夜哭”的说法。这项伟大的发明结束了结绳记事的历史，让人类的文明薪火能够代代相传。当然，仓颉造字只是后人附会出来的想象，在史书上是找不到关于仓颉造字的确切记载的。实际上，至少在商代之前，考古学家们都没有发现成熟的文字。文字的成熟与发展，是从商代后期开始的。商代出现的文字有两种：一种是我们熟知的甲骨文，刻在龟甲和兽骨之上，作为卜辞遗留至今；另一种是金文，也叫铭文、钟鼎文，是刻在青铜器皿上的字，用于记载祖先及王侯的功绩或者重大历史事件。

因此，周代的文献中，就有“唯殷先人，有册有典”的说法，这也确切证明，直到商代文字才作为系统的记事符号被使用和传承了下来。

文字的出现，让大规模记事成为可能，真正的教育终于在神州大地开始勃兴。

对于教育的重要意义，古代先贤们曾经打了一个很极端的比喻：人如果不接受教育，无异于禽兽。可见教化的作用是多么重要，这也是社会走向文明的先决条件和重要基础。

若要实施教育，就要开辟专门教育学生的场所，也就是学校。在古代，学校的名称也经历了漫长的演变过程。最早对学校做出系统解释的是战国时期的孟轲。当年滕国的国君滕文公向孟子请教治国良策，孟子就建议首先要发展教育，他说道：“设为庠、序、学、校以教之。庠者，养也；校者，教也；序者，射也。夏曰校，殷曰序，周曰庠，学则三代共之，皆所以明人伦也。人伦明于上，小民亲于下。有王者起，必来取法，是为王者师也。”

这段话收录在《孟子·滕文公上》里。从上面我们可以看出来，夏商周三代，对于学校的称呼是不同的，并且学校的功能也迥异。在半传说的夏代，学校的名称叫“校”，这是教化育人的本意；商代的学校叫作“序”，是叫人学习射箭的场所；周代的学校叫作“庠”，含有教育和教养的意思。

在周代之前，受教育的权利都被奴隶主阶级所垄断，普通的平民和奴隶很难有机会接受教育。为什么会出现这种情况？这是因为，真正实用的雕版印刷术到唐代才出现，历史上第一部通过雕版印刷流传后世的书籍就是《金刚经》。在此之前的漫长岁月，书籍都不是通过印刷获得的。在东汉蔡伦发明纸张之前，书籍是用专门的刀子刻在竹木简上，非常笨重，往往几部书就能装满一辆牛车，十几部书就可以填满半间屋子。古人用“汗牛充栋”这个成语比喻藏书的丰富，实际上，一辆牛车、一间屋子真的装不下多少书。从东汉到唐代，书籍全部是用笔墨抄在纸上的，做成卷轴形状收藏。唐代发明了雕版印刷术，唐代中后期到五代十国时期，雕版印刷术开始大规模普及，书籍的成本才大幅度降低，民间才有更多的机会获得知识，由此激发了宋代文化教育事业发展登上高峰。

可以想见，在西周和春秋战国时期，知识因为书籍的无法普及而掌握在极少数人手中。他们往往是世袭的国家官员，比如司马迁的祖上，从西周时期就管理“皇家”图书，一直到了汉代，司马迁任职太史令，依旧承担着管理图书的职责。为何只有司马迁能写出《史记》，而别人不能？除了发愤著书的刻苦精神之外，太史公掌握着大量图书资源才是最根本的原因。由于知识全部被高层垄断，且书籍的普及成本太高，下层的奴隶和百姓根本没机会接触到官方知识，这就造成了孟子所说的“劳心者治人，劳力者治于人”的社会现实。

在周代之前，夏商设置的学校都是官学，教授贵族子弟，还没有出现地方性的乡学和私学。到了西周时代，周王室和各个诸侯国不但设置了专门用来培养贵族子弟的学校，即官学，还出现了由地方建立的乡学。官学里的老师都是官员，学生主要学习“六艺”，即礼、乐、射、御、书、数。礼，就是礼仪；乐，指的是官方音乐；射，就是射箭技术，这是古人必须掌握的一项基本功；御，就是驾车技术，含有学习统治驾驭之术的意思；书，指的是书法、识字；数，一般而言指的是占卜之术，也有算数、技术和技巧的意思。上述这些内容，完全是为贵族子弟量身定做的，与下层平民没什么关系。

到了春秋时期，诸侯国做大做强，开始欺凌周室，这就是孔夫子哀叹的“礼崩乐坏”时代。由于周王室中央集权能力削弱，由周王室主办的官学慢慢废弛，大量的文化典籍开始流出周王宫，向民间扩散，文化中心也不断迁移。“学在官府”的局面被打破，私人办学蓬勃兴起，孔子、孟子、墨子、荀子等著名教育家开始著书立说，广收门徒，开启了“百家争鸣”的时代。春秋战国时期，虽然社会动荡，战乱频仍，但是大量的平民百姓有机会通过接受教育改变自己的身份和命运，这是不可否认的。

到了汉代，大儒董仲舒提出了“罢黜百家，独尊儒术”的建议，被汉武帝采纳。从此以后，儒学就成了官方显学，儒学中的“五经”，即《诗经》《尚书》《礼记》《周易》《春秋》就成了学子们必修的课程。在董仲舒和公孙弘等人的提议下，汉武帝于元朔五年（前 124）建立了官方学府——太学，最初招纳学生 50 人，教师的头衔是“五经”博士，他们都是研究“五经”的大师级人物。管理教师的官员叫作仆射，到了东汉，又改叫祭酒，都属于职位很高的官员。

除了官方太学之外，汉代还建立了很多郡国学校，类似于秦汉之前的乡学。此外还有很多私学，这些私学的建立者大都是仕途无望的读书人，他们自己设立学校，将满腹经纶传授给弟子们。

到了东汉末年，太学生的人数已经超过了 1 万人，可以想见当年的教育盛况，而东汉末年全国总人口才不过 5000 万人。这些太学生都是社会精英，他们有学识，有胆量，忧国忧民，经常指点江山、针砭时弊，还与朝中祸国殃民的宦官针锋相对做斗争。这些热血青年的行为引起了宦官的极度仇恨，最终为太学生带来灭顶之灾。在宦官的鼓动下，东汉桓、灵二帝大肆捕杀太学生及其首领，这些学生领袖很多都是朝廷的官员。对侥幸免死的官员和太学生则终生禁锢，不准为官，造成了导致东汉灭亡的“党锢之祸”，这是典型的自毁长城之举。

三国两晋南北朝时期，是中国第一次大分裂，从公元 189 年到公元 589 年，时间长达 400 年。公元 189 年汉灵帝驾崩，董卓进京。由此开始，天下大乱，群雄并起，逐鹿中原，三国时代拉开了序幕。经过 70 多年的战争，魏、蜀、吴三家归晋，开始了两晋和五胡乱华时代。一直到公元 420 年，东晋王朝最后一个皇帝司马德文禅位给宋武帝刘裕，开始了绵延百余年的南北朝时期。直到公元 589 年，南朝最后一个皇帝陈叔宝投降隋朝，大分裂时代才彻底结束。

在此期间，中华大地上大部分时间都是战火弥漫、民不聊生，教育遭受了巨大的挫折。虽然在战争的间隙中，也有官学和私学勉力坚持，但是其规模和数量已经不可能与汉代相比。值得注意的是，作为官方显学的儒学也遭受到其他门派的合力剿杀，一蹶不振。比如在魏晋时期，高层官员和士大夫迷恋老庄哲学，个个清谈成风，不干实事，自我麻醉，内忧外患而不知，最终五胡乱华，神州陆沉，生灵涂炭。

隋唐两代，教育开始复兴。一个标志性的事件发生在隋炀帝大业二年（606）。在这一年，隋王朝第一次设置了进士科，开始了绵延 1300 年之久的科举制度，逐步打通了布衣底层人士通过考试一步登天的渠道，让上下人才流动成为可能，也让草泽中的才能人士有报效国家的机会。而以前的各朝代，选拔人才采取的是选举和举荐制度，这与科举制度是截然不同的。

隋之前数百年间，各朝代选拔人才的方式虽然都有所不同，但是极少有底层读书人上升的机会。我们耳熟能详的励志和教育故事，比如孟母三迁，讲述了孟母为了儿子孟轲不受环境影响而三次搬家的故事。实际上，孟轲可不是一般的底层百姓，他的祖上是没落的贵族，所以有机会接触到书本和接受教育。再比如头悬梁苦读的苏秦，他师从鬼谷子，属于私学成才，凭着三寸不烂之舌游说列强，兜售自己的纵横术，最后挂六国相印，可谓春风得意。苏秦抓住了战国时代各诸侯国的喜好，他的谋略适应了时代要求，所以成功了。苏秦只是战国时代风云人物的一个代表，其他出将入相的读书人还有商鞅、吴起、李斯、张仪、范雎等。足以说明在那个年代，不管你具备哪方面的本领，只要努力，都是有出头机会的。

但是到汉代就不同了，此时已经大一统，各类制度已经完善，朝廷广纳人才采取的是举孝廉的办法，即举荐制，让地方官员推荐有本领、有名望的大儒入朝为官。这种制度很有用，为朝廷招揽了不少人才，但是弊端也很多，很容易被潜规则。并且，负责推荐人才的地方官员经常被所推荐人才的虚假名声所糊弄，甚至连皇帝本人都被骗。比如东汉安帝时代，有个名声大得吓人的隐士叫樊英，可是不得了，无论谁推荐他做官，都一律拒绝。甚至皇帝本人请他做官，他都不去。最后汉安帝一声令下，让地方官员强行将樊英架上牛车拉到了洛阳。结果到了皇帝面前，樊英依旧不想做官，还与汉安帝唇枪舌剑进行辩论，把皇帝气得差点晕过去。不过还好，汉安帝比较厚道，也没收拾樊英，还让他留在朝廷为官。不过樊英名不副实，名气虽然大得吓人，实际上却没有多少治国本领，典型的平庸之辈，让那些膜拜他的人大失所望。

到了魏晋时期，曹操手下的谋士陈群给魏文帝曹丕出了一个主意，提出选拔官员采取“九品中正制”，即把官员分为“上上、上中、上下、中上、中中、中下、下上、下中、下下”九级，通过门第的高低和士族的优劣来选拔官员。普通的平民百姓是不可能进入官场、踏入统治阶级领导核心的，这就掀开了六朝时代门阀望族垄断朝廷官职的序幕。

其实在汉代，举荐制就已经与门阀望族藕断丝连了，朝廷命官不是皇亲就是国戚。比如被口诛笔伐的王莽，在他篡位当皇帝之前，也是学问精深的一代大儒，名声极佳，而他的亲姑姑就是汉元帝的皇后王政君。“九品中正制”一出，就将曹操最开始提出的“唯才是举”的政策完全颠覆了。从此以后，寒门学子再难有出人头地的机会，这种情况一直持续到隋代建立科举制度。

隋朝享国时间只有短短三十几年，就被隋炀帝的表哥唐高祖李渊取而代之。隋炀帝为了打击门阀、团结庶族地主而始创的科举制也被传承了下来。不过在唐代，科举制并非唯一选拔人才的方法，除此之外，残存的门阀贵族子弟们还可以通过“门荫”等五花八门的优待措施取得官位。

唐代科举制度的内容最开始分为三大类，分别是秀才科、明经科和进士科。其中秀才科注重博识高才，明经科注重经义，而进士科注重诗赋。在这三大类考试中，以进士科最难考，含金量最高。这样一来，我们就明白了为何唐代诗歌取得如此辉煌成就了。上有所好，下必效焉，制度和风气使然。唐代的科举制度虽然为庶族人士开了一扇门，却遭到了门阀贵族的强烈抵抗，这就导致了让唐王朝元气大伤的“牛李党争”。“牛”指的是牛僧孺，“李”指的是李德裕。牛党代表的是新兴的庶族地主，而李党代表的则是没落的门阀世族。牛李党争最终以牛党获胜为结局，统治中国多年的门阀世族终于消失在历史的长河里了。

而鉴于唐王朝党争亡国的惨痛教训，使得有宋一代的皇帝们对“朋党”极为敏感，戒备心和警惕心非常高，过犹不及，反而走上了反面道路。仅仅北宋百余年间，就先后发生了奸臣攻击范仲淹新政而引起的“庆历党争”和王安石熙宁变法引起的“元祐党争”，各路精英互相残杀，将北宋王朝折腾了个底朝天，这是导致北宋亡国的主要原因之一。

由于唐代科举制度兴起，带动了教育的蓬勃发展，中央设置的学校与地方学校如雨后春笋般出现。学校开设的课程也远比前朝历代丰富，涵盖了当时知识的方方面面。首先看唐代的中央学校，分为国学、太学、四门学、书学、算学、律学、弘文馆、崇文馆、崇玄学、医学、卜筮、天文、历数、漏刻、兽医和校书等十几个门类，可谓洋洋大观。其中国学、太学和四门学主要学习五经等儒家典籍，同时学习时务策；书学主要学习《石经》《说文》《字林》；算学主要学习算术知识；律学主要学习律令；弘文馆和崇文馆学习书法和经史；崇玄学主要学习庄老著作；校书主要学习校理书籍。值得一提的是，唐代设置的教授科学知识的专科学校是全世界首创。另外，中央学校的学生都必须是满足一定级别的官员子弟，普通底层官员的孩子和寒门学子是没有机会入读的。

唐代的地方学校分为京都学、都督府学、州学和县学。这类学校的学习内容只有两项：经学和医学。看看吧，进不了中央学校，学生连算术、天文、历数、律令等科学知识都无法学到，知识的垄断性并没有被完全打破。

除了上述两类学校之外，私人办学风气也非常浓。即使在偏僻的乡村，私塾也比比皆是。中唐诗人白居易就亲身经历过一件事情，可以作为印证。白居易有一次到了一个叫水平村的小村庄，看见学校的孩童们在蹦蹦跳跳地吟唱唐诗，其中就有他的作品。白居易很惊异，就将孩子们喊过来询问："是谁教你们吟唱这些诗歌的呀？"小孩子们答道："是学校里的先生教我们唱白乐天与元微之的诗歌。"元微之就是和白居易同时代的另一个大诗人元稹，后人将他们两人合称"元白"。

轰轰烈烈的大唐盛世因为安史之乱而彻底走向没落，这场改变大唐国运的动乱，让唐王朝损失了约 3000 万人口，教育也随之遭受了毁灭性的打击。从此以后，宦官专权，藩镇割据，社会动荡不安。即使有几个像样的帝王想挽救王朝于累卵，也是力不从心。黄门郎宦官在朝中随意左右甚至杀害皇帝，而藩镇的节度使则恃军傲慢，飞扬跋扈，多次侵入长安，将皇帝赶到荒郊野外颠沛流离。

由于节度使愈来愈强横，唐代中央集权遭到了巨大破坏。这些藩镇将军最终演变成了独立的诸侯王国，互相残杀，争相当皇帝。在 50 年内，走马灯一样上演屠杀与毁灭的话剧……掀开了五代十国军阀征战的序幕。

到了唐代后期，由于连年用兵，财政紧张，根本没有能力去恢复被破坏的教育。到了唐德宗贞元十九年(803)，国学学生人数才274人。四年之后，学生人数增长到650人，也只够唐玄宗开元年间确定的入学总数2000多人的四分之一。到了五代时期，由于社会动荡，学校也是兴废交替，学生人数少得可怜。到了后唐时期，国子监的学生人数仅有200人。

教育被戕害的直接后果就是整个社会的加速堕落，千年来传承下来的“温良恭俭让”等传统美德被丢失得一干二净。而不管民间还是官方积累的知识和人才也凋零殆尽。

同时，因为社会动乱，人人以求生为第一目标。严酷的生存环境造就了很多见风使舵、毫无底线的文人，他们寡廉鲜耻，贪渎成风。“文人不知耻，武夫不识书”是对五代社会现象最真实的刻画。文人不知耻，像服侍过好几个不同朝代皇帝的宰相冯道，就是典型的不知耻的墙头草，绰号“不倒翁”，鲜廉寡耻不足以形容此人。而五代十国中，好几个登基的皇帝都是文盲，这简直就是千古笑话。以至于欧阳修在编撰《新五代史》的时候，连发感慨：“五代之际，不可谓无人，吾得全节之士三人。五代之士，不幸生其时，欲全其节而不二者故鲜矣！然其习俗遂以苟生不去为当然。至于儒者以仁义忠信为学，享人之禄，任人之国者不顾其存亡，其恬然以苟生为德，非徒不知愧，反而以其得为荣者，可胜数哉！”也难怪欧阳修忍不住满腔怒火发了这番感慨，整个五代时期，有骨气的文人只有区区三个，绝大多数的文人都为了保命而苟且偷生。由此看来，文人不知耻是普遍现象，经常被“拎出来扇嘴巴子”的冯道，只不过做得太过分罢了。

在朝代更替的惨烈搏杀中，科举制度并没有完全被废弛。从后梁到后周，也经常开科取士，但是规模已经无法与前代相比。据统计，整个五代时期，共录取进士640人，其他诸科录取1530人。相对于五代，南方十国的教育情况要好得多。虽然官学废弛，但是私学倒是发展得很红火。比如前蜀毋昭裔出钱百万营建学馆，一些为了躲避战乱隐居的博学大儒们也开始寻找山清水秀的地方开办学校、设立书院并招揽门徒，大家一起探讨学习，为宋代教育的兴起保留了一些火种。而著名的江西庐山白鹿洞书院就是在南唐升元四年(940)建立的，此后发展成为中国四大书院之一，为普及教育做出了巨大贡献。

五代民生凋敝，即使顺利进入仕途的文人，也经常被随意杀害。不但斯文扫地，并且蒙上了一层血腥之色。比如梁太祖朱温，本是一个地痞流氓，跟随黄巢扯旗造反，逐渐做大，后来杀掉唐哀帝，取而代之，建立了五代第一个王朝——后梁。梁武帝生性残暴，英武刚狠，别人背地里给他取个外号叫“乳虎”，只要左右的人稍让他不如意，立刻杀之。他手下的文武百官，每天上朝之前都要给家人写好遗书，一天下来没有被杀，就额手称庆。读书人的悲惨境遇可见一斑。

据史书记载，朱温有一天带领随从们出行，看到路旁有一棵大柳树，冠盖葱茏，下面可以坐下五六十人。朱温坐在树下自言自语：“真是一棵好柳树啊！”说完就默不作声地看了随从百官一眼。他这一看不要紧，吓得在座的人连声附和：“真是一棵好柳树！”紧接着，朱温继续自言自语：“这棵柳树可以用来做车头。”话音未落，立刻有五六个人站起来附和：“柳树可以做车头！”朱温继续用眼睛扫视周围，另有几个人战战兢兢说道：“柳树不能做车头，要用夹榆木才行。”听到这里，朱温勃然大怒：“柳树怎么可能做车头呢？那些顺着我的意思说柳树能做车头的，都是指鹿为马之徒。来人！还等什么？”朱温命令一下，立刻跳出来几个士兵，将说“柳树能做车头”的随从全部打死在地。

在五代时期，武将依旧延续了晚唐军人的跋扈作风，他们根本就看不起文人。比如后汉侍卫亲军都指挥使史弘肇就公然蔑视读书人，并且放言说道：“建立政权，勘定祸乱，只需长枪大剑，要笔杆子的文人有何用？”在这种情况下，朝中的宰相都战战兢兢，说话做事都要看武将的脸色，任其摆弄。

再比如，一个叫李崧的人，曾经先后在后唐和后晋当官，官至宰相枢密使，已经是属于三公之列的高官。但这么高的职位，也不能保住他的性命。当时，后汉高祖刘知远进入开封，将李崧的房屋赐给掌握了军权的宰臣苏逢吉。李崧也是朝廷高官，这么被人欺负，他的家人哪里咽得下这口气，就发了几句牢骚。结果被苏逢吉知道了，即使后来李崧将房子送给了他，这个心狠手辣的权臣依旧将李崧以谋反罪处死。

窥一斑可见全貌，通过上面列举的几个文人命比纸薄的例子，就可以了解五代时期读书人暗无天日的悲惨遭遇。文化的残破，军人干政，导致读书人被军人狠狠踩在脚下，朝不保夕。这种活生生的现实，让宋太祖赵匡胤刻骨铭心。所以，他在建国之后，通过“杯酒释兵权”解除了武将的军权，同时将“不杀读书人”作为祖训代代相传。同时，百废待兴的宋王朝改变了唐代以来的科举制度，加大了对草根读书人的录取比例，且每科的录取人数远超唐代数倍，甚至数十倍。这种顺应潮流的制度改革，让饱受欺凌的读书人终于迎来春天，促进了教育的普及，也激发了读书人以天下为己任的使命感，让他们能够通过不懈的努力，一改五代以来道德沦丧的社会风气，重新树立起昂扬上进的价值观。古老的传统美德再次生根发芽，最终长成了参天大树。

第二节　幼年颠沛，求学发蒙

北宋太宗端拱二年（989）八月二十九日，在河北成德军（真定府）掌书记范墉的住所里，有一个婴儿呱呱坠地了。伴随着孩子响亮的哭声，一个中年男子在手下一连串的贺喜声中，满怀激动的心情来到妻子的卧室。他一边安慰极度虚弱的妻子谢氏，一边轻轻抱起躺在床上哇哇大哭的婴儿，仔细端详着这个手脚乱动的小家伙，喊道："仲温在吗？赶紧过来看看你弟弟，你以后就有伴了。"那个叫仲温的孩子是范墉的长子，当时刚满5岁，这个刚出生的婴儿，就是后来名垂青史的北宋著名政治家、军事家、文学家和教育家范仲淹。

范墉一生娶过两位妻子，前妻陈氏得病身亡，后来才续弦现任夫人谢氏。由于范仲淹是谢氏的第一个儿子，所以做母亲的对他倍加呵护，疼爱不已。当范仲淹考中进士之后，就曾经向仁宗皇帝上疏，请求给已经去世的母亲一个褒奖。他谈及母亲之际，怀念之情，殷殷切切。他说道："臣在襁褓之中的时候，先父就去世了，是母亲含辛茹苦将我养大，倍加慈爱。由于我失去了父亲，且体弱多病，所以母亲对我呵护备至，担惊受怕，经常夜观天象，对天祈祷，希望保佑我的平安。在我离家出走之后，母亲因为担忧我的健康，经常食不甘味，夜不能寐，时间长达二十年，眼睛也差点哭瞎了。"可见范仲淹对母亲的感情是非常深的。谢氏是范仲淹人生中的第一位老师，对他的一生影响极大，也影响了他以后教书育人的理念。

根据《宋史》和《范文正公年谱》记载，范仲淹的祖上绝非布衣。他的远祖最早可追溯到东汉汝南太守范滂。范滂有才名，以举孝廉入仕，曾经担任过清昭史和光禄勋主事，属于当年名重一时的"江夏八骏"之一。他在为官期间抑制豪强，同宦官"十常侍"针锋相对，最终在宦官发动的"党锢之祸"中被捕入狱，死于狱中。到了唐代，范滂的后裔范履冰曾为唐朝宰相，世居河内，也就是现在的河南、河北和山东交界地带。后来，唐末大乱，范家为了躲避战乱，迁到了江南吴县，从此就定居在那里。范仲淹的曾祖范梦龄在五代十国的时期担任吴越国的节度使判官，到了范仲淹的父亲范墉这一代，则一直在吴越国钱俶的手下做事。宋太宗太平兴国三年(978)，范墉跟随钱俶归宋，先后担任成德军(真定府，治今河北正定)、武信军(遂州，治今四川遂宁)和武宁军(治今江苏徐州)节度掌书记之职。掌书记这个官职是唐代景龙元年(707)开始设立的，类似于现在的军政和民政机关的机要秘书，宋代延续了这个官职。这个官职地位不高，都是与文字打交道，且收入微薄。

由此看来，范仲淹虽然出生在官宦之家，但绝非豪门望族，也就是底层官僚罢了。范墉为官清廉，俸禄微薄，勉强可以养活一家人，如果就此下去，虽然生活不会小康，至少范仲淹的童年有双亲和哥哥陪伴，衣食无忧，也算快乐圆满。然而，天有不测风云，就在范仲淹 2 岁的时候，父亲范墉因病在徐州去世，一下子将这个家庭推向了灾难的边缘。

范墉患病去世，遗孀谢氏贫苦无依，该怎么办？靠范墉的几个兄弟相助？他们好像没有伸出援手，范氏宗族除了将范墉原配陈氏生养的两个孩子接到吴县老家抚养之外，对无依无靠的谢氏与才 2 岁的范仲淹却不闻不问。在当时的社会，不管百姓还是乡绅，大都是通过同姓血亲宗族结成稳固的社会纽带，因此，同姓宗族之间的互相帮助至关重要。鳏寡孤独只有通过大家的互相帮助才能够生存下去。然而，范氏宗族却将年轻守寡的谢氏拒之门外。可以想见，宗族的冷漠与排斥，对这位可怜女人的打击非常之大。那么，为何范氏宗族不承认谢氏这个媳妇呢?最大的可能还是因为谢氏是范墉的续弦，有可能是妾，这才饱受歧视，让他们连范仲淹这个范氏后人也不要了。

后来，长大成人后步入仕途的范仲淹想认祖归宗，苏州的范氏宗族还百般阻挠，不想接纳他，这也从侧面证明了当初他们冷酷对待谢氏的原因，就是完全不把谢氏母子当自己人看待。但是范仲淹却以德报怨，倾毕生之力来帮助和振兴范氏宗族，并且拿出自己的俸禄建立义庄，不分贫富贵贱，帮助宗族中的男女老少。范仲淹人格的伟大与心胸的宽广可见一斑。

谢氏是一位坚强的女性，她带着幼子，将丈夫的灵柩辗转千里从徐州运回了苏州天平山，将他与陈氏合葬在一起。一切办理妥当之后，谢氏和幼子何去何从，是摆在眼前的现实问题。就在母子二人走投无路的时候，天平山的尼姑可怜他们孤儿寡母，就让母子二人暂时栖身咒钵庵。有了栖身住所，但他们没有生活来源，只好替人家洗衣服赚点钱，勉强艰难度日。她和范仲淹就这样吃糠咽菜、挣扎谋生长达两年之久。

好在天无绝人之路，就在范仲淹 4 岁的时候，苏州府的推官朱文瀚的妻子病亡，经人牵线搭桥，谢氏为了儿子的未来，下决心改嫁朱文瀚，范仲淹这才有了一个相对稳定的家。

在北宋初年，寡妇改嫁他人并不被社会所歧视，足以说明当时的社会风气相当开明。而到了明清两代，女性守寡会被朝廷大肆表彰并且树立贞节牌坊。

每个人的幼年生活经历，都会对自己的一生产生重大影响。这种影响是深入骨髓和潜意识的，无法挣脱，一直左右着我们的生活，范仲淹也不例外。他后来逐步形成的教育思想和以天下为己任的情怀，与他幼年颠沛流离和饱尝世态冷暖有很大的关系。由于范仲淹出身低级官僚之家，生活条件只比布衣草民稍微强一点，父亲去世之后，他和母亲相依为命，吃尽了苦头，这就让他体会到了民间百姓生存的艰难。壮志报国、心系天下的理想种子和抱负从此时就种下了。他后来每做一方大员，总是将改善民生作为头等大事。兴办教育，选拔英才，解决百姓疾苦，并为此呕心沥血、孜孜不倦，且无怨无悔。即使身处庙堂高位，依旧不忘“忧其民”。当他掌握副宰相权柄，能够一展宏图的时候，所制定的改革之策，也是全部围绕着强国富民这个目标而努力的。可以说，童年受苦的经历是塑造他伟大人格的基础。

另外，还有一件事情对范仲淹教育思想的形成起了很大作用，那就是他早年在苏州天平山咒钵庵两年的生活经历。谢氏母子孤苦伶仃，是佛教的比丘尼收留了他们。在这两年的尼姑庵生活期间，幼年的范仲淹经常与佛家女弟子接触。那些心怀善念的比丘尼诵读佛经、做法事及无私助人的行为，深深刻在范仲淹的心里，让他对释家产生了强烈的亲近感和持久的兴趣。可以这么说，在范仲淹求学发蒙接受儒家和道家思想之前，释家的思想早已经深深刻在他的心中了，只等发芽、长叶、开花。而儒、道、释三家思想融合，形成了范仲淹教育思想的精髓与核心。

再说范仲淹的继父朱文瀚，对继子范仲淹非常疼爱，给他改名叫朱说，尽己所能地为他提供良好的教育机会。同时身体力行，言传身教，让范仲淹受益匪浅。范仲淹 4 岁进入朱家大门，22 岁发愤自立离开母亲，这 18 年时间里，他在继父的关怀之下茁壮成长，无忧无虑。这段岁月，是奠定范仲淹人生观和价值观的关键时期。

按照《长山朱氏家谱》记载，朱文瀚，字苑文，在宋太宗端拱二年（989）中进士。也是在这一年，范仲淹出生。朱文瀚登第之后担任的第一个官职，就是江苏吴县的推官。所谓推官，是唐代开始设置的官职，专管司法断狱之事，相当于如今的法官。宋太宗淳化三年（992），朱文瀚前往东京汴梁召试馆职，授秘阁校理，负责皇家典籍的编校工作。此时，朱文瀚将家人安排回了山东淄州的老家长山。真宗即位之后，朱文瀚拜户部郎中。到了真宗景德初年（1004），朱文瀚回到了老家山东淄州，担任长史。长史也是一种职官名，最早出现在汉代，到了唐宋时期，也叫别驾，属于幕僚性质的文职官员。朱文瀚虽然也是进士出身，但是他的仕途并不顺利，经常被调来调去，担任官职也比较低，俸禄也不高。除了上述官职之外，朱文瀚还担任过盐铁度支判官、知宿州、摄河中府事、迁平江府（今江苏吴县）刺史，最后解甲归田。范仲淹对朱文瀚的养育之恩没齿不忘，当他显贵之后，就曾经上疏，请求仁宗皇帝将自己应得的太常博士官职转授给继父。

由于史料极度缺乏，范仲淹从 4 岁到 22 岁这段长达18 年时间的事迹几近湮没无闻，只能从相关著作的片语中窥得一鳞半爪，但是也难以拼凑齐全范公相对完整的青少年岁月。当范仲淹长到总角年龄的时候，就开始求学发蒙。但是关于范仲淹到底是在何处开始接受初级教育的，研究者为此争论不休，也无明确定论。不过，作为追溯范仲淹教育思想形成的重要一环，启蒙教育非常重要，不能不探究此事。综合各种说法之后，很多学者认为范仲淹最早的启蒙教育是从澧州安乡县开始的。安乡县如今隶属于湖南常德市，在宋代隶属澧州，而范仲淹的继父，据说曾经当过安乡县令，不过现存史料上并无明确佐证。

根据范仲淹的自述，他在山东淄州生活学习了15年之久，这说明至少还有3年时间，他是在淄州之外度过的。这也可以作为他在安乡读书启蒙的不太给力的旁证吧。

据此，在宋太宗至道年间（995—997），范仲淹求学于安乡县兴国观，启蒙老师是一个复姓司马的道士。这个时期的求学经历，对范仲淹是非常重要的。为什么呢？因为他的第一个启蒙老师是一位道士，并且范仲淹在此处求学将近3年时间，他或多或少会受到道士所教授内容的影响。

晚年的范仲淹曾经为友人写过一篇很有影响力的文章《道服赞》，夸奖友人"清其意而洁其身"。并且范仲淹的一生经常与僧人和道士交游，这也是宋代文人墨客的共同爱好。对于道士而言，"道家者流，衣裳楚楚。君子服之，逍遥是与"。穿上道士服装飘逸若仙，慢慢就形成了一种风气，使穿道服成了一种时尚。范仲淹的教育思想也是融合了儒、道、释三家精华之后，形成了自己独到的思想。

继父朱文瀚从安乡调离之后，范仲淹便跟随母亲回到了山东淄州的长山，也就是现在的山东省邹平县，一直到他22岁离开家乡，时间长达15年。在这段相对漫长的岁月里，范仲淹也曾经紧跟时尚，仗剑出去游学一段时间，不过总的来说，他并没有真正离开这里。在淄州长山安定下来之后，谢氏便将他送往淄州的长山学宫继续读书。

在此期间，还发生了一件惊天动地的大事，让年少的范仲淹深受刺激，从此他改变了求学的内容，除了儒、道、释经典文化之外，还大量涉猎墨家、法家、兵家等典籍，同时还学习了很多实用的科学知识，立下了报国之志，要用自己的知识和才华匡世济民。

这件改变范仲淹思想的大事，就是发生在宋真宗咸平三年（1000）的辽军大举入侵淄州的事件。

后晋天福三年（938），后晋高祖皇帝石敬瑭为了获取苟安，将军事战略要地燕云十六州割让给了契丹，整个东北部和北部的天然屏障拱手让与了敌人，自此以后中原再无屏障可守，北方的游牧民族随时可以南下进行烧杀抢掠。后周世宗柴荣秣马厉兵多次伐契丹，准备将十六州收回，因为柴荣暴病而亡而没有实现。燕云十六州的战略位置如此重要，辽国也派了重兵把守。终宋一世，都未能从辽国手中夺回。宋太祖举兵灭亡北汉之后，一直养精蓄锐，整顿军马，准备再次夺回燕云要地，可惜太祖病故，这个愿望没有实现。到了宋太宗时期，在长达22年的时间里，大宋几乎都在与辽国交战，但是雍熙年间（984—987）北伐辽国惨败，让北宋再无力量与辽国一决高下，并且宋人在心理上对辽国产生了深层的畏惧。

然而北宋示弱，并不意味着辽国会偃旗息鼓，相反，他们倾全国力量不断南侵，宋辽双方多次在北方交战，整个边界地区的百姓一次又一次地遭遇兵燹之灾。宋真宗咸平年间（998—1003）是北宋与辽国频繁交战的年份，双方互有胜负。而范仲淹少年时代目睹的辽国南侵战乱，就发生在宋真宗咸平三年（1000）。

就在咸平二年（999），辽国陈兵大宋北部边界，开始了南侵准备，随后辽国大军挥师南下，一路势如破竹。由于宋军将领贪生怕死，不战而退，辽军没有费吹灰之力就攻克了河北保州（今河北保定），其先锋部队甚至达到了河北邢台和永年。咸平三年（1000），辽国大军在瀛洲（今河间）与宋军展开了血战。当时驻扎在河间的北宋部队不足万人，而辽兵却有十万之众，将宋兵团团包围。大敌当前，北宋大将康保裔毫不畏惧，他带领士兵与敌人血战两天两夜，慷慨战死沙场。辽国占据了河间，随后又攻克了高阳关，一路南下，最终打到了山东淄州地区。

此时，范仲淹年仅12岁，正在长山学宫读书。从北方逃难过来的百姓说，辽国铁骑正一路南下，而宋兵却节节败退，北方被屠杀的民众已经尸骸遍野，用不了几天，敌人就会杀到此地。淄州的军民闻听此言，大惊失色，惶惶不可终日。长山县城的很多官员和富商大户收拾细软，载着一家老小纷纷出逃，普通的平民百姓则拖家带口加入逃难大军之中。

范仲淹一家人面对这突如其来的灾难，也只好连夜赶往西南山区避难。可以想见，这段兵荒马乱的日子最早在范仲淹的心里种下了富国强兵的种子。兵临城下，淄州地区的百姓纷纷举家出逃，那么当时的淄州长官在做什么呢？当时的淄州城也早已陷入一片混乱之中，恐惧蔓延全城，大小官员毫无斗志，只想逃命，置百姓安危于不顾。作为淄州的最高长官，淄州刺史闻听敌兵将至，二话不说就想弃城逃走。如果淄州城失，辽国的铁骑势必还会一路南下，将会带来更加深重的灾难。同时，淄州城也算是一道屏障，如果能抵挡住敌兵攻城，不但百姓无恙，还可以扭转战局，获得一线生机。

在这个危急时刻，淄州兵马监押张蕴挺身而出，拔出刀剑，挡住城门，大声呵斥两腿乱颤的官员，让他们守住阵脚，加强城防，严阵以待，这样才有获胜的机会。在张蕴的鼓舞下，全城的军民同仇敌忾，并行动起来，大家构建栅垒，组织巡逻，准备对到来的敌兵给予迎头痛击。辽国的军队兵临城下，看到城池防守严密，无隙可乘，加上战线拉得太长，后勤补给供应不上，最终撤兵。敌人撤走之后，淄州刺史羞愤交加，不但将张蕴守城的功劳攫为己有，还罗织了一个罪名，准备害死这位将军。还好这个刺史的阴谋没有得逞。而张蕴一身正气，对此毫不在乎。

等辽兵退却之后，范仲淹一家也回到长山。满目疮痍，到处是断壁残垣，没来得及逃走的百姓或者被杀，或者被抢，战乱造成的惨景让范仲淹震撼不已，他深切感受到了如果一个国家连保护自己百姓的能力都没有，将是一个巨大的悲剧。后来，范仲淹从同学那里得知了张蕴守城的事迹，更是崇拜不已，也让他明白了，选拔合格的地方官，不但能在和平时期为百姓造福，在关键时刻还能保一方百姓的生命财产安全。

范仲淹为官近40年，推荐文才武才无数，他求贤若渴、选才用人不拘一格，创造了北宋人才辈出、星光闪耀的光辉岁月，至今依旧在史书中熠熠生辉。而这一切，都与他少年时代经历的这场外敌入侵有直接的关系。

辽国随后又在宋真宗景德元年（1004）大举入侵北宋，一直打到了澶州地区（今河南濮阳）。在宰相寇准的力谏之下，宋真宗亲临澶渊，与大辽缔结了盟约，结束了长达25年的战争，从此北宋与辽国和平了100余年。

北宋建国之后，鉴于五代时期武夫乱国的历史教训，太祖和太宗便改革科举，增加布衣取士的名额，扩大了下层人士改变命运的通道，并且大力提拔文官，抑制武官，建立了士大夫参政议政制度，造就了中国历史上除了汉代之外的又一次文化高峰。这次文化繁荣，其规模要远超汉代，并建立了宋学，影响了以后元、明、清三代，也影响了整个中华民族的精神风貌。

因为读书人如今有更多机会从布衣到卿相，所以从官方到民间，读书的热情如燎原烈火，熊熊燃烧起来。上至皇帝，下至大臣，都为读书热潮摇旗呐喊。上行下效，读书学习考取功名成了整个社会的共识，产生了无与伦比的影响。

比如宋真宗赵恒就曾经创作过流传千年的《励学篇》："富家不用买良田，书中自有千钟粟；安居不用架高楼，书中自有黄金屋；娶妻莫恨无良媒，书中自有颜如玉；出门莫恨无人随，书中车马多如簇；男儿欲遂平生志，五经勤向窗前读。"而儿童教育的启蒙读本《神童诗》开篇写道："天子重英豪，文章教尔曹。万般皆下品，唯有读书高。"司马光的《劝学歌》也写道："一朝云路果然登，姓名高等呼先辈。室中若未结姻亲，自有佳人求匹配。"

既然读书好处多多，可以让人飞黄腾达、一步登天，那么建立相应的教育机构是必不可少的。宋代的学校制度就是从唐代继承下来的，到了北宋初年，因为百废待兴，学校教育并不发达，随着时间推移，才慢慢建立了较为完备的学校制度。宋代的学校分为官学和私学两种，而官学又分为中央政府直接管理的学校和地方州县辖下的学校。根据《文献通考·学校考》记载，北宋初年中央官学为国子监，始建于后周显德二年(955)，是在天福普利禅院的基础上改建的。中央和地方管辖的官学，又分为十大类，并且这十类学校不是短时间建立的，而是延续到了北宋末年才真正完备，同时，各类学校也时兴时废。

北宋官学中第一类是国子学，收七品以上官员子弟入学。第二类是太学，收八品官以下子弟及庶人子孙中的俊异者入学。第三类是四门学，主要学习"五经"等内容，接收八品官以下子弟及庶人子弟入学，四门学开设没多久就废止了。第四类是宗学，收宗室子弟入学。第五类是武学，仁宗庆历三年(1043)初设，随后因为庆历新政的废止而罢。到了神宗熙宁五年(1072)重新设立。第六类是律学，神宗熙宁六年（1073）始设，已经做官的和举人可以入学。第七类是算学，徽宗崇宁三年（1104）始设，不管是官员还是布衣皆可入学。第八类是书学，徽宗崇宁三年（1104）所设，主要是学习篆、隶、草三体书法。第九类是画学，主要学习佛道、人物、山水、鸟兽、花竹、屋木等数门画技。第十类是中医学，分方脉、针、疡三科。

在各类学校中，以国子学和太学最为重要。从武学到中医学等七类学校属于制科，说白了就是类似如今的理工和文艺类等专科学校，培养的是专业人才。而国子学和太学才是真正培养高层预备官员的场所。

从上面我们就可以看出，北宋的教育内容还是很全面的，其中有很多实用的知识，绝非我们臆想的那样，读书人只会摇头晃脑死读“四书五经”，考试只会写八股文。北宋时代只有“五经”之说，并无“四书”的称谓。“四书”这个名字是南宋大儒朱熹给起的，而八股文产生于明代。

在范仲淹担任参知政事启动庆历改革之前，各大州郡官方学校还比较少，而各地学校遍地开花形成燎原之势，第一功臣就是范仲淹。这在本书的后面会详细阐述。

宋代除了官学之外，私学也非常盛行。这种现象可以理解，既然官方不办学，那些隐居山林和乡村的大儒们当然就会开门招生，收纳学徒。而私学主要包括蒙馆、私塾和冬学。像范仲淹上学的长山学宫就属于私学，而后来的苏轼、陆游等一代宗师，都是通过私学开始接受启蒙教育的。

除了官学和私学之外，还有一类场所也承担着很重要的教育作用，那就是书院。中国从五代开始一直到清末，建立过很多书院，最著名的有四大书院，分别是江西庐山的白鹿洞书院、湖南长沙的岳麓书院、河南商丘的睢阳书院和河南登封的嵩阳书院。其中的睢阳书院在北宋时期也叫应天府书院，范仲淹就是在那里苦读五年才金榜题名的。

书院这种特殊的机构，最早出现在唐代，那时候的书院都是皇家所设，主要是为了藏书和校书。比如，唐玄宗时候的“丽正修书院”就是中国最早的书院。后来一些学问高深的大儒和官宦之家，就自己出钱修建书院，作为藏书和读书的场所，最后发展到具备藏书和教育双重功能。因此，书院严格来讲也属于私学范畴，不过后来由于政府参与，一些书院具备了官方背景，成了公私合营。

除了书院之外，还有一类非常特殊的机构，也承担了相当多的教育功能，这就是遍布各地的佛寺。佛教从东汉明帝永平年间（58—75）传入中国，到了北宋初年，历时将近 1000 年，其间兴废交替，数次被禁，也数次被灭，还是顽强生存下来，最终发展壮大，以至于能够与中国传统的儒、道两家分庭抗礼，甚至将儒学打得一败涂地。如果没有中唐大文学家韩愈以一人之力振兴儒学，恐怕流传千年的正统学问就烟消云散了。

因为佛寺的主持都是有学问的高僧，他们不但对佛学有很深的造诣，对于其他相关学问也颇有研究，诗词书画更是样样拿手。佛寺的资金由善男信女供奉，动辄百万，也有官方无偿供给的土地，最重要的是佛寺根本不需要纳税，这就让佛寺成了世外桃源。北宋很多读书人就是栖身佛寺，刻苦攻读，在僧人的无偿帮助下完成学业的。而伟大的教育家范仲淹在 22 岁奔赴应天府睢阳书院攻读之前，就在家乡的醴泉寺度过了两年秉烛夜读的岁月。

范仲淹一生与僧人交好，从未改变。这与他幼年（2 岁到 4 岁）和青年（16 岁到 22 岁）时期得到了佛家弟子的帮助有关，比丘尼和僧人雪中送炭的行为让他深含感激之情。而范仲淹后来就读于醴泉寺，这时正是他人生观和价值观形成的关键时期，受到僧人的耳濡目染，对他以后的教育思想产生了不可估量的影响。

第三节　四方游学，有志天下

在数千年青史上留下姓名的人，查阅其传记，无一例外都在少年时代就立下了鸿鹄之志，然后通过百折不挠的奋斗、心坚如铁的坚守、暴风骤雨般的磨炼，最终实现了人生的目标。即使当年立志的少年不被人所理解，也无法掩盖那颗志在天下的心的强劲跳动。陈胜在地里耕田，破衣褴褛，食不果腹，依旧畅谈鸿鹄之志，即使被燕雀之辈所嘲弄，也不改其衷；汉高祖游手好闲被乡人嘲笑，但也无法阻挡他在看到秦始皇华车出游之际，而产生取而代之的野心；少年毛泽东外出求学之前写下“孩儿立志出乡关，学不成名誓不还。埋骨何须桑梓地，人生无处不青山”，表达其远大志向；而少年范仲淹更是因一句“不为良相，便做良医”的救天下之志而被当时之人所叹服。

8 岁到 16 岁这些年，范仲淹是在山东淄州的长山学宫读书求学的，并完成了最初的启蒙教育。也有一些资料语焉不详，说他在附近的秋口读书，莫衷一是。话说在他十几岁的某一年，学校附近有一座大庙香火旺盛，求神拜佛者络绎不绝。听说曾经有人在此求签，后来心想事成，感觉颇为灵验，就到处宣扬大庙里有神仙显灵，能预测生死祸福。一时间，闻者云集，烧香磕头、求吉祥的人拥堵山门。而范仲淹和同学们当时还是少年，小孩子看热闹的好奇心很重，听说学校附近的大庙求签很灵验，也都跃跃欲试，便簇拥着范仲淹来到大庙，怂恿他也求一卦，占卜一下未来吉凶，最主要的是算算以后的仕途是否顺利。

范仲淹禁不住诱惑，便来到庙里先求了一签，问那个算命先生：“我将来能够入朝当宰相吗？”算命先生拿过签来仔细观看，最后摇摇头：“你没有当宰相的命啊！”范仲淹心里一阵失落，然而毕竟是小孩心性，他很快便恢复了常态，接着又抽出一签问道：“既然我不能当宰相，那么我当个良医总有希望吧？”算命先生看着签依旧摇头：“良医也当不成。”范仲淹长叹一口气：“既不能为良相，也不能做良医，就不能救苍生于水火，也不能造福百姓。除此之外，根本不是大丈夫的志向啊！”围观的民众对这个少年能说出这番话感到非常惊讶，都对他交口称赞，而“不为良相，便做良医”的传说也流传到了今天。

根据宋人吴曾所著的《能改斋漫录》记载，范仲淹还未进士及第之前，就曾经多次和友人诉说心中的远大志向，他说：“我读书的目的，就是将古人的经邦救世的办法学到手，然后一定要入朝做宰相，如果能够施展我的抱负，施展治理天下的宏图方略，那么就可以救活天下人的性命。如果这个目标达不到，老天爷不给我这个机会，那我就学习《黄帝内经》，深入研究医学奥秘，也一样可以救治天下之人。”

他的朋友就问他：“堂堂男儿大丈夫有做宰相的远大理想，这是情理之中的事情，但是你想学医术拯救天下黎民，不觉得地位太卑微了吗？”范仲淹答道：“我从来就没有在乎过权力的大小和地位的高低，我的志向是遇见一位贤明的君主，能够让我施展抱负，用我所学的谋略和知识，让天下黎民百姓都能得到我的救治。如果时不我与，我也不灰心丧气，我会通过另一种办法，就是当医生来达到救助百姓的目的。殊途同归，都会实现我的抱负。”他的这番话，让友人自叹不如。

范仲淹在以后的岁月里，就秉持着少年时代立下的志向，勇往直前，披荆斩棘，在朝廷当宰辅，提出治国良策；被贬到地方为官，则殚精竭虑，造福一方。范仲淹的一生，有三分之二的时间远离京师中心，足迹踏遍了大半个中国，他每到一处，都泽被后世，当地的百姓都为他树碑建祠，永远纪念。

如果我们阅读史书中的人物传记，就会发现，凡是做出一番惊天动地大事业的人物，在他人生的早期，位卑言轻之时，总是有高人慧眼识珠，断言此君将来一定能够叱咤风云、纵横捭阖。最著名的例子当属曹操年轻之时，东汉名臣乔玄通过看面相，断言曹操是治世之能臣、乱世之奸雄，他的这番话将曹孟德说得心花怒放，事实也证明了乔玄看人精准。

到了东晋初年，发生了一个让东晋差点亡国的篡权事件，始作俑者就是大将军王敦。他将晋元帝司马睿活活气死，还让王家差点被灭门。这么个心狠手辣之人，也早在很多年前就被别人看出来他有反骨。第一个看出苗头的就是他的堂弟王导。王导这么评价王敦："处仲若当世，心怀刚忍，非令终也。"王敦，字处仲，王导说这句话，正是因为王敦不喝美姬的劝酒，让王恺滥杀无辜。王导的意思很明白，像王敦性格这么残忍的人，将来一旦掌握了大权，终究没有什么好下场。还有一个人就是太子洗马潘涛，他说得更直白："处仲蜂目已露，但豺声未振，若不噬人，亦当为人所噬。"也就是说，王敦脖子后面的反骨已经露头了，虽然还未茁壮成长起来，但是一旦时机成熟，或者王敦杀别人，或者别人杀王敦。事实证明了这两个人所判断的完全正确。

而另一个识人的例子，发生在著名的书法家兼右军将军王羲之身上。王羲之也出身豪门贵族之家，是当朝宰相王导的亲侄子。但是王羲之年轻时候还未入仕，人微言轻，无人关注，在一次参加大臣周伯仁的宴会之时，在座的谁也没注意身边这个默不作声的青年。然而周伯仁做出的一番举动让众人目瞪口呆，因为他将煮熟的牛心放在了王羲之的面前。在东晋时代，参加宴请之时，主人都是将牛心送给在座的最尊贵的客人。从此王羲之被人刮目相看，当然他本人后来取得了成就，也没有辜负周伯仁的赏识。

可见，识人善任也是一种高超的本领。而范仲淹被同乡的官员姜遵赏识夸奖，也证明了范公即使在年少之时，表现也是非同凡响的。

姜遵作为官员在北宋时期并不出名，宋史上有传，寥寥数语，也未曾提及他与范仲淹交往这件事。但是这个故事在宋人笔记中被记载多次，有一定的真实性。姜遵，字从式，山东淄州长山县姜家村人，在真宗咸平三年（1000）中进士，先是当了蓬莱尉，后来到登州当司理参军以及开封府右军巡判官。他曾经因为怀疑一名犯人被冤屈，而挺身为之辩解，这才救了此人性命。后来姜遵被宰相王曾举荐为监察御史、殿中侍御史、开封府判官。就在范仲淹在长山学宫读书时期，姜遵的母亲去世，他回到家乡料理后事。趁此机会，当地的学子们就成群结队赶往姜遵住所，拜见这位官员，了解国家大事，并在学业上想请他给予指点。

姜遵此人最擅长吏治，对下属管理很严，且惩罚极重，很多人都被打死打残，手下的官员见了他畏之如虎。而他本人也是刚正严肃，让人不由自主地产生畏惧感。姜遵和学子们共同探讨历史典故和相关学问，而范仲淹的学识和远大志向让姜遵刮目相看。待其他学生都走之后，姜遵只留下范仲淹与他一家人用餐，并促膝长谈，也越发对这个少年感到惊讶。等范仲淹走后，姜遵对家人发感慨："这位朱学究年龄虽小，确实是难得的奇才。他将来不但要位极人臣，还必定留名青史，传之后世。"事实证明姜遵的眼光确实不差。

范仲淹在长山学宫读书的日子转瞬即逝，如今他已经年满 19 岁了。在长山老家所受的教育，已经不能满足他越来越强烈的需求，他需要走出家门，走出州郡，走遍北宋帝国的名山大川，开阔眼界，结识新友，收获新知，开启自己外出游学的历程。

范仲淹青年时代游学的经历，对奠定他一生的教育思想颇为重要。我们有必要回顾一下游学的起源与发展，以及它的重要意义。"游学"这个词，大多数人都不陌生，如今上至大学，下至中学，甚至连小学都与国内外学校建立了交流渠道，双方时不时就互派学生进行有限期的学习和生活。这就是游学的一种方式。

而在中国古代，很早就有游学的传统，最早从先秦时期就开始了。"游学"这个词，最早出现在《史记·春申君列传》中，太史公司马迁称之为"游学博闻"。这说明在古代，游学的目的就是增长见识、开阔眼界，一直到现在，这个含义也没有本质的变化。古代的游学分为很多种，比如儒家就有"仁学之游"和"比德之游"，所谓"比德"指的是春秋战国时代兴起的一种观点，认为自然的美与丑，和它所比附之人的道德、伦理、品格的高低有关，是将自然人格化的一种思想。道家有"逍遥游"和"仙游"，佛家有"佛游"，而古代的士大夫们则有"士林之游"，可谓名目繁多。

早在春秋时代，孔子就曾经带着弟子们驾着牛车周游列国，向各个诸侯国宣传自己的仁政理念，可惜不被接受。再如西汉丞相陈平，少时家贫，"独与兄伯居，伯常耕田，纵平使游学"。兄长种地，供着弟弟学习，让陈平学得了一身安邦定国之计，他和张良是汉高祖手下最主要的两个谋士。太史公为了写《史记》，就曾经游历名山大川和文物古迹，"二十而南游江淮，上会稽，探禹穴"，考察和收集历史上的人物事迹，作为第一手资料与古籍的记载相对照，积累了大量的写作素材。而唐代的大诗人杜甫在年轻的时候也曾到处游学，在他 27 岁那年，游历到泰山，登临绝顶，写下了"岱宗夫如何，齐鲁青未了。造化钟神秀，阴阳割昏晓。荡胸生曾云，决眦入归鸟。会当凌绝顶，一览众山小"的诗句。全诗承载着满满的正能量，抒发了诗人的宽广胸襟和远大抱负。而同时代的诗人李白，在 18 岁的时候就仗剑出游，潇洒上路，长达 16 年之久。他南到苍梧，东至大海，广阅名山大川，抒写人生豪迈。他漫步山水之间，置身绝壁之上，把酒临风，对月高歌，创作出很多瑰丽雄奇的诗作，流传千载。

那么，都有哪些人会进行游学呢？事实上，游学也不是每一个人都有资格参与的，是有一定门槛的。一般而言，大部分普通的底层百姓，大字不识的文盲，汗滴禾下土的农夫，朝不保夕的奴隶，都不会饿着肚子搞游学。真正将游学当成生活必不可少的一部分的人，分为在朝和在野两大类。其中在朝的有文官与武将，在野的有隐士与游士，游士里面又分为辩士和游侠。三教九流中，还有道士与僧人。

隐士都是不想做官而隐居山林中的有学问的大儒，比如西周初年的伯夷和叔齐，还有东汉号称"颜回转世"的黄宪，最著名的就是魏晋时期的"竹林七贤"。而辩士在战国时代最多，他们凭着三寸不烂之舌，游走于各个诸侯国之间，获得王侯的信任，进而飞黄腾达，最有名的当属苏秦和张仪。而游侠属于比较特殊的群体，他们一般是有一定经济地位的富豪地主以及侠客，在地方很有威名，经常路见不平拔刀相助，豪气干云，最有名的当属西汉时代的剧孟与郭解。不过，就像韩非子所言，"儒以文乱法，侠以武犯禁"，这句话的前半句针对的是辩士，后半句针对的是游侠。当国家统一、社会安定之后，辩士和游侠的好日子就结束了，统治阶级对他们非常忌惮，因为这些人一呼百应，对王权构成了巨大威胁，属于社会不安定因素，必欲除之而后快。

那么，游学除了增长见识、开阔眼界之外，还有没有其他目的？答案是有的。第一是通过游学通晓经术；第二是结交名儒为师；第三是学而优则仕，通过游学获得入仕的机会。对于已经高居庙堂的官员来说，必要的游学还可以让他们体察民间的疾苦，辨识制度的好坏，对于治国安民的帮助是很大的。因此，游学虽然有一定的功利性在里面，但其重要意义不言而喻。

从先秦到现在，游学之风绵延不绝，说明其积极的一面远大于消极的一面。除了北宋时期对游学稍加抑制之外，其他朝代基本上是持鼓励和允许的态度。那么，为何北宋创造了如此辉煌的文化成就，反而对游学有所限制呢？

首先让我们看看宋代游学的一些特点，再来回答这个问题。根据相关学者的研究，宋代游学活动分为三大阶段：初期、中期和晚期。游学初期阶段是从北宋建国到仁宗庆历新政的阶段，大约80年时间。游学中期阶段是庆历新政及以后，游学被政府限制的阶段。这段时间里，虽然皇帝下诏禁止随便到处游学，但是民间的游学之风并未消失，只不过从“地上”转入了“地下”。游学晚期阶段是南宋时期，那时候官办的学校逐渐衰败，书院和私人游学越来越流行，掀起了另一个小高潮。

除了按照时期划分，宋代游学在内容上也分很多种类，大体上分为三种：第一种是游学官学；第二种是游学书院；第三种是游学私学。游学官学主要集中在第一阶段，那么什么叫游学官学呢？

因为在这段时期内，北宋还处于刚刚建国时期，教育并不发达，官方设置的学校寥寥无几，教育设施极度缺乏，大部分教育的职责让民间私学承担了。而私学的办学质量良莠不齐，经历了五代十国长达50年的战乱，文化被摧残得支离破碎，很多民间乡儒可能只懂半部《论语》，就开门收徒，教出来的学生能有多高水平可想而知。

那时候官办学校很少，中央级别的学校有国子学和太学，汇集了国内水平最高的名师大儒，以及身怀绝技的高人，但是入学门槛很高。比如国子学招收的学生必须是七品以上官员子弟，平民百姓想都别想。而太学必须是八品以下官员子弟和平民百姓中的俊异者，说白了就是布衣子弟可以入学，但你必须是天才之类的人物，门槛依旧很高，将很多人拒之门外。而地方级别的官学门槛比起中央官学要低很多。

虽然中央级别的国子学和太学入学太难，但是并不影响读书人和有志之士到那里游学。既然当不成正式的注册学生，当一名旁听生总可以吧？想想看，那里的学生可都是豪门贵族子弟，还有那么多的名师和高人，到那里学习，会有机会结交很多高层朋友，可以为自己以后的仕途开辟一条光明大道。游学官学确实好处多多，如果学问出众，得到了老师的赏识，那可就一步登天了，不仅能够从旁听生转成正式注册生，还可以直接授以官职，甚至不用参加省试，直接就在皇帝面前进行殿试。比如宋代理学的开山人物之一程颐，在 18 岁的时候游学太学，因为写得一手好文章，被"校长"胡瑗看上了，马上给官做。"得其文，大惊异之。即延见，处以学职。"

书院和私人游学集中在南宋时期，那时候官学已经完全堕落，失去了教育的功能，变成了蝇营狗苟的场所，所以很多学子选择进入书院或跟随民间的大儒学习。到了南宋时代，文化教育已经非常繁荣，以朱熹、陆九渊为首的理学大家都在书院开门收徒，而他们的弟子们很多则在民间教私学。即使官学衰败，也不影响文化的教育传承。这和北宋初年的落后教育完全不可同日而语。

而北宋限制游学的政策，其实是和范仲淹有直接关系的。当时范仲淹已经是参知政事，和志同道合的朝廷大员们组建团队，在仁宗迫切的改革要求下开始了庆历新政。新政中对教育普及着力最多，各地兴建学校，教育之风大盛。但是随着时间的推移，不和谐的现象出现了。在这股兴学的热潮中，有的人好贪虚名，盲目增建校舍，滥招学生，甚至借兴学以收聚民财。根据《续资治通鉴长编》记载，到了庆历五年（1045），仁宗皇帝就下诏对游学加以限制："顷者，尝诏方夏，增置学官。而吏贪崇儒之虚名，务增室屋，使四方游士，竞起而趋之，轻去乡间，浸不可止。今后有学州县，毋得辄容非本土人居听习。若吏以缮修为名而敛会民财者，按举之。"这段话的意思是，近来我曾经向天下颁布诏书，增加学官的数量。但是地方官吏打着崇尚教育的旗号，不断增加扩建屋室，使得四面八方的游学之士纷纷赶来就学，跑去民间，拦也拦不住。今后设置学校的州县，不准非本州县的学生入住学习。如果有官吏以修缮学校为名敛财，一定要检举揭发。仁宗颁布的这份诏书，就是范仲淹上疏提议的。

范仲淹在未登第之前，有过两次游学经历。第一次是在家乡附近与一位名叫广宣大师的高僧交游，学到了很多知识和做人的道理。即使过了 32 年，范仲淹依旧对这位好友念念不忘，他在《赠广宣大师》中写道："忆昔同游紫阁云，别来三十二回春。白头相见双林下，犹是清朝未退人。”拳拳之情，跃然纸上。

北宋真宗大中祥符元年(1008)，范仲淹20岁，已经结束了在长山学宫的读书生涯。本地的教育水平已经不能满足范仲淹求知若渴的欲望，他便向母亲请示，准备采取游学方式，花上一年半载到各地见见世面，学更多的知识。在此之前，因为继父朱文瀚官低俸薄，且为官清廉，孩子也多，家里实在比较困难，母亲谢氏认为儿子已经接受完了初等教育，读书识字已然没有问题，就希望他做点买卖补贴家用，遭到了范仲淹的强烈反对。继父向来对范仲淹非常疼爱，视若己出，看到孩子很有志向，就支持他走科举入仕之路。

范仲淹得到父亲支持，大喜过望，便收拾行囊，踏上游学关中的历程。一路上，他意气风发，心情澎湃，或登高望远，或寻古探幽。沿着千年古道，一路向西，再向西，穿过函谷关，便来到了秦川平原。沿着八百里秦川宝地，继续西进，一直到达古都长安附近，这才安定了下来。根据相关史料记载，范仲淹游学陕西的时候，整个关中地区正在经历大旱灾。在当年那个百姓靠天生活的年代，大旱灾意味着大饥荒，大饥荒的直接结果就是饿殍遍地。这场旱灾持续了多长时间，不太清楚。到了大中祥符二年(1009)，真宗皇帝命令陕西官员开仓放赈，就是因为旱灾的原因。不难判断，范仲淹这一路走来，肯定会目睹旱灾惨景，这对从来没有出过远门的青年学子的冲击和震撼应该是无与伦比的。因为范仲淹在游学之前，虽然家里不是特别富有，但是吃饱穿暖毫无问题。这次出游，首次亲眼看到百姓横尸沿路的惨状，对他将来做官秉承为民请命的思想有直接的影响。

关于范仲淹游学的行程，以及他游学关中的事迹，不见正史，宋史中只字未提。在董平所著《伟大的教育家范仲淹》的附录《范文正公行状编年纪》中，记载如下：“大中祥符元年，公游历关中、长安名胜，结王镐为友，居半载而归。”在范仲淹后来为好友王镐写的墓表里面，他回忆了游学关中的经历：“时祥符纪号之初载。某薄游至止，及公之门，因与君交，相与啸咏于鄠、杜之间。”文中的鄠、杜，指的是陕西的鄠县(今陕西户县)和杜陵，那里的终南山是著名的风景区。有白云飞瀑，更有隐士高人，范仲淹与新结识的友人，或抚琴长啸，或坐而谈易，乐不思蜀，学问大进，不知不觉在那里逗留了半年之久。

范仲淹在游学关中的途中，借机体察了不同的风土人情和民间疾苦。在鄠、杜逗留期间，结识了四位朋友，分别是弃官当隐士的王衮，王衮的儿子王镐，以及王镐的朋友——道士周德宝与屈元应。王衮擅长写诗，有才华，也有傲气，富有正义感，颇有魏晋阮籍的风采。他曾经担任彭州通判，因为知州贪赃枉法，王衮严词指责，毫不客气，最后弃官回家，当了一名隐士，所以当地的人称他为“吏隐”。除王衮属于长辈之外，其余三人岁数相仿，最谈得来。范仲淹暂时忘却了来关中途中目睹旱灾的苦痛，在那里度过了一段悠闲快乐的岁月。

37 年以后，范仲淹的好友王镐去世，他深情地怀念当年的游学岁月，以及秀美的大好河山：“山姿秀整，云意闲暇，紫翠万叠，横绝天表。及月高露下，群动一息，有笛声自西南依山而起，上拂寥汉，下满林壑，清风自发，长烟不止。”优美的文字，寄托了最真挚的哀思。

范仲淹的两次游学经历，丰富了他的人生阅历，让他体验到了家乡所不曾给予的新鲜，他更是借游学机会收获了长达一生的友情。这对他未来跌宕起伏的人生，是一个良好的开端。

第四节　断齑画粥，磨砺剑锋

青年范仲淹在淄州长山学宫完成初等教育之后，为了开阔视野、增长见识，先后两次游学，不辞千里跋涉之苦，但求交友高谈之乐。他在关中地区流连半年之后，这才回到了老家淄州。

在游学之前，为了检验自己所学的知识，范仲淹参加了北宋科举考试中的明经科，并一举考中，成了一名学究。这就是为何家乡的进士姜遵称他为"朱学究"的原因。在这里，我们就要探讨一下，什么是明经科？"学究"这个词的真正含义是什么？对于"学究"这个词我们并不陌生，最早是褒义词，后来变成了中性词，如今变成了贬义词。在宋代，"学究"这个称呼，代表了某人有学问，根本就没有贬义。比如梁山泊上的军师吴用，其字学究，足以说明吴用对自己才学的自信，也被好汉们尊称为"吴学究"。后来这个词的含义不褒不贬，用来形容一个人虽然书生气十足，但是看起来比较刻板。如今，本来挺好的一个称呼却变成了贬义词。

北宋建国之后，倡导文官治国的理念，为了广揽人才，延续了五代的科举制度，并加以改革，放宽了取士名额，为下层布衣平民创造了上升通道。北宋初年的科举考试，绝非我们固有认知中的八股文考试。那时的科举考试形式和内容非常丰富。总的来说，北宋初年的科举考试分为两大类：一种叫常科考试；另一种叫制科考试。常科考试属于主流考试，绝大部分读书人入仕都是通过它实现的。而制科考试是选拔专业人才，就是选拔民间身兼一种或者几种特殊才能的人做官。制科考试的科目五花八门，各种稀奇古怪的科目都有，经常根据需要发生变化，并且该科考试时兴时废。制科考试先后设置过"贤良方正、孝弟力田、博通坟典、才识兼茂、博学宏词"等科目。

常科考试种类有十种之多，其中最荣耀和分量最重的就是进士科。状元、榜眼和探花就是从进士科甲等里选拔的头三名。除此之外，还有九经、五经、开元礼、三史、三礼、三传、学究、明经和明法等科目。在这里面，“五经”就是我们耳熟能详的《诗》《书》《礼》《易》《春秋》；而“九经”的内容有四项与“五经”相同，即《诗》《书》《礼》《易》，除此之外，还有《左传》《孝经》《论语》《孟子》《周礼》，“九经”里不含有《春秋》。“开元礼”是唐玄宗开元年间制定的国家礼法集大成者；“三史”指的是《史记》《汉书》《后汉书》；“三传”我们也比较熟悉，有左丘明的《春秋左氏传》，穀梁赤的《春秋穀梁传》和公羊高的《春秋公羊传》；“三礼”指的是《仪礼》《周礼》《礼记》；“明经科”和“明法科”的技术含量最低。明经，顾名思义就是明白经书，主要考对于经文的死记硬背，至于经书表达的含义，倒是放在次要地位了。“明法科”就是考学生对于法律条文的掌握。所以古代流传着一句话叫“三十老明经，五十少进士”。为何这么说呢？因为死记硬背，年龄越小，考过越容易，到了30岁再考“明经科”，就让人耻笑了。而进士科难度最大，不亚于如今考北大、清华，所以即使50岁考上，也是欢天喜地的大事。比如曾经写下“慈母手中线，游子身上衣”的唐代大诗人孟郊，一直考到46岁才登第，其欢喜程度不亚于《儒林外史》里面的范进中举。

学究科排在十个科目的倒数第三，可见其并非重要的考试科目。考“五经”，要通“五经”；考“九经”，要通“九经”，而学究考试只需要通一经即可，难度仅仅比死记硬背经书高那么一点点。

范仲淹就是从淄州长山学宫毕业之后参加的常科学究考试。根据记载，他和同学拜访姜遵的时候，与这位进士谈论最多的是“春秋大义”，可以推测他参加考试的内容应该是《春秋》学究。从学究科到进士科有七档的差距，要想考中进士科，仅仅将经书融会贯通是不够的，必须继续提高自己的知识水平，才能应对竞争极为激烈的进士科考试。

现在，范仲淹已经游学归来，要想提高自己，博取真正的功名，脱离布衣之身，必须选择水平更高的学校更加艰苦地学习。那么，哪所学校比较合适他呢？

就在他左右徘徊之际，有一天，一位叫刘生的好友兴冲冲来找他，进门寒暄两句，便切入正题：“希文兄，关中一游，收获不少吧？”

范仲淹答道："沿途千里，迤逦一路，遍览名胜古迹，走访博鸿大儒，恰巧遭遇旱灾，饥民嗷嗷，百姓挣命。看在眼里，痛在心里，他日若能一逞鸿鹄之志，身居高位，必用我的微薄力量拯救苍生元元。"

刘生击节赞叹："希文兄果然不同凡响！少年大志，令人钦服。只不过，要想荣登高位，进士科考试可是一道难关啊。如今有没有找到合适的学府继续深造？"

范仲淹沉吟片刻，答道："如今教育不兴，学府稀少，本想进入太学旁听，却阻碍重重。放眼周围百里，能满足求学愿望的学校不多啊！"

刘生说道："希文不必气馁，我听说在咱们淄州长山西南50里的长白山中有一座醴泉寺，寺内最近从东京汴梁来了一位高僧，学识极为渊博，并且寺庙主持也是博学多才的大家。如果希文兄有意，我们可以一起去那里求学，如何？"

范仲淹双眼一亮，惊喜地说道："那好啊，如果醴泉寺是这么好的学习地方，当然不能放过这个机会，容我禀告家母，择日尽快启程。"

送走好友，范仲淹来到母亲谢氏居室，将准备到醴泉寺读书求学的想法告诉了母亲。而此时，继父朱文瀚已经因病退养家中，除了卧床养病之外，还经常走访一些旧年老友，此时恰好从外面返回。他闻听范仲淹到醴泉寺读书的计划，连声夸赞。

等坐定之后，继父问范仲淹："你如今也长大成人，一心想考取进士，也算不辜负我们这么多年的辛苦付出。淄州长山求学之风很浓，造就了这块人杰地灵之地。那么，你知道咱们这块地方为何有如此浓厚的读书传统吗？"

范仲淹点点头："孩儿了解一些，还请父亲详细解惑释疑。"

朱文瀚说道："我们这块宝地继承了百余年的读书传统，还要归功于一个人，如果没有他，长山地区形不成如此长久的读书氛围。"

范仲淹精神一振，连忙问道：“请问这个人是谁？”

朱文瀚答道：“他是五代的一名大儒，名叫田敏。他从小聪颖，年纪不大就通晓《春秋》，并且对于经学的研究也达到了很高的水平。他在后梁贞明年间进士及第，担任过国子监博士、司业、祭酒、太常博士、太常卿等高级文官职务。到了后唐的时候，担任校勘图书的职务，负责校勘‘九经’，时间长达22年，皓首穷经，这才完成了这项前无古人的事业。因为他校勘图书的功劳，周世宗柴荣封他为‘儒学之宗师’。大儒田敏在80岁的时候告老还乡，在长白山中建立学堂，招揽学生。由于他的名气非常大，一时间求学者纷至沓来，几乎踏破了门槛。田老先生把他的余生全部投入到讲学之中，十几年间，桃李满天下，培养了很多学问大家。除了田敏之外，还有其他的名师也在附近讲学，逐渐形成了良好的学风，一代又一代传到了今天。”

范仲淹听完继父的这番话，求学心情更加迫切。心想，先把田敏这类过去有名的大儒放一边吧，眼前的继父朱文瀚不就是活生生的例子吗？他20多岁中进士，不但光耀门庭，还入仕做官，虽然干的都是幕僚文职工作，没有当过封疆大吏，至少在乡亲们的眼里，也是跳过龙门的鲤鱼一步登天了。

所以，进士科考试自己必须要考，并且一定要考上！以实现自己担任良相、泽被天下的理想。

范仲淹要到醴泉寺读书求学，这就引出了另一个问题——佛教在宋代的教育中到底担当着什么角色？占据多大分量？这个问题其实很重要，也是中国古代教育史里不可或缺的一环。对于范仲淹而言，他从刚记事的时候起就和佛教接触，长大之后又和广宣大师交游，如今又要去醴泉寺读书，可以毫不夸张地说，佛教在范仲淹的人生早期，对他思想和世界观的形成起了至关重要的作用。

就让我们简要回顾一下，自从佛教传入中国之后，对传统文化教育有哪些影响和贡献吧。

佛教也叫释教，最早于东汉明帝永平年间（58—75）从印度传入中国，在整个东汉时期属于毫无影响力的小教派。从东汉末年的天下大乱开始，再到魏晋南北朝，在近 400 年的时间里，中国正处于第一次大分裂时期，几百年的战乱，造成人口锐减，民不聊生，百姓痛苦不堪，加上魏晋从高官到士人都崇尚老庄而消极避世，整个社会处于非常颓废的状态，儒学的影响越来越小。此时，佛教抓住时机，开始被官方所利用，佛教轮回转生的思想刚好能够缓解百姓精神和身体遭受的双重痛苦，并给了他们来生大富大贵的希望。所以，到了南北朝时期，佛教达到第一个鼎盛时期，“南朝四百八十寺，多少楼台烟雨中”刻画了当年佛学兴盛的景象。当时不管是北魏还是南朝，全国上下对于佛教的痴迷达到了令人目瞪口呆的地步。

佛教的兴起对传统的儒教和道教是一个巨大威胁，三方冲突不断。南朝梁武帝在位期间，佛教、儒教和道教为了争夺思想的统治权，展开了激烈的斗争，斗争的结果就是三个教派的思想互相渗透吸收，佛教也变得更加世俗化了。

到了唐代，虽然官方依旧以儒学为正统，但佛教却得到了皇族大臣们的鼎力支持。广建佛寺，僧人众多，耗费民脂民膏无数，繁衍速度极快，以至于到了影响唐王朝存亡的地步。根据相关资料记载，到中唐后期的唐武宗在位期间，佛教占据了天下之财的 70%~80%，这就意味着，只有 20%左右的财富用来养活庞大的政府、军队、官僚以及百姓，可以想见，这种情况会造成多么可怕的后果。所以佛教最终经历了四大灭佛劫难中的第三难“武宗灭佛”（第一次是北魏太武帝拓跋焘灭佛，第二次为北周武帝宇文邕灭佛，第四次是后周世宗灭佛），拆除寺庙几万所，还俗僧尼和婢女几十万人，收回良田数千万顷。从此，佛教一蹶不振，失去了与儒教相抗衡的机会。

经过了五代战乱以及周世宗的第四次灭佛，备受打击的佛教在北宋初年再次逐渐发展起来，虽然僧侣众多，然而在政治上已经没有影响力，对丰富和发展中国传统文化做出了很多贡献。在北宋初年，赵宋王朝为了限制越来越泛滥的出家人口，就采取了一定的限制措施。根据《宋太宗皇帝实录校注》记载，当时官府为每一个出家人都颁发了身份证，叫“度牒”，俗称“度僧牒”，有了这个东西，僧人的身份才合法化。并且，僧人想要度化别人皈依，也不是想度谁就度谁，而是有着严格的名额限制。

除了前面所说的佛教进入中国使得儒、道、释三家思想互相融合之外，佛教对古代的教育还有如下重大影响。

首先是影响了学校的教学和研究方法。佛教本身有自己的教学方式，比如独创了“义疏之学”、禅林精舍的讲学形式和方法以及寺院的清规戒律，等等。所谓“义疏”，指的是疏通原书和旧注的文义，阐述原书的思想，广罗材料对旧注进行考核补充和辩证等。这种研究学问的方法是一大创举，因为儒学经典从汉代发展到宋代初年，已经完全变味了，学生只知道死记硬背经书原文和历朝历代的大儒们对经书做的注释，至于整篇文章表达的意思，学生反而不明白，沦落成了“填鸭式”的死记硬背，最后培养出来的都是一脑子糨糊的书生。而佛教的义疏之学始创于南北朝时期，为儒学发展提供了一个新借鉴。范仲淹后来大力发展教育，并且亲自授课，就从学生死记硬背儒家经典这个痼疾开刀，要求学生一定要通晓经文所要表达的真正含义，后来逐渐转变了学风，为整个宋王朝的文化繁荣奠定了基础，可谓居功甚伟。

佛教的禅林精舍，实际上就是佛寺。佛教选择山清水秀、风景优美的名山大川，在上面修建寺庙，佛家弟子们在与大自然的和谐中，与青灯古佛相伴，在木鱼声声中探究佛学奥义。儒家的教育受此影响很深，其讲学机构一般也修建在风景秀丽的地方。比如著名的白鹿洞书院建在了犹如仙境的庐山，岳麓书院建在了风景绮丽的岳麓山，嵩阳书院建在了峰峦叠翠的嵩山，琅琅读书声与晨钟暮鼓相呼应，余音绕梁三日，学习也就成了一件美差。

佛教对于弟子的约束非常严格，清规戒律构成了严密的制度之网，时刻约束着僧人们的一言一行，让他们不准越雷池一步。对于儒家教育而言，当年孔夫子开始教育事业的时候，对学生没什么制度约束，是一种很松散自由的教育方式。即便后来在各个朝代的官学和私学里面，也没有太严格的教育制度，学习完全凭着自律和自觉。但是，儒家发现了佛教清规戒律的优点，便移植到了教学上面。到了南宋时期，朱熹在白鹿洞书院讲学的时候，书院已经形成了完整的教学制度，规定之细、之全面，令人叹为观止。儒家还确立了老师的权威地位，老师、学生左右尊卑丝毫不能差，同时对于学生的品质培养还制定了极为严格的措施。所谓“无规矩不成方圆”，好的制度才能培养出好的人才。

管中窥豹可见一斑，通过发生在范仲淹身上的一件事情，我们就可以了解到在北宋初年的官学里面已经建立了相应的教学制度。当时晏殊被罢掉了枢密使之职，出使南都，就让范仲淹来应天府书院教书。范仲淹欣然应允，来到应天府书院之后，便承担了极为繁重的教学任务，他制定学规，亲自授课，撰写范文，一丝不苟，对学生的要求非常严格。

有一天晚上，他照例去巡查学生住所，看到一个学生正躺在床上休息。而此时根本不是休息时间，范仲淹便问："为何没有温习功课，而在这里睡觉？"学生答道："看书有点累了，想歇一歇。"范仲淹问道："在休息之前，你读的什么书？"学生没在意，随口说了一个书名。范仲淹便考了学生书中的一些知识，学生张口结舌答不上来，范仲淹毫不客气地按照学规对其进行了处罚。

除上述所列举的佛教对于儒家教育的影响之外，佛教还直接承担了部分教育功能。那么，佛教为何会从儒家教育口中分一杯羹呢？最主要的原因有两个。

一个是我们前面讲过的，在北宋初年教育不发达，学校很少，私学虽然有，但是水平不高，而佛寺里面隐藏着通晓佛教和儒家经典的世外高人。这些高僧之所以也掌握儒家经典，一来是为了博览群书，为佛教经典增加新内容；二来在与儒家弟子辩论之时，不至于处于下风。由此可以推测，高僧通晓儒家经典，也应该是一项必修课。

佛寺承担部分教育功能的第二个原因，就是佛寺聚敛了天下很多财富，又经常宣传佛法无边、普度众生、大慈大悲。且大多数朝代对佛教都持优待态度，建造寺庙，政府无偿批给土地；追随者供奉的香火钱属于捐赠性质，国家不收税。在这种情况下，佛寺再不做一些公益性质的善举，无疑就太不明智了。历史上，佛教遭遇四次毁灭性打击，就是和与民争财有关。所以佛寺除了在灾荒之年施舍粥饭赈济灾民之外，还给贫寒的底层读书人提供了住宿甚至吃饭场所，同时让高僧给学子们授课，这是不难理解的事情，是一种善举，更是一种高明的自我保护措施。

如今，还是年轻学子的范仲淹即将到长白山醴泉寺求学了。醴泉寺位于山东邹平县境内西南方向的长白山中，而长白山位于邹平、长山、淄川、章丘四县交界处。该寺历史久远，始建于南北朝后期，相传由庄严法师所建，后来饱经风雨，坍塌损坏。唐中宗时，寺僧仁万重建寺院，在施工之时，东山有一泉涌出，中宗赐名“醴泉”，醴泉寺即由此得名。据《嘉庆一统志》记载：“长白山，在邹平县南二十里，山阿有醴泉寺，相传志公卓锡之地，宋范文正公读书寺中，有上下二书堂，在黉堂岭下，皆宋代所建。”以上资料佐证了范仲淹在醴泉寺读书的事情绝非民间传说。

一切准备停当之后，范仲淹辞别父母，步行 50 里来到了风景秀丽的醴泉寺。他首先拜见了那位在学子中口口相传的博学高僧，表达了自己渴望继续求学的想法。这位高僧首先与范仲淹进行了面谈，顺便考察了一下他掌握的知识，发现面前这个年轻人不仅求知若渴，而且学问扎实，是一个有前途的可造之才，心中很高兴，立刻答应收他为弟子，并提供了住宿场所。范仲淹便在这里度过了两年清贫而又充实的时光。

长白山景色宜人，是读书求学的好场所，范仲淹每天按时听完老师的授课之后，便刻苦研读，日积月累，学问大增。关于范仲淹在醴泉寺读书的事迹，在宋代文人的笔记中有很多记载，而范仲淹在晚年写给友人的信中，也经常回忆这段难以忘怀的苦读岁月。他说自己每天读书到很晚，经常困得书掉在地下，为了清醒头脑，继续学习，他就经常用凉水洗脸。寺庙虽然提供了住宿，但是并没有提供伙食，所有的粮食都是他在回家看望父母的时候，顺便从家里背来的。因此，在整个求学期间，范仲淹非常节俭，经常每天只蒸一小锅米饭，然后划成四块，每顿饭只吃一小块干米饭，再找一些新鲜的韭菜，蘸着蒜末、醋和食盐一起享用，这就是流传千载的《断齑画粥》的故事。这个故事和战国时代苏秦的《锥刺股》、东汉孙敬的《头悬梁》、西汉匡衡的《凿壁借光》、晋代车胤和孙康的《囊萤映雪》具有异曲同工之妙，激励了一代又一代的读书人前赴后继、奋发图强。这些故事里洋溢的不以贫贱为苦、积极向上的奋斗精神，也是留给后世的宝贵精神食粮。

在醴泉寺读书的这两年，是范仲淹一生中最快乐的时光，虽然短暂，但是弥足珍贵。因为在这段时间里，家中有父母，身边有同学，大家风华正茂，刻苦学习，互相切磋，人生何其快意也！但是，天有不测风云，人有旦夕祸福，有一天，正在专心读书的范仲淹被寺庙里的一名僧人喊了过去，被告知一个不幸的消息——他的继父朱文瀚已经仙逝了。这个消息无疑是晴天霹雳，将范仲淹彻底打蒙了。他虽然知道继父的身体一直不好，但是没有料到事情来得这么突然。稳定心神之后，范仲淹便快马加鞭朝家里赶，以尽快料理后事。

继父朱文瀚一生官职低微，俸禄微薄，养家糊口已然捉襟见肘。如今他突然离世，对整个家庭是一个沉重的打击。范仲淹的生母谢氏改嫁朱文瀚之后，又生了几个儿子，如今也已经长大成人。据传，其中一些孩子不但没有范仲淹的远大志向，竟然还养成了花钱大手大脚的毛病，沾染了纨绔子弟的不良风气。范仲淹本性节俭，对奢侈之风很反感，就好言好语劝训了几句。按照范仲淹的想法，作为兄长，教训弟弟们实属正常行为。然而，其中一个弟弟却根本不听劝告，还出言不逊："我花的是朱家的钱，关你何事？"这句话让范仲淹心里一震，顿时心生疑窦，什么叫不关我的事？我不是朱家的人吗？父亲给我起名叫"朱说"，母亲也这样喊我喊了十几年，怎么今天弟弟说出了这番话？

这件事情给了范仲淹很大的刺激，让他不由自主地回忆起了小时候经历的种种令人费解的事情。比如，他从小到大都能感觉到周围的环境很异样，气氛也不和谐，不但弟弟们对自己感情淡漠、若即若离，即使走在大街上，也经常看到邻居的孩子们对他指指点点、掩口窃笑。还有一次，他正在和孩子们一起玩耍，闹了不愉快，有个孩子喊他为"带犊子"，他不明白这是什么意思，却感觉到有一种无形的绳索缠绕在身上，让他倍感压抑。如今已经长大成人的范仲淹将各种线索整合到一起，终于明白了事情的前因后果。

他被弟弟们奚落之后，就找到母亲，诉说了心里的疑惑。谢氏这才一五一十地将事实的真相告诉了他：他本是朱文瀚的继子，与朱家没有任何血缘关系！范仲淹闻听此言如雷轰顶，身体摇晃几下才稳住了心神，母子二人抱头痛哭。谢氏想起了以前的颠沛流离之苦，悲痛之情难以抑制。范仲淹也明白了，母亲之所以这么多年来心里藏着这个秘密，就是为了不让他产生心理压力，努力给他营造正常的生活环境。慈母之心，可昭日月啊！

范仲淹擦干眼泪，安慰母亲道："我本是范家的后裔，以后理应自立门户，不能再寄人篱下并受人白眼了！"

谢氏拉住范仲淹的手，焦急地说道："朱家待你也不薄啊，你的弟弟只是年少不懂事，这才说出了那番忤逆之语，你不要放在心上。你如今想要自立门户，也没有条件和资本啊！"

范仲淹答道："母亲放心吧，那我就自己创造条件，努力考取进士，博取功名。请给我十年时间，到时我一定将您接去奉养，让您好好享清福。而朱家的养育之恩，等我有机会再报答吧！"

谢氏闻言更是悲痛欲绝，儿子这番话蕴含的意思很明显，他要远离家乡，准备自己谋生去了。母子心连心，儿子一走十年，谢氏怎能不牵挂？但是范仲淹去意已决，虽然朱家待自己确实不薄，但是想到母亲守寡之后，范氏宗族做出的那些令人齿冷心寒的绝情之事，让范仲淹更加坚定了努力拼搏的决心。只因为母亲不是正室，就被范氏宗族拒之门外，不管他们的死活，让母子栖身尼姑庵饥寒交迫两年之久。这种刻骨铭心的记忆，成了范仲淹感愤自立的主要原因。

既然想要自立门户，就要创造和积累足够的资本。要想积累资本，对于读书人只有一条路可走，那就是参加科举进士科考试。要想参加进士科考试，就要继续丰富自己的学识，将考试科目彻底一通百通。如今，范仲淹已经与朱家兄弟闹僵，不可能再回家里，在醴泉寺读书虽然能增长学问，但还是不能满足进士科考试极为苛刻的要求。何去何从，青年范仲淹必须做出人生的第一个重大决定。

要想一举中第，只能进入高水平的学校，才有可能实现梦想。那么，全国高水平的学校到底在哪里呢？

答案是这类高水平的学校就在距离范仲淹的老家长山以南400多千米的北宋南都应天府。那所学校就是应天府书院，是当时天下最著名的学府之一。

范仲淹辞别母亲之后，就一路辗转向南，朝着心目中的圣地奔去。在那里，他将度过长达五年的卧薪尝胆的生活。他将自己全部的精力投入到学习之中，忘记了身外之事，心中只有一个信念：一定要考中进士，一定要自立门庭，一定要实现儿时成为良相的宏伟目标，一定要将自己的名字留在青史之中！

第五节　应天苦读，金榜题名

范仲淹得知身世秘密之后，感愤自立，离开家乡，前往北宋南都，到应天府书院继续深造。这里，将成为他一生仕途的起飞点，也将成为他倾注很多精力推行教育的试验田。北宋很多非常有名的大儒，都与应天府书院有着密切的联系。胡瑗、孙明复、张载、石介等教育和文学大家，也都与这座书院有很深的渊源。范仲淹在此后 30 多年的为官生涯中，多次回到这里，或者亲执教鞭，或者会友高歌。北宋的教育和士大夫的精神风貌一扫过去的颓唐之气，迎来朝气蓬勃的新时代。由范文正公开启的这场新文化教育运动影响如此深远，上接隋唐两汉，下传宋元明清，构成了中华民族的精神和文化基石，至今依旧发挥着重大作用。

南都应天府书院对于范仲淹的一生如此重要，这里也是他步入仕途的最后一站，他在这里五年的求学生涯，奠定了以后推行教育理念的基础。因此，有必要多花点笔墨将应天府书院的历史发展脉络稍做梳理，对这所著名书院在北宋教育中的重要地位进行论述。

北宋时期的应天府，就是如今的河南商丘。此处“南邻汴水，西牵京师，禁喉关陕，东蔽江淮，舟车涌会”，属于四通八达之地，为北宋政治、经济、文化和人才中心。这座城市的历史一直可以追溯到西周武王伐纣时期，已经有 3000 多年的历史。殷商末年，纣王无道，天下即将大乱，他的庶兄微子多次进谏，纣王不听。微子害怕罹祸，便举家出逃。等武王伐纣之后，微子投降西周，被封到了宋地（今河南商丘），而微子成了春秋战国时代宋国的始祖。经过漫长的历史变迁，到了隋朝开皇十六年（596），隋文帝杨坚将此地改名宋州。此后经过唐和五代，地名经常变化。到了五代最后一个王朝后周时期，宋太祖赵匡胤担任归德军节度使，治所就在宋州，因此太祖建国之后就改国号为“宋”，这块宝地也就成了赵宋 300 余年的龙兴之地，极受皇帝所重视。到了北宋真宗景德三年（1006），将宋州改名为应天府。到了真宗大中祥符七年(1014),又将应天府升格为南京,作为北宋的陪都。

在北宋早期,由于赵宋王朝四处征战,开拓疆土,无暇顾及教育,因此官学很少,且只收官宦子弟入学,平民百姓全部被拒之门外。为了满足民间教育的需求,隐藏在民间的大儒和能人们便创立私学,不设门槛收纳平民子弟。除了私学之外,还有一种非官方的教育机构也兴旺发达起来,这就是书院,也带有私人办学性质。书院这种特殊教学机构在北宋初年开始发展壮大,经过 80 年的发展,到北宋仁宗年间(1022—1063),已经形成了誉满天下的六大书院,分别是白鹿洞书院(江西庐山)、应天府书院(河南商丘)、岳麓书院(湖南长沙)、嵩阳书院(河南登封)、石鼓书院(湖南衡阳)和茅山书院(江苏句容)。一时间,民间私学大盛,八方学子千里奔波蚁附门廊之下,大儒满腹经纶讲述“九经”精华。

那么书院这种教学机构是如何发展起来的呢?这还要向前追溯到唐代早期。最早的书院并非来自民间,而是来自政府官方,是一种皇家学术机构,出现时间可以追溯到公元 623 年,即唐高祖武德六年。而“书院”这个名称正式出现是在唐玄宗开元年间(713—741),当时政府组织文人在乾元殿校勘书籍,乾元殿便改名为丽正修书院。到了唐玄宗开元十三年(725),丽正修书院改名为集贤殿书院。这种书院完全属于官方学术机构,帮助皇帝了解经史典籍、选拔人才等,是皇帝设置的智囊之一。

由于书院享有很高的声誉和地位,并且里面藏书丰富,所以对于读书人的吸引力是非常强的,如果能在集贤院书院担任职务或者承担相关工作,那可是了不得的事情,是读书人的最大荣耀。因此,那些告老还乡的官员,为了夸耀乡里,就将自己私人藏书的地方也取名叫某某书院。从此以后,书院的名称就从官方流传到了民间。通过 300 多年的发展,终于在宋代结出了硕果。

宋代书院在北宋建立后的 80 年间逐渐发展起来,这是书院蓬勃发展的第一个时期。后来北宋实施过三次大的教育改革:第一次就是范仲淹支持的庆历新政;第二次是王安石主持的熙宁变法;第三次是蔡京支持的崇宁变法。这三次变法都对教育进行了大幅度的改革,要求各个州郡都要建立学堂,也就是官方办学，对书院或者改造或者收买，使得很多私人背景的书院最终没落了下去，时间长达百余年。到了南宋时期，因为官学废弛，使得书院迎来了第二个春天，加上有理学宗师们的推动，使得书院的数量和教学质量达到历史的巅峰。此后元、明、清三朝虽延续了书院办学的形式，但再也没有达到宋代的辉煌，到了清末，书院才彻底衰败。

对于应天府书院而言，其发展也经历了从私人背景到官方背景的转变过程。在书院建立和发展的过程中，就不断得到官方的支持和认可，最终被纳入官方教育体系，隶属于国子监，身价倍长，光环耀眼，这已经是私人所办书院获得的最高荣誉了。

谈起应天府书院早期的创建历史，有三个核心人物起到了举足轻重的作用。一个是宋州虞城大儒杨悫，一个是宋州楚丘隐士戚同文，还有一个应天府本地有钱的乡绅曹诚。应天府书院在扬名天下之前，其名字叫睢阳学舍，属于五代大儒杨悫的私人财产。这座私人学舍建于公元930年，当时正是五代末期，虞城人杨悫满腹经纶，眼看天下纷争，朝代更替，民不聊生，并且武夫当国，文官经常被欺凌压榨，活得战战兢兢，一不小心就会送掉全家性命。因此，他早就断绝了入仕为官的念想，与其在刀刃上跳舞，不如隐居山林，凭着自己的名气在私人住所里面招纳门徒，讲授天下文章。杨悫发起的教育活动，逐渐让他声名鹊起，最终引起了官方的注意。当时驻扎此地的赵直将军对杨悫极为钦佩，多次出手相助，这才让睢阳学舍在战乱频仍的年代幸存了下来。

第二个对应天府书院做出突出贡献的是隐士戚同文。戚同文，字文约，家里世代都是读书人，不幸从小父母双亡，并被寄养到了祖母的娘家。戚同文对祖母特别孝顺，从小就赢得了好名声。当祖母去世之后，他连续好多天不吃不喝，日夜号哭，让乡邻们大为感动。祖母去世之后，戚同文无依无靠，闻听杨悫正在收徒办学，便慕名而去，每天都要到学舍里旁听。刚开始，杨悫对这个年轻人没有在意，时间一长，看他求学若渴，便想考考他的学识，于是随手送给他一部《礼记》。戚同文过目不忘，只花一天时间，就背会一卷。杨悫大为惊讶，便收他为徒。戚同文很珍惜这难得的机遇，刻苦攻读，只花了不到一年时间，就将“五经”学得通透。杨悫对这位弟子非常赞赏，就将亲妹妹许配给他为妻。戚同文更加发奋苦读,长年累月,终成一代大儒。

当时北宋王朝还没有建立,杨悫想让戚同文去参加科举考试,走仕途。戚同文说:“如今天下丧乱,万民涂炭,老师都不去应试,我也不会去的。”在杨悫死后,戚同文继承了老师的衣钵,主持睢阳学舍,打出“天下同文”的办学旗号,对底层贫寒的读书人非常优待,吸引了大批年轻学子不远千里来求学。而睢阳学舍的教育质量也相当了得,在范仲淹到这里求学之前,已经进士及第五六十人,一时间,睢阳学舍名声大噪。

第三个对应天府书院做出巨大贡献的是宋州本地乡绅曹诚。曹诚出手相助睢阳学舍的时候,戚同文已经去世 30 多年。在戚同文去世这 30 年间,由于没有特别能干的人来支持学舍,使得其办学时断时续,但是这座学校打下的基础很牢固,高中进士的学子依然络绎不绝。范仲淹在《南京书院题名记》里提道:“二十年间,相继登科而魁甲,英雄仪羽台阁,盖翩翩焉,未见其止。”

到了北宋真宗大中祥符二年(1009),范仲淹刚满 20 岁。宋州本地人曹诚看到睢阳学舍房屋逼仄,就出钱扩建学舍 150 间,并收集了上千卷图书,招揽门徒,延续办学。地方官对曹诚的助学行为极为赞赏,就上报了真宗皇帝。宋真宗对曹诚的义举大加褒奖,派遣戚同文的孙子礼部侍郎戚舜宾主管学校,曹诚担任助教,并亲自赐书“应天府书院”匾额。从此,应天府书院便进入了政府高层的视野。

范仲淹是于真宗大中祥符八年(1015)考中进士,开始了他的出将入相之路的。因此可以推断出,他进入应天府书院学习的年份应为大中祥符四年(1011),时年 22 岁。

且说范仲淹离开淄州长山之时,并没有和母亲道别,怕受不了母亲的眼泪。他强忍伤感,满心悲愤,背上行囊朝着西南方向大踏步奔去。正走之时,忽听得身后有人喊道:“朱说,请留步!”范仲淹闻声停住脚步,转身回头,原来是一名邻居,正跑得满头大汗、气喘吁吁,到了跟前,他拉住范仲淹的手说:“你娘现在都哭成泪人了,你怎么能这么狠心,丢下她不管?你知不知道‘百事孝为先’‘父母在，不远游，游必有方'的道理？"

范仲淹黯然说道："我何尝不知古人教训？只是家中母亲还有我弟弟们照顾，我才敢只身一人外出求学。想我20余年，一直寄身于外姓之家，继父虽然待我不薄，母亲也爱抚有加，然而弟弟们从未将我当本家人看待，言语之间可有亲情在里面？如今我长大成人，理当自立门户，寻根问祖。恳请您回去转告母亲大人，等我高中金榜，10年之后，我一定返乡接母亲奉养。在此先拜谢了！"说完深鞠三躬，便含泪离去。

范仲淹告别乡邻，一路风尘仆仆，终于赶到了应天府书院。当他站在书院大门前面时，心中百感交集。如今，他已经背井离乡，痛别慈母，故意将自己逼入绝境的唯一目的，就是要激发潜藏在身体里的能量和斗志，与歧视抗争，与光明为伴，开始新的拼搏之路。

应天府书院自从得到了真宗皇帝的御赐匾额，名气更大。万方辐辏，门庭如市，读书之声琅琅相闻，紫衣玉带之士出入其中，宋人学风大长，并形成了示范效应。当时有人就说："州郡置学始于此，天下学校视此而兴。"

范仲淹进入了这所学校就学，开启了人生新的历程。那么书院都开设哪些课程呢？根据史料记载，学院的基本课程是儒、道、墨家经典，包括《诗》《书》《礼》《易》《乐》《墨子》《道德经》《春秋》等，博涉百家九流之说。通过这些书单，我们就会发现，当时北宋的教育内容，不但包含了儒家"六经"，竟然也开设了与儒家针锋相对的墨家的课程，而作为中国三大教派之一的道家的经典《道德经》，也赫然在列，说明当时的教学内容很宽广。这些课程对于在此苦读了五年之久的范仲淹影响巨大。

儒家经典的核心离不开一个"人"字，说白了就是教人如何做一个真正的人，如何立身处世，先"修身"，进而"齐家"，随后用获得的知识"治国"，最后达到"平天下"的最高境界。儒家倡导的这个过程，其实就是从培养自身做起，再用自己的知识、品德和能力最终惠及他人的过程。对于《道德经》的主旨，千百年来争论不休，而按照钱穆先生的观点，《道德经》表面上看似是在讲"天道""无为"，其实核心内容是在讲述隐含的权谋。对于墨家的学说而言，其核心内容是倡导用技术改造世界。而墨子是战国时代的思想家，也是一名科学家。比如香港导演张之亮的电影作品《墨攻》，讲述的就是墨家弟子孤身一人依靠技术力量拯救大梁城的故事。

应天府书院的学风如此开放，像极了后世蔡元培执掌的清华大学，兼容并蓄，百家争鸣，极大地促进了宋代文化教育的进步。而范仲淹在这里苦读五年，吃透了学校的所有科目，对于儒、道、墨三家的知识融会贯通，并在以后的为官生涯中发挥了巨大作用。

宋代不但文化发达，科技力量也不容小觑。宋代在天文、地理、数学、农学、医学、矿冶加工、瓷器制造、食品加工、制茶、制盐、酿酒、纺织、造纸、印刷、建筑、水利、造船和武器制造等领域都达到了非常高的水平，也涌现出了沈括、杨辉和秦九韶等知名的科学家与数学家。这不能不说与墨家思想教育传承有关。按照范仲淹的教育理念就是，学校绝不能培养百无一用的书呆子，一定要培养既能掌握儒家经典要义，又能经邦济世的复合型人才。而范仲淹恰恰是这类人才中的佼佼者。

如今的范仲淹虽然在学习上获得了足够的时间和自由，但是还有一个阴影是挥之不去的，那就是清贫。他离开家乡，孑身一人，千里求学，胸怀大志，如今已经不再与家里联系，也就绝不会再接受朱家的资助，一切衣食住行都要自己想办法。他离家之时，身上带了一些盘缠，加上书院时不时发点补贴，自己省吃俭用，支撑过五年问题不大。范仲淹从小颠沛流离，2 岁就跟着母亲受苦，加上继父家庭条件一般，他也养成了勤俭节约的好习惯。所以，在这五年时间里，范仲淹基本上一天吃两顿饭，早晚各一顿，都是清水煮米饭，加上一点蒜末调料和咸菜，就打发过去了，根本没有油水，牛羊肉更是别提。这种苦行僧一样的生活，换成其他人，有可能支撑上个把月就会崩溃，但是范仲淹以无比坚定的意志坚持了五年之久。他的这种清贫简朴的生活习惯，基本上保持了一生。即使处于参知政事和一方太守的高位，俸禄丰厚，维持小康生活绰绰有余的时候，只要家里不来客人，全家就很少吃肉。

在五年苦读期间，范仲淹早起晚睡，吃粥咽菜，埋头经书之中，享受着知识带来的快乐。读书倦怠，就抚琴一首，曲名《履霜》，这种弹琴爱好一直保持到范仲淹的晚年。由于他每次弹琴只弹这一首曲子，久而久之，朋友们就给他起了个外号叫“范履霜”。《宋史·范仲淹传》对这段求学经历记载如下：“（仲淹）昼夜不息，冬月惫甚，以水沃面；食不给，至以糜粥继之。人不能堪，仲淹不苦也。”范仲淹五年苦读终成大果，不但大通“五经”之旨，满腹经纶，还对人生有了更深层次的感悟。

关于范仲淹在应天府书院读书的逸闻趣事，各类宋人笔记里有很多记载，从一个侧面丰富了正史中忽略的内容。就在范仲淹苦读四年后的一天，应天府书院的学子们忽然听到外面人声鼎沸，还有人高喊：“圣上到应天府了！”听到这个消息之后，很多学生早就按捺不住了，纷纷跑到大街上想一睹真龙天子的风采。一时间，大街上人流汹涌，热闹非凡。

那么，宋真宗为何要到应天府来呢？原来，这一切都是当朝宰相王钦若的主意。当年辽国铁骑一口气打到了澶渊城门口，宋真宗在寇准的极力劝说甚至逼迫下，这才不辞劳苦地来到前线，并战战兢兢地登上城头鼓舞军队士气。大辽那时候也是后勤补给困难，看到宋军士气大盛，就坡下驴，与北宋签订了澶渊之盟，世代冤家就此和解。

本来签订合约是利国利民的好事，因此寇准被真宗皇帝更加宠信也可以理解。却不料春风得意的寇准惹恼了一个人，那就是副宰相王钦若。王钦若痛恨寇准是有原因的，因为寇准故意压制王钦若，让他晚当宰相十年之久。而王钦若本人也不是什么正人君子，早就怒火攻心，借机上谗言道：“陛下签订的合约属于春秋城下之盟，很不光彩。”王钦若说得没错，大宋与契丹和好，是因为人家打到了北宋家门口，并非北宋打到辽国家门口，这有什么光彩可言？真宗仔细一想，确实如此，这个寇准是在置我于不义啊！于是寇准罢相，王钦若取而代之。真宗皇帝继续问王钦若：“如何才能挽回朝廷的脸面呢？”王钦若出了一个主意：“请陛下登泰山封禅！”

从此以后，真宗皇帝就开始大搞封建迷信，宠信道教。泰山封禅劳民伤财不说，他还大搞“降天书”等装神弄鬼的把戏，同时由“咸平”改元为“大中祥符”。他这通折腾，将太祖、太宗两朝积累的财富挥霍得一干二净。而这些财富，是当年太祖、太宗准备用来收复燕云十六州的军费。

大中祥符二年(1009)，宋真宗来到应天府拜谒赵氏祖庙，同时继续搞“降天书”的老把戏。一时间彩云缭绕，瑞气盈庭，百官拜贺，高呼“万岁”。老百姓不管政治，只看热闹。应天府书院的学生也伸长脖子想看个究竟。而此时，唯有范仲淹不为所动，继续捧着一本书苦读，头都没有抬一下。有一名同学对他说道：“皇帝来了，你怎么无动于衷？错过这个机会，真就太可惜了！”

范仲淹头也不抬，淡淡说道：“将来自会相见，不着急这一时半刻。”胸有成竹，何其自信也！由此可以看出，范仲淹此时已经对参加进士科考试有了充分的把握，也不枉他寒窗苦读这么多年。

还有一件轶事与范仲淹甘于清贫有关。范仲淹天天吃粥就咸菜，一名留守的儿子对范仲淹刮目相看，就将此事告知了父亲。留守就派人给范仲淹送去了一些鸡鸭鱼肉，想让他改善一下伙食。没想到，等过了几天之后，留守的儿子发现范仲淹根本就没吃那些美味佳肴，食物早已经败坏不堪了。留守之子连说可惜，不解地问范仲淹：“我父亲听说你生活清苦，所以拿来一些可口饭菜想让你改善一下伙食，为何你却不领情呢？是对我父亲有意见吗？”范仲淹赶紧解释：“你误会了，事实不是这样的。我非常感谢你们的好意，只是我吃粥和咸菜已经习惯了，担心吃了这些美味之后，会再也吃不下那些粗茶淡饭了。”由此可以看出，范仲淹有着常人无法企及的自我控制能力，这也是一个人能够成就一番大事业最重要的素质。

五年的时间看似漫长，其实也只不过是弹指一瞬。范仲淹在应天府书院博览群书，涉猎百家，对儒、道、释、墨、兵等诸家思想进行了全面的批判性的学习和吸收，并变成了支撑一生的思想和理念。他学习儒家经典，沉浸在孔夫子教导的“学而时习之”“修身，齐家，治国，平天下”“忠恕、仁义、廉孝、中庸”等思想里面，倾其一生，活学活用，融会贯通；他作为易学大家，灵活掌握了《周易》中的“穷则变，变则通，通则久”的事物发展规律，为他以后思考治国良策奠定了基础；他吸收了墨家“以天下为己任”“以兴天下之利，除万民之害”“摩顶放踵，利天下为之”的思想，形成了超越常人的防御性的国防军事策略，并在以后的日子里得以实践；他参透了道家经典里“道法自然”的核心思想，树立了辩证唯物主义世界观，并将其作为改革的利器，勇往直前。

在他参加科举考试之前，除了写下《睢阳学舍抒怀》一诗之外，还创作了《咏史五首》七言绝句，歌颂了上古帝王陶唐氏帝尧、有虞氏帝舜、夏后氏夏禹、西周文武两王的辉煌功绩，并以此自勉。

欧阳修在《范文正公神道碑铭》里给出了很高的评价：“仲淹少有大志，于富贵、贫贱、毁誉、欢戚，不一动其心，而慨然有志于天下，常自诵曰：‘士当先天下之忧而忧，后天下之乐而乐也。’每感激论天下事，奋不顾身，一时士大夫矫厉尚风节，自仲淹创之。”

北宋真宗大中祥符八年（1015），学富五车的青年范仲淹参加了进士科考试，终于一举进士及第。从此之后，范仲淹告别了布衣之身，开始了作为底层官员的生涯，他东奔西走长达 13 年，却因为官员的磨勘制度使他的职位一直未获明显提升，他在八、九品官位上蹉跎多年岁月，满腹经纶却没有用武之地。然而，这 13 年的底层为官生涯，让他亲身经历了官场的庸碌无为与腐败，目睹了北宋王朝外表繁荣之下隐藏的严重社会危机，看到了一个欣欣向荣的国家即将步入万丈深渊。然而朝野上下一派歌舞升平，醉生梦死，他们尸位素餐，随波逐流，很少有人关注这些问题。只等范仲淹振臂一呼，惊动天下，北宋王朝这才从上到下被春雷惊醒，精神为之一振，士大夫的精神风貌焕然一新。各路人才聚在一起，准备一革前朝积弊，改革浪潮风起云涌，北宋王朝终于看到了新的希望。

第六节　位卑言轻，不忘忧国

北宋真宗大中祥符八年（1015），一个年轻人身背行囊，骑着一匹瘦马离开了繁华的古都汴梁城，顺着烟尘四起的官道，一路迤逦向南。此时已经是初夏季节，满眼翠绿，杨柳依依，农人们在田地里俯首耕作，商贾行人们往来穿梭。这个年轻人就是前不久刚刚金榜题名的范仲淹。进士及第的喜悦与兴奋还没有完全散去，他便要去往距离汴梁城千里之遥的广德军走马上任。他信马由缰，思绪纷飞，想起了自己和数百名考生们一起参加殿试的场景，而主持考试的正是当今的天子真宗皇帝。范仲淹终于实现了在应天府书院苦读之时立下的誓言——总有一天会面见当今圣上。殿试考试严格异常，淘汰率也非常高，殿试之后，数百名考生只有 190 多名跳过了龙门。放榜之后，范仲淹压抑不住内心的激动，恨不得插翅飞回山东淄州，将这个消息告诉年迈的母亲。五年前，范仲淹感愤自立，离家之前向母亲许诺以十年为期，如今时间刚刚过半就实现了当初的诺言，母亲大人肯定高兴坏了吧。

本来，他想亲自回到家乡，将母亲接到身边，但是朝廷的任命已经下来了，授给他的官职为广德军司理参军，这是北宋朝廷授予新科进士最低的品级——从九品。范仲淹急着赶往广德军（驻地今安徽广德县），便修书一封给母亲，让她耐心等待，过不了多久，自己就会将老母接到身边，精心侍奉，以尽孝道。

天高日远，前路迢迢，范仲淹年轻的身影随着马蹄声声，消失在远处的地平线上。大中祥符八年（1015）是他一生为官的起点，也是他今后花了近 40 年时间建功立业的开始。

谈起范仲淹入仕之后担任的第一个芝麻官司理参军，我们有必要简单地介绍一下北宋的职官制度和行政划分。北宋的职官制度承接唐代和五代后周，很多官名虽然相同，但含义已经有很大区别，并且官职名称繁多，整个官职体系非常复杂。宋代的职官品阶分为两大类，分别为正品和从品，都分为九级。宋太祖赵匡胤有感于唐代宦官乱政和五代武夫乱国，便采取了官和职分开的办法，即官衔和实际职权是相脱节的，官衔属于虚衔，只决定了官员的身份、地位和俸禄的多寡，称之为“阶官”或者“寄禄官”，比如左右仆射、六部尚书、侍郎、大夫、少卿等，而是否授予实际权力则另说。当朝廷想要某位官员行使职权的时候，则通过“差遣”手段授予实权，称之为“职事官”，诸如知县、参知政事、知制诰、直秘阁、提点刑狱公事等。除了阶官和职事官之外，还有一种授予“三馆”高级文官的官职。三馆指的是昭文馆、史馆和集贤院，授予的官职名称有大学士、学士和待制等。

在范仲淹刚刚步入仕途的那个年代，北宋行政区实行州县二级制，其中与州同级的还有府、军、监。除此之外，比州、府、军、监更高一级的行政区称之为“路”。宋太宗至道三年(997)全国划分为十五路，到了真宗咸平四年(1001)增加到十八路。因此，范仲淹上任后担任的第一个职务就是广德军的司理参军，司理参军掌管讼狱勘鞫的工作，实际上就是协助广德军的太守负责诉讼和案件的审理。

司理参军虽然官职不大，但是职务却非常重要，并且工作相当繁重。广德军下辖好几个县，人口百八十万，诉讼和案件审理绝不轻松。再者，诉讼和审理案件需要秉公执法，一旦造成冤狱，轻则伤百姓之财，重则伤百姓性命，不能不谨慎从事。范仲淹性格耿直，加上年轻气盛，在案件审理上不断与上司产生分歧。要是换成官场“老油条”，绝对唯上是从，多一事不如少一事。但是范仲淹却不管这一套，坚持实事求是，对于太守已经定完的案件，只要发现不合理的地方，便据理力争。太守被这个不听话的年轻人气得暴跳如雷，但是范仲淹依旧坚持己见，毫不退步。他摆事实、讲道理，经常将顶头上司辩得哑口无言，甩袖愤愤而去。

每次审完案件，范仲淹回到住所，都会将自己的想法书写在屏风上面，等到他离开广德军的时候，整座屏风上面已经写得密密麻麻，一个字也填不下了。一部分人认为范仲淹是典型的不识时务、不懂官场规矩，也有人会评价他“初生牛犊不怕虎”。其实，这种判断完全错了，因为范仲淹这种性格自始至终都没有变过，即便将来他作为御史台官员，上疏进谏引火烧身之际，面对他的恩师晏殊的批评指责，他也不卑不亢，据理力争，最终将晏殊说得羞愧难当。所以，同时代的官员对他敢说、敢做、敢担当的性格非常佩服，称他“每感激论天下事，奋不顾身”。并且他自己也“以大公至正之道，固守而力行之，不为富贵贫贱威武所摇夺”。他的这种坚持真理永不退缩的精神，也感染了很多人，让北宋乌烟瘴气的官场气象一新。

作为一名司理参军，不但官阶小，俸禄也很微薄。范仲淹廉洁自律，两袖清风，当他到下一个地方任职的时候，穷得叮当响，全部财产只剩下一匹马，最后只能将马卖掉换取盘缠，步行赴任。范仲淹在司理参军的位置上干了一年多时间，便离开了广德，前往集庆军（即亳州）担任节度推官，同时，增加了一个散官文林郎头衔。节度推官是正九品，属于职事官；文林郎属于从九品上，是散官虚衔，属于级别待遇。从范仲淹的这次升迁就可以看出来，北宋底层官员的升迁是非常慢的，这是因为当时实行的是官员磨勘制度，每一位官员必须在某个官职上干够规定时间，再自动升级。看起来这规定挺不错，人人都有机会，其实磨勘制度对于底层有本事有才华的官员的升迁是个巨大障碍，往往很多官员熬了几十年，都没有突破正八品。范仲淹的生父范墉和继父朱文瀚就是典型例子。范墉到死才是个主簿，正九品；朱文瀚致仕前官衔是秘书郎，职务是判官和县令，才是从八品。范仲淹入官场后的大好时光就是被磨勘制度消耗掉的，时间长达 13 年！

根据《范文正公年谱》记载，在担任广德军司理参军的一年多时间里，范仲淹不仅因为诉讼问题日夜与太守争是非，还在本州内开始了教育活动。因为广德教育不发达，他就招募了三位名士来讲学，让此地的风气为之一变，以后该地区进士及第的学子不绝于时。

范仲淹年迈的母亲此时也跟随儿子左右，与其说是享福，不如说是受苦。因为范仲淹在底层蹉跎多年，一直非常清贫，等他 40 多岁成为地方太守和京官之后，收入才丰厚起来，而那时，母亲已经去世多年了。范仲淹后来每每想到此事，都心酸垂泪，内疚不已。从真宗大中祥符八年（1015），范仲淹 27 岁进士及第，到仁宗天圣四年（1026），范仲淹 38 岁，在这 11 年时间里，范仲淹最高的官职才是兴化县令。而操劳一生的他的母亲，就在他 38 岁那年撒手人寰。

范仲淹到了亳州上任之后，除了做好本职工作之外，还开始想方设法认祖归宗，恢复范姓。要认祖归宗，也不简单，需要过两关。第一关就是皇帝关，作为一名取得功名的在职官员，想改姓首先要经过皇帝同意。第二关就是宗族关，范仲淹从小就跟着母亲改嫁，改名朱说，范氏宗族早就不认他们母子二人，现在要恢复范姓，谈何容易？

范仲淹首先给真宗皇帝上表，表达了改名意愿，写道："名非霸越，乘舟偶效于陶朱；志在投秦，入境遂称于张禄。"这两句不但让真宗皇帝击节赞叹，更是在士大夫群体中风靡一时。那么，这两句好在何处呢？这是因为，范仲淹巧妙用了两个典故，并且都是在古代扬名立万的范氏祖宗。陶朱指的是春秋越国的宰相范蠡，在替越王勾践打完天下之后，就弃官隐居，经商致富，后人称之为陶朱公。而张禄是战国时代秦昭王的宰相范雎的化名，他最早是魏国人，在魏国大夫须贾手下做事，结果被诬陷通敌，差点丧命，最后逃到秦国，向秦昭王献上远交近攻之策，为秦国统一天下立下了汗马功劳。范仲淹用这两个例子表达了自己改名朱说实在是身不由己，现在请求陛下恩准恢复范姓。真宗皇帝被范仲淹的才智所折服，就欣然答应了。

对于宗族这一关，范仲淹多次找到吴县范氏宗族长辈，表达了他想认祖归宗的想法。刚开始他们坚决不同意范仲淹的请求，究其原因，就是担心这个穷困潦倒的小官来分家产。范仲淹猜到了族长的心思，就直截了当说自己只是要求恢复范姓，没有其他心思。族长这才勉强同意了他的请求。

至此，范仲淹终于可以堂堂正正当范氏子孙了，并且实现了自立门户的第一步。但是，如今他的官阶与面临的客观条件，距离他当良相拯救苍生黎民的志向仍然非常遥远。

时光荏苒，光阴似箭，转眼间范仲淹已经在集庆军节度推官职位上迎来了而立之年。而节度推官只是司理参军的升级版，主管的工作依然是诉讼和审理案件。对于学识渊博的范仲淹而言，这点工作早已经驾轻就熟，根本不费力气。所以，在完成本职工作之后，他还剩余大把时间。该如何打发？呼朋唤友，举杯对酌，也不失为人生乐事，然而，心怀天下之忧的有志青年怎么可能将时间浪费在游宴无度上面？如今，虽然宋辽边境已经和平，但是危机依旧存在。而且即使在太平盛世，百姓生活也并非衣食无忧。在太宗当政的时候，美丽富饶的天府蜀地就爆发了由王小波和李顺掀起的民乱。两人一呼百应，万千百姓追随，朝廷花了大力气才将乱民镇压下去。而到了真宗咸平三年（1000），益州又爆发了戍卒王均领导的叛乱，朝廷用了半年多时间才平叛成功。

良民百姓和军队士卒为何会冒着杀头的危险造反？还不是因为活不下去了。那么为何这些人会到了走投无路的地步？满朝文武有几个人深入民间了解这些细节？如果不改变民生，不了解军队疾苦，类似的叛乱将会此起彼伏，大宋王朝的根基将会被动摇。治天下，要先观天下；观天下，就要深入民间。范仲淹想起了自己游学关中的往事，那是他第一次离开家乡，游走半年，结识了好友，开阔了眼界。如今，更应该借此清闲之机，前往燕赵之地，到宋辽边界，去走访考察，体验真实的民情和边关的战备情况，为自己将来造福民生奠定了基础。

宋真宗天禧二年（1018），30岁的范仲淹只身游历燕赵，到达了宋辽边界，查看了边关民情，了解了驻守官兵的现状，检查了军事设施完备与否，积累了丰富的经验。在游历过程中，他想到自己而立之年，却依旧仕途无望，还在九品官位上消耗大好年华，满腔抱负依然镜花水月，不禁愤懑满胸，便挥笔写下了一首《河朔吟》：

太平燕赵许闲游，三十从知壮士羞。
敢话诗书为上将，犹怜仁义对诸侯。
子房帷幄方无事，李牧耕桑合有秋。
民得夸襦兵得帅，御戎何必问严尤。

在这首七律中，年轻的范仲淹用了三个著名人物的典故：其一是汉高祖刘邦的谋士张良；其二是战国时代赵国的大将李牧；其三是西汉末年王莽手下的大司马严尤。诗中的“从知”，就是我们前面介绍的官阶等级。写这首诗的时候，范仲淹官阶从九品，是集庆军节度推官。范仲淹以文官张良和武将李牧为例，表达了国家有良才虎将，才是天下安定的基础。如果有虎将镇守边关，还怕什么外敌入侵？如果有良相安邦治国，使百姓安乐，哪里会有揭竿而起的乱民？

治国需要一流的人才，但是如今真宗皇帝大兴道教，装神弄鬼，耗费民脂民膏亿万，国库被挥霍一空。而京畿、京东、京西、河北等地蝗虫满天，禾苗食尽，百姓大饥，朝廷却不能及时赈灾。虽然有宰相寇准想力挽狂澜，却面临着很多奸臣的虎视眈眈。而像自己这样的心忧天下的才能人士，却因为磨勘制度久久不能升迁。表面上天下太平，其实已经危如累卵！

范仲淹的燕赵之游是他为官之后的第一次游学。切切实实将目光深入到赵宋王朝的最底层，才是观察一个国家是否太平繁荣的最佳视角。如今庙堂之上的重臣，没有几个躬身下行，遍察百姓疾苦。而皇帝身边的左右副手，大都为锦衣玉食而蝇营狗苟。作为一名正九品的芝麻官，范仲淹并未沉沦，而是用好职权，努力消除时弊，切实为百姓的利益做了些事情，这是他为官之后最基本的目标。然后一步一个脚印，奠定事业金字塔的基础。

北宋真宗天禧三年（1019），31 岁的范仲淹被授予秘书省校书郎之职。秘书省掌管古今典籍、国史、皇帝实录、天文历法等皇家资料，校书郎是秘书省下面的从八品官员，负责校勘书籍、订正谬误等工作，属于虚职，他担任的实职仍旧是集庆军节度推官。北宋真宗天禧五年（1021），范仲淹从集庆军节度推官任上转监泰州西溪镇盐仓，在那里滞留长达 7 年之久，一直到天圣五年（1027），才被晏殊举荐，掌学应天府。

范仲淹担任监泰州西溪镇盐仓官职的时候，时年 33 岁，他的治国理念和教育思想已经基本成型。如今栖身于海边的一个产盐小镇，虽然位卑言轻，但是他未忘忧国，努力厉兵秣马，勤思治国之策。

古城泰州（今江苏省泰州市），其历史可以追溯到西周时期，当时叫海阳，属于吴国地盘。到了北宋太宗至道三年（997），泰州改为隶属于淮南路。泰州地处海边，盛产食盐。由于食盐利润丰厚，属于税收大户，和铁一样，也是国家的战略物资，所以从西汉武帝年间到北宋初年，除了隋朝开皇三年（583）到唐代开元十年（722）这百余年间允许民间制盐贩盐之外，其他时期都建立了盐铁国家专卖制度，严禁私人买卖。而泰州自古至今都设置盐仓，朝廷派遣专员管理。在范仲淹走马上任之前，已经有两个著名的人物担任过监西溪镇盐仓官职，他们分别是晏殊和吕夷简。晏殊离开西溪镇盐仓之后,吕夷简继任。吕夷简调走之后,范仲淹继任。而晏殊和吕夷简关系密切,前者是范仲淹的提携恩师,没有他,范仲淹一辈子都在底层徘徊,永无出头之日;吕夷简后来在仁宗朝担任宰相,因为政见不合,与范仲淹屡屡发生冲突,范仲淹两次被贬出京城,都与吕夷简有关。

在监管西溪镇盐仓的时间里,范仲淹兢兢业业,尽职尽责,与好友交游唱答,到民间体察民情。岁月蹉跎,韶华易逝,满腔抱负,凝聚笔端,他写下了一首带有自嘲味道的《西溪书事》:

卑栖曾未托椅梧,敢议雄心万里途。
蒙叟自当齐黑白,子牟何必怨江湖。
秋天响亮频闻鹤,夜海曈昽每见珠。
一醉一吟疏懒甚,溪人能信解嘲无。

一句"卑栖曾未托椅梧,敢议雄心万里途"已经将范仲淹羁身于泰州,官位低微但是心怀大志的精神展现得淋漓尽致。

位卑未敢忘忧国,献策上疏心迹明。也是在这五年时间里,范仲淹不顾官职低微,先后两次上疏给当朝宰相。第一次的《上张右丞书》,其实就是一封自荐信,希望获取伯乐青睐,获得大展宏图的机会;第二次《上时务书》则将多年来思考的治国良策倾囊而出,洋洋洒洒,下笔千言。

范仲淹第一次上疏的时间是宋真宗乾兴元年(1022)。当时仁宗刚刚登基,养母刘太后垂帘听政,真宗朝的宰相都被贬斥,朝廷中枢官员"大换血"。当年二月,已经被罢相两年贬为莱国公的寇准再次被贬谪到雷州任司户参军。到了六月,寇准被罢相的始作俑者丁谓也被贬出京城,一路向南到了崖州担任司户参军。寇准和丁谓这对老冤家争斗多年,最终都从正一品降职到了从九品。有人欢喜有人愁,很快,王曾官拜宰相,吕夷简和鲁宗道为参知政事,钱惟演担任枢密使,尚书右丞张知白担任枢密副使,新的领导核心组建完毕。

当年十二月,范仲淹向枢密副使张知白提交了《上张右丞书》,表明了希望副宰相能够慧眼识良驹的迫切心情，他写道："知忠孝可以奉上，仁义可以施下，功名可存于不朽，文章可贻于无穷，莫不感激而兴，慨然有益天下之心，垂千古之志，岂所谓不知量也。"范仲淹第一次将"益天下之心，垂千古之志"的理想倾注笔端，在表明心志的同时，他还对目前承担的职务不能充分施展才华而感到遗憾："今复吏于海隅葭菼之中，与国家补锱铢之利，缓则罹咎，猛且贼民，穷荒绝岛，人不堪其忧，尚何道之可进！"想我范仲淹官职低微，身居海边，出没于芦荻之间，游走于盐场之中，兢兢业业为国家挣一些小钱。如果考虑百姓疾苦，税收无法按时完成，则会受处罚；如果横征暴敛，又会伤害百姓。自己被禁锢在此地，穷困潦倒，忧愁烦闷，哪里还能实现圣人之道啊！

这封信写完之后，范仲淹左等右等，却无任何音信。可以想见，这件事情对范仲淹的打击是比较大的。不过，如果我们通读一下《上张右丞书》就会发现，文章虽然谦恭，但是不满之情流露笔端，与其说这是自荐信，不如说是在发牢骚，抱怨朝廷埋没人才。写这封信时，范仲淹 34 岁，还没有在官场上历练出宠辱不惊的境界，通篇表达的都是"朝廷为我"，而非"我为朝廷"，思想境界还不高。张知白对此不回复，也情有可原。

范仲淹也认识到了那封信存在的不足，因此从 34 岁一直到 37 岁，他再也没有给朝廷写过任何信，而是全身心地投入到工作之中，并且结合为官实践，博览经籍，开始思考并寻求治国良策，经过数年准备，最终形成了一篇颇具独立思想的《奏上时务书》。《奏上时务书》洋洋洒洒 3600 余字，是一篇含金量很高的锦绣文章，与三年前写的《上张右丞书》不可同日而语。这篇文章是范仲淹写给当政的刘太后和仁宗皇帝的，其内容可以归纳为以下几个方面：

第一是革文风之弊。文章的好坏与风化直接相关，要想改变社会风气，首先从文章弊端下手，广招博雅之士，敦厚社会风俗。

第二是文经武纬。提出了文教武备相结合的治国理念，二者必须相辅相成，缺一不可。

第三是官职不能轻授。主要针对朝廷赏官太滥提出的措施，俊杰之士无升迁机会，而奔竞之徒却身居高位。

第四是开言路，重谏官。皇帝要听得进逆耳忠言，并且对说得正确的谏官要加大奖赏力度，才是社稷之福。

第五是革除荫官制度之弊。所谓荫官，是北宋朝廷授予高级官员的一种特权，允许官员的部分家人甚至朋友可以不通过科举考试而入仕当官，这个制度害惨了北宋王朝，造成冗官泛滥，徒耗天下财富。

第六是以德治国，亲贤臣，远佞臣。建议皇帝治国用德，而不是用武力。

第七是减少皇帝不必要的巡游。这个提议是针对以前的真宗皇帝，真宗皇帝大搞泰山封禅，弄假祥瑞，到处巡游，耗尽国家财富。

第八是要采纳远谋，摈弃浅末之义。不要将宝贵时间消耗在鸡毛蒜皮的小事上面。

第九是建议皇帝要听取百官意见，不要独断专行。

第十是建议皇帝对所谓的密奏要提高警惕，以防被欺骗。

通览全文，就知道范仲淹撰写此奏疏下了很大功夫，处处闪耀着智慧的火花。这篇奏疏中与教育有关的内容排在第一位，可见教育在范仲淹心目中的地位是非常重要的。这篇奏疏可以看作是范仲淹两年后《上执政书》的预演。那一年是天圣五年（1027），范仲淹时年 39 岁，《上执政书》长达万言，提出了一系列治国救弊之策。这篇有分量的文章，一经问世，就震惊了朝野，让宰相王曾击节赞叹，也彻底改变了范仲淹的命运。

当然，这篇文章写在两年之后，先不多谈。因为在此期间，范仲淹又着手做了一件享誉千年的大事，那就是修建泰州捍海大堤。

范仲淹监管泰州西溪镇盐仓，就少不了与盐民和当地百姓打交道，对民间疾苦了然于心。在泰州的某一天，范仲淹忙完了手头的官差事务，又利用闲余时间体察民情。他到达泰州海边，登上一块高地，放眼东望，看到大海波涛汹涌，白浪前赴后继，滚滚呼啸而来。海水越过脚底下的高台，一直入侵漫延到农田之中。那些农田因为多次被海水侵蚀，早已经不能耕种，地表结了一层厚厚的盐痂。看到这种情形，范仲淹便对随从官吏说道："泰州临近大海，海水倒灌损民如此厉害，官府竟然不出钱维修这破败堤坝，对百姓遭受的苦难不闻不问，当官不为民造福，是失职也！"

随从答道："大人能够心系郡民福祉，善莫大焉。更希望范公能将此事上报朝廷，修葺损坏堤坝，造福于万民。"

范仲淹说道："泰州的捍海大堤早在唐代大历年间就已经修成，距今已经250多年了，当时主持修建大堤的是淮南西道黜陟使李承，他在担任淮南节度判官期间，看到海水倒灌良田，百姓流离失所，便提议从盐城到海陵修建一条大堤，以抵挡海侵，捍卫百姓。大堤修成之后，绵延百里，数百年间，百姓深受其益。然而，此后大唐不断衰落，一直到五代，战乱四起，黎民涂炭，社会动荡，历任官员哪还有心思修葺这些残缺的堤坝呢？如今我朝承平日久，很多官员竟然对眼前的海侵情况不闻不问，只知道高歌宴饮，尸位素餐，也从不把百姓的死活当回事。"

随从答道："如果范公能振臂一呼，我等必定紧紧追随。整修捍海大堤这等利国利民的好事，当地百姓一定会热烈拥护的。"

范仲淹沉默良久，说道："当良相可以拯救苍生元元，做郡守可以造福一方百姓。我如今只是个小小的监官，即使想为百姓造福，也感到力不从心啊。不过，做大事者当不拘小节，成伟业者都是从积跬步奠基。就让我们先从修葺海堤开始吧！"

既然有了好思路，就要付之行动。范仲淹首倡修葺捍海大堤，就给自己的上司江淮漕运副使张纶写了一封信，详细阐述了修建泰州捍海大堤的重要意义。而张纶此人也非庸官，不但有平定戍卒王均起义的赫赫战功，还是一位主管盐业运输的能吏。他接到范仲淹请求修筑海堤的信函之后，感到非常有价值，认为这是利国利民的好事，必须要竭力促成，两人一拍即合。

张纶就上疏朝廷，请求皇帝恩准修建海堤。然而，这本来是造福一方的善政，进展却极为不顺利。阻力主要是来自部分官员，反对者给出的理由是："海堤虽然可以抵挡潮水入侵，但是一旦下雨，也会阻挡积水排入大海，会造成内涝。"张纶据理力争："海潮之患十分占九，而内涝十分占一。相比之下，修建大堤虽然会造成一定的内涝危害，但是比起海潮入侵造成的损害小得多。"

经过多次唇枪舌剑的交锋，张纶终于说服了反对的官员，修建海堤的计划获得了朝廷批准。事不宜迟，张纶上疏朝廷，推荐让范仲淹担任兴化县令，全权负责修建海堤事宜。这一年是宋仁宗天圣二年(1024)，范仲淹时年 36 岁。

范仲淹担任兴化县令之后，立刻组织数万民夫开始了修筑大堤的工作。整个工程起点为小海寨东南，一直到耿庄，全长 90 千米，在运河上设置闸门，纳潮水以通漕。大堤呈梯形，底宽三丈，顶宽一丈，高一丈五尺，工程浩大，前后花了 3 年时间。经过以后朝代修建延伸，才形成了今天的规模。最终大堤起自庙湾的沙埔头(今属盐城管辖)，经过盐城、兴化、泰州、如皋，到达通州(今南通市)，全长 150 余千米。

范仲淹第一次组织如此庞大的工程，必须找一个好帮手协助才能成功。这个助手就是与他同年中进士的滕宗谅，我们最熟悉他的另一个名字滕子京，当时他的职务是泰州军事推官。滕子京比范仲淹小两岁，二人莫逆之交，友谊保持了终生。从修建泰州海堤开始，两人并肩战斗，此后分分合合，最终在抗击西夏的战场，二人再次走到一起，携手抗敌。后来滕子京因为动用军费犒赏三军，被朝廷御史所弹劾，贬官到洞庭之畔的岳州，重建岳阳楼时，邀请范仲淹撰写了一篇文章，这就是流传千古的《岳阳楼记》。

民夫、粮草、工程器械全部准备停当，范仲淹一声令下，筑堤工程便轰轰烈烈展开了。刚开始，工程进展比较顺利，没想到到了秋冬之交，有一天突然天气大变，狂风暴雨外加冰雹，倾泻而下，大海也突然涨潮，波涛汹涌，浊浪滔天，数万名民工吓得四散奔逃，场面一度失去控制。在此危急时刻，滕子京挺身而出，站在齐腰深的海水里进行指挥，由于沉稳机智，组织有方，惊吓的民工终于平静了下来，避免了一场灾难。这件事情让范仲淹对滕子京更加刮目相看，称赞他有“非常之才”。

然而祸不单行，冬季的一个风雪之夜，海潮突涨，卷走了100多名毫无防备的民工。这下就给了反对派以口实，他们纷纷上疏朝廷，说筑堤劳民伤财，还伤人性命，建议立刻罢止。此时，淮南转运副使张纶上疏力辩，说明情况，但还是堵不住反对者之口。为了查明实情，朝廷责成淮南转运使胡令仪实地查访，了解情况后再决定是否复工。胡令仪来到现场，认真听取了范仲淹的意见，意识到了海堤的重要性，他便力排众议，坚决支持继续修建海堤。工程这才得以继续进行。

到了天圣四年（1026），范仲淹的母亲谢氏去世，这位操劳一生的不平凡的女性，到去世都没有享受过荣华富贵。范仲淹悲痛之下赶回奔丧，并随后为母亲守丧（宋代称之为丁忧）两年零三个月。范仲淹从任上离开之后，海堤无人负责，便彻底陷入停工状态。范仲淹离开泰州，但仍然心系海堤的工程进展，便写信给转运副使张纶，希望他能够将海堤完工。张纶不负众望，三次给朝廷写信，并且亲自负责工程建设工作，经过万众一心的努力，到了天圣六年（1028），长约90千米的大堤终于建成。海堤建成之后，一方百姓终于脱离了海侵之苦，很多良田再次被开辟，鱼米之乡重现人间。北宋朝廷对这条海堤极为重视，专门派遣500士兵，分成五寨进行驻守。此后几百年间，这条海堤时时得到修葺，保存完好。

当地百姓对范仲淹首倡修建海堤非常感激，就将海堤称为“范公堤”。而工程完工后不久，参与建设并支持修堤的张纶和胡令仪，也和范仲淹一起，被当地百姓塑像、建生祠加以纪念。千年之间，香火不断，三贤祠遗迹在泰州至今犹存。

从宋太宗端拱二年（989）到宋仁宗天圣六年（1028），范仲淹度过了从1岁到38岁的人生历程。范仲淹在这38年的时间里，从一名布衣学子，凭着常人难以想象的毅力与意志刻苦攻读，终于考取了进士。然后又在级别很低的岗位上奋斗了13年。饱读诗书，让他能够明事理；为官实践，让他掌握了济世的本领。他不但对“六经”主旨融会贯通，还掌握了算术、工程、经济、军事等领域的知识，属于能文能武的全才人物。他的教育思想,融合了儒、道、释、墨、兵五家的思想精髓,变成了自己的宝贵精神财富。

范仲淹的一生都在学习的路上,他的一生也在教育别人学习的路上。凭着高尚的人格魅力,他以一己之力,致力于扭转北宋的社会风气;他足迹所到之处,琅琅书声不绝于耳;他举荐人才不遗余力,很多人或者成了文学大家,或者成了一代教育宗师,或者成为顶天立地的栋梁之材。

范仲淹的人格魅力和"以天下为己任"的精神,穿越时空,光耀千古!

第二章

经邦济世，以国为家：范仲淹教育思想漫谈

范仲淹作为北宋的政治家和文学家，为后人所熟知，但他作为教育家的身份，长时间为学者所忽视。那是因为，他作为政治家和文学家的形象历经千年早已深入人心，掩盖了他作为教育家的光环。如果我们穿越千年风尘，回到北宋初年，沿着古人的足迹游历一番，就会发现他所有的教育事迹已经与其施政业绩融合在了一起。那么，既然我们已经了解了范仲淹前40年教育思想的形成过程，就可以高屋建瓴，对他秉持的教育思想做一个总结。

要了解范仲淹的教育思想和理念，可以通过三种途径来进行：一是通过范仲淹所读的书籍，看他批判地学习和吸收了先贤们的哪些思想；二是通过他所做的诗文辞赋，了解其文字背后所蕴含的教育真谛；三是通过正史和宋人笔记所载的鸿爪雪泥，不断丰满、立体地还原他作为教育家的形象。只有这样，我们才能闻其事迹，如见其人；寻其踪迹，如伴身边。

第一节　儒学为本，博纳百家

范仲淹在37岁的时候，曾经写过一篇文章，对其教育思想做了一番论述，那就是他在仁宗天圣五年（1027）执教应天府书院之时写的《南京书院题名记》。我们可以通过此文，一览其风采。他在文中写道：“经以明道，若太阳之御六合焉；文以通理，若四时之妙万物焉。诚以日至，羲以日精。聚学为海，则九河我吞，百谷我尊。淬词为锋，则浮云我决，良玉我切。”在文中，范仲淹将儒家“六经”的地位上升到太阳普照万物的高度，认为文章最主要的功能就是讲明道理，犹如四季妙生万物。通过不断学习，学识就可以日益精进，最后拥有气吞山河、天地皆在我胸中的自信与豪迈。

那么学通“六经”之后，有什么用呢？范仲淹解释道：“通《易》之神明，得《诗》之风化，洞《春秋》褒贬之法，达《礼》《乐》制作之情，善言二帝三王之书，博涉九流百家之说者，盖互有人焉。”意思是，人们通过学习《易经》，可以了解天地阴阳变化之理，仿佛神明一样能够洞察事物的本质；学会了《诗经》，就掌握了社会的道德规范，能够辨识美丑，扬善抑恶；孔夫子删减编撰的《春秋》，包含了古人对善政的褒扬、对恶政的贬损，只要掌握其思想精髓，就会洞察圣人的一番苦心；学会了《礼》《乐》，不但能陶冶情操，还可以培养翩翩君子之风。当学富五车、满腹经纶之后，就可以将所学的知识在实践中应用，报效国家，回馈天下。

应该说，范仲淹这篇文章提纲挈领地将读书和教育的功能阐述得非常清楚。抛开他的历史局限性不谈，就其文章主旨而言，至今仍然不过时。我们如今的学校教育，学文科，可以研究社会；学理工，可以成为专业人才。在我们用知识改变命运的同时，还可以成为国家建设的中流砥柱。

通过范仲淹十多年的求学经历，我们知道，他深受儒、道、释、墨、兵五家思想的影响，并且以儒学为根本，兼顾道、释、墨、兵四家，加以批判吸收，形成了自己的思想。

要说儒学开山，当属孔夫子，而孟子、荀子都是其衣钵的继承者，对其学说发扬光大，通过后世弟子的不断完善，才形成了儒家学派。到了西汉，董仲舒提出"罢黜百家，独尊儒术"，儒学从百家之中脱颖而出，成了统治者力推的显学，进而持续千年之久。儒家思想，其核心内容首推"仁"字，儒家认为"仁"属于最高道德，其要义就是"爱人"。对普通民众而言，"爱人"就是人与人之间要有仁爱之心，不管是亲人，还是朋友，甚至陌生人，都要彬彬有礼，别总是动辄怒目对骂挥拳头。对上层统治者而言，就是要实施仁政和德政，具体而言就是别滥用刑罚，减少苛捐杂税，在百姓农忙之时，不要大搞土木建设，在灾荒到来之时，要积极赈灾。实行仁政，天下才能归心。

对于儒家的"仁政"思想，范仲淹耳濡目染，早就成了其教育思想不可或缺的一部分。他于应天府书院求学之际，就曾经写过《咏史五首》，其中一首是写"殷商"的七言绝句，里面就讲了一个古代商王成汤实施仁政的故事：

履癸昆吾祸莫移，应天重造帝王基。
子孙何事为炮烙，不念嘻吁祝纲时。

这首诗用了很多典故，涉及夏、商两代三个帝王。履癸是夏朝最后一个帝王夏桀的名字，昆吾是夏朝一个部落之名，炮烙是商纣王发明的酷刑，而祝纲则是本诗的诗眼。那么什么是祝纲呢？祝，就是祈祷的意思；纲，就是控制大网的绳索。那么祈祷控制大网的绳索是什么意思？这就引出来一个典故，说的是夏朝末年，商代始祖成汤到野外出游，看见有猎人四面张网捕猎，并向天祷告说："从天空来的飞鸟，从四面八方来的走兽，全都投入我的网里吧！"成汤看见这情景，感叹道："唉！猎人如果这样捕猎，就做得实在太绝了，过不了多久，鸟兽全部会遭灭种，这可是违背上天好生之德。"因此，命令猎人除去三面猎网，只留一面，改祝词说道："愿向左的，快往左逃；愿向右的，快往右逃；愿往上飞的，快往上飞；愿下逃者，快向下逃去。只有命该绝的，才进入我的网中。"诸侯们听到这个事迹后，大为感慨，都称赞成汤施仁义于鸟兽，真是一个有德之君，于是都心悦诚服地过来归顺。这就是成语"网开一面"的典故。

范仲淹这首诗通过对比的手法，感慨夏桀因为实施暴政而亡国，但没想到灭夏桀的成汤的子孙也会违背祖先的教训，发明炮烙之刑，残害忠臣百姓，终至亡国。想起成汤“网开一面”的仁政，真是令人叹息啊！

“爱民”“仁政”思想，自始至终都是范仲淹为官 30 多年时间里所尊奉并且身体力行的思想。比如早在他监管西溪镇盐仓的时候，在写给皇太后和仁宗皇帝的《奏上时务书》中，就表达了其“仁政”治国的理念：“敦好生之志，推不忍之心，薄于刑典，厚于恻隐：在物祝纲，于民泣辜；常戒百官，勿为苛酷。”

儒家学派仁爱精神的内涵，实质上就是爱家、爱民、爱国。其中，每个人首先要学会爱亲人，这是做人最起码的要求。只有首先做到爱亲人、爱家，才能做到爱他人、爱国家。儒家这种仁爱精神对后世影响很大，千百年来塑造了中华民族的民族精神，发展成为人人皆知的“敬老爱幼、爱民爱国”的社会公德。而实施仁政的理念，至今也不过时。国家必须将广大民众的福祉放在首位，一切发展都是为了全民族的共同富裕，而不是让一部分人先富起来之后，再为富不仁，激化社会矛盾，造成社会阶层割裂。

儒家思想的另一个重要思想理念是“礼”，其核心内容之一就是“君君，臣臣，父父，子子”。后人往往将这种思想当成儒家的糟粕，认为它宣扬上下尊卑观念，与“人人平等”的现代理念是格格不入的。其实，如果脱离了当时的客观情形去理解这句话，会有失偏颇。这句话实际上讲的是“秩序”和“本分”的意思，也就是要求人们要遵守自己所处那个年代的社会秩序，做自己分内的工作，不违规，不逾矩。类比现在而言，就是要遵纪守法。

当然，儒家所讲的“礼”，除了上述含义之外，还有“以礼教人”的意思。通过教育，让人知礼和守礼。比如战国大儒荀况就说过：“礼者，所以正身。”学礼有什么用？就是为了让自己品德端正。而孟子曾经说过一句很激愤的话：“饱食，暖衣，逸居而无教，则近于禽兽。”一个人吃得大腹便便，穿得暖暖和和，整天优哉游哉，却不接受教育，不知礼，和禽兽没什么区别。话虽偏激，其实是正理。

关于教人知礼的重要性，通过一个故事，我们就可以一目了然。孔子七十二门徒中，以颜回和子路最有名。而子路在拜师学艺之前，就是一个粗俗的小混混，头上戴着公鸡形状的奇丑无比的帽子，手拿着像猪尾巴一样的饰物，边走边挥，勇猛无礼，不管走到哪里都大喊大叫，旁若无人，发出让人无法忍受的恶俗之声。孔子给学生讲课，子路就在一边捣乱，大家都非常厌恶他。结果，等他静下心来学习之后，慢慢地整个人都变了，最后成了彬彬有礼的君子，还在卫国当了官，政绩还不错，最后为国献身。这就是教人知礼产生的巨大作用。

范仲淹本人深受儒家思想熏陶，不但懂得常人之礼，还深谙国家之礼，所以，一生行得端、走得正，其高尚的人格为后人敬仰。这也让我们明白了，为何他不顾自己被贬、丢官的危险，挺身而出就仁宗皇帝给刘太后祝寿的事情劝谏。因为他知道，仁宗皇帝已经违背了国家礼法，开了一个非常糟糕的头，如果不加以纠正，势必后患无穷。

对于上下尊卑之礼，范仲淹终生都在实践。比如，对于恩师晏殊，虽然他比范仲淹小两岁，但范仲淹一生都对其尊重有加。每次写信，范仲淹都尊称恩师，即使他当了副宰相后，依然没变。这种知礼的精神，让如今我辈很多人汗颜啊！很多人在籍籍无名之时，得到别人的提拔和帮助，等自己翅膀硬了之后，便翻脸不认人，毫无感恩之心，却有恶毒之念，属于典型的不知礼的人，类似衣冠禽兽，何谈自身修养。

对范仲淹的教育思想产生重大影响的另一个人物就是墨翟，他是春秋末期墨家学派的创始人。墨翟出身贫贱，天天和底层百姓打交道，所以他深知百姓疾苦，就要求他的弟子必须穿布衣、蹬草鞋，学习夏禹为了治水三过家门而不入的刻苦精神，以及为天下苍生奋不顾身的牺牲精神。

在思想方面，墨翟走得比儒家的“仁政”更远，提出“官无常贵，而民无终贱”的说法。我相信，墨子这种人人平等的思想影响了很多后人，尤其是底层粗通文墨的平民。因为200年后，“瓮牖绳枢”贫贱出身的陈胜，振臂高呼，喊出了“王侯将相，宁有种乎”的口号，掀起了毁灭秦王朝的风暴。

墨翟这种人人平等的思想与儒家思想产生了激烈冲突，遭到了儒家弟子的口诛笔伐。而墨翟本人是一个彻头彻尾的理想主义者，他提出“有力者疾以助人，有财者勉以分人，有道者劝以教人”，他热切盼望一个“强不执弱，众不劫寡，富不侮贫，贵不傲贱，诈不欺愚”的理想社会。

墨翟不但思想超前，同时，他也是一个科学家、工程师兼实干家。“小孔成像”就是他最先发现的，而他与公输班演练攻守之战的故事，更是千古流传。墨子对范仲淹的影响表现在方方面面。虽然范仲淹倡导遵循国家礼法，支持上下尊卑秩序，不逾规矩，但是范仲淹内心深处的平等思想却处处展现在他的行为中。他以天下为己任的情怀，其实就是墨子“摩顶放踵而利天下”精神的继承和发扬。他平生为之奋斗的一切，都是为了实现理想中的社会：国家强盛富裕、百姓安居乐业、军队能御敌于外、百官能尽职于内，天下太平，泽被子孙。

墨翟的实干精神，也深深影响了范仲淹。所以，范仲淹在苦读儒家“六经”的同时，还学习了算术、工程、律例、水利、经济、医学和兵法等知识，以期将来能经邦济世，这些知识全都是直接能用的本领。在他主持建造泰州捍海大堤期间，曾亲自勾画大堤图纸，确定和调配民工人数，计算工程数量和投资。以如今的眼光来看，范仲淹是一个不折不扣的通才。他后来通过掌握的水利知识，在苏州水患救灾期间，带领民众导洪入海，拯救民众于危难之间。他通过掌握的经济知识，在青州闹粮荒的时候，通过价格杠杆，解决了民众远运粮食之苦。他运用掌握的兵法，在对抗西夏的战争中，扭转战局，反败为胜，逼迫元昊与大宋议和。

范仲淹对道家思想也是情有独钟，并处处体现在他的施政过程中。道家学派的代表人物当属庄周和老聃，前者著述《南华经》，后者留给后人五千言的《道德经》。庄老思想很多是与儒家思想格格不入的。比如，老子提出“绝圣弃智，民利百倍；绝仁弃义，民复孝慈”，这种思想与儒家基本上是背道而驰的。但是道家学派的思想包含着朴素的辩证法，揭露了事物对立面相互转化的关系，如“祸兮，福之所倚；福兮，祸之所伏”。范仲淹的教育思想是以儒学为本，兼容百家思想，而道家思想对他的影响仅次于儒学。从严格意义上而言，范仲淹是一个唯物主义者，这种思想就是从道家的朴素辩证法中吸收而来的。

除此之外，范仲淹一生清廉，对于声色犬马之事，向来避而远之，坚守着廉洁自律的操守。《道德经》里说过:“五色令人目盲,五音令人耳聋,五味令人口爽,驰骋畋猎令人心发狂,难得之货令人行妨。”缤纷的色彩,使人眼花缭乱;靡靡之音,令人失去心智;丰盛的食物,使人迷恋;纵情狩猎,使人心情放荡发狂;稀有的物品,使人行为不轨。这些事情,是范仲淹一生所避之唯恐不及的,也充分证明了他是一个慎独端正的君子。

范仲淹从少年时代就立下了“以天下为己任”的远大志向,除了受墨翟影响之外,道家思想的影响也不容小觑。《道德经》中说:“故贵以身为天下,若可寄天下;爱以身为天下,若可托天下。”这句话的意思是,用重视自己身体的思想去治理天下的人,就可以寄托天下;用爱惜自己身体的思想治理天下的人,就可以委托天下。贵身和爱身是寄托天下的关键,唯有如此,才不会轻身徇物、放纵私欲,才能爱惜他人生命,遵循自然规律,各安其居,各乐其俗。这句话也隐含着“爱己才能爱人”的思想。“杜绝私欲,严于律身”,这种思想与范仲淹坚守的洁身自好的理念不谋而合,由此也可以判断,这些话曾经深深激励过他。

一个人知别人难,看清楚自己更难。高估自己的能力,就会狂妄自大;低估自己的本领,又会变得妄自菲薄。只有不偏不倚,才能摆正位置。所以,《道德经》中说“知人者智,自知者明”“胜人者有力,自胜者强”“强行者有志”。对于范仲淹而言,“强行者有志”这句话最能表现他对理想的坚持,从应天府书院昼夜苦读金榜题名,到为官之后三次被贬,连续不断的磨难使得他的意志更加坚定,更让他坚持不懈、勇往直前。在知人方面,他的眼光独特,看人很准,为官三十几年,向朝廷举荐各类人才近百名,基本每一个都名副其实、独当一面,形成了仁宗朝无人能比的群英荟萃的局面。

《道德经》上说:“圣人无常心,而以百姓之心为心。”意思是说,圣人永远没有私心,而以天下百姓的心作为自己的心。这种思想与范仲淹的执政和教育思想也是合拍的。范仲淹不管是首倡修建捍海大堤,让百姓免遭海侵之苦,还是办学兴教,让天下学子成为栋梁之材,其原动力就是将百姓的心当成自己的心,将百姓的疾苦看成自己的疾苦。因此,当他纵身振臂,便一呼百应,天下英才纷纷聚在其周围,形成了强烈的磁场效应。

范仲淹教育思想中很重要的一部分是他的军事思想，这也深受道家影响。《道德经》里说："善战者，不怒；善胜敌者，不与。"善于作战的人，不逞怒气；善于打胜仗的人，不与敌人交战。在抵御西夏的战场，范仲淹将上述思想运用得炉火纯青，并且自始至终审时度势，绝不盲从。即使满朝文武都强烈要求速战速决，给元昊以毁灭性打击，范仲淹也不为所动，坚持防御为主，坚壁清野，步步为营，减少与敌人大规模作战的次数。不战而屈人之兵，才是上上策。结果，贸然开战的宋军遭遇三次惨败，损兵折将，满朝震惊，最终还是采用范仲淹的策略，才取得了最后胜利。

范仲淹与佛教有很深的渊源，从小耳濡目染，其思想受佛教影响也很大。表现之一，是他心怀渴望众生脱离苦海的"悲心宏愿"，这是来自《十六阿罗汉因果识见颂》的思想："夫人发善言，不如发善心；发善心者，不如行善事。"话说起来很容易，做起来却很难。范仲淹却说到做到，毫不含糊。这类例子不胜枚举，只须举一个典型例子，就可以对他的思想行为一览无遗。宋仁宗明道二年（1033），江淮地区蝗灾遍地，百姓闹饥荒，政府却反应迟钝。范仲淹心急如焚，多次上疏直谏，仁宗却不闻不问。最后他冒着犯龙颜之罪，亲自拿着百姓用来填肚子的野草，质问仁皇帝为何不赈灾："如果陛下一天不吃饭，会是什么感受？如今百姓受灾，为何朝廷不赈灾？"这简直就是提着脑袋犯龙颜。

佛教影响他的另一方面就是乐善好施、自甘清贫。范仲淹在官低禄薄之时，贫穷得只剩下一匹马。等他身居高位之后，俸禄优厚，却依然"食不重肉，衣不重裘，妻子衣食仅能自充"。他那么多俸禄都去哪里了？当然是全部分给范氏宗族中的贫苦者了。"泛爱乐善"是他一生遵从的做人准则，并矢志不渝，为他赢得了身前身后名。他推崇温良、乐善、好生、兼济、正直、忠毅，无一不闪耀着佛学思想的火花。佛学讲究无我之境界，而范仲淹的思想也最终达到并进行了超越。作为范仲淹的小我已经消失不见，变成了忧天下的大我，个人利益得失毫不挂念，他唯一挂念的是天下苍生百姓的幸福和国家的长久治安。

第二节　忠信以道，诚厚为国

宋仁宗宝元元年（1038）的冬天，在从饶州到润州的官道上，有一队人马正按辔徐行。骑马走在最前面的是一位须发已经花白的中年男子，他双目凝视前方，面色凝重，多日的旅途劳累让他风霜满面，他的身后紧跟着一辆有篷的马车，马车里面是跟随他不断奔波的家眷。南方的冬季，虽然无雪，但是异常阴冷。寒风呼啸，卷起大路两旁的枯枝败叶，再旋转着落入附近沟壑纵横的田间。

走了很久，前面的路上行人渐渐增多，也看到了散落在山间和河边的村落中升起的袅袅炊烟。再走几个时辰，一个人烟密集的城镇出现在众人面前。那个中年男人拉紧缰绳，回首问随从道："前面的大镇是不是彭泽县城？"一名随从答道："知州大人说得对，前面就是彭泽县城，如今天色已晚，我们可以到县衙稍做休息，县令大人已经安排好了食宿。"

这位中年男人就是饶州知府范仲淹，今年50岁，已经到了知天命之年，现在正在赶往润州走马上任的路上，途中刚好经过彭泽县城。饶州就是今天的江西鄱阳县，润州就是今天江苏镇江市的润州区，彭泽县就是如今的江西九江市。范仲淹在宋仁宗景祐二年（1035）从苏州知府调任京师国子监，兼权知开封府。这对于曾经多次被贬的范仲淹而言是一个福音。毕竟在朝为官，距离权力中枢很近，更有机会实现政治抱负。然而，范仲淹一如既往，针砭朝纲，进谏急切，仅仅过了一年，就做出了令很多官员不能理解的举动。他放着俸禄优厚的京官不当，竟然再次虎口拔须，将矛头对准了当朝宰相吕夷简，不满他蝇营狗苟、任人唯亲、选人不当。他连续给仁宗皇帝上了四篇奏章，分别是《帝王好尚论》《选贤任能论》《近名论》《推诿臣下论》，句句像钢针，都扎在了吕夷简的身上。吕夷简勃然大怒，就向仁宗上谗言，说范仲淹越职言事，荐引朋党，离间君臣，居心叵测。仁宗皇帝虽然谥号里有个"仁"字，心地善良，很多行为也当得起"仁"字，但是他就是耳根子软，自己没啥主见，最害怕大臣抱团将他架空。所以，吕夷简一说“朋党”二字，任你范仲淹有天大本事，也贬你没商量。当年五月，范仲淹再次被贬出京城，一路向南到了江西，出任饶州知州。

范仲淹治理饶州有两年时间。其间，大臣叶清臣劝谏皇帝让范仲淹等被贬之人迁到靠近京城的郡县，结果朝中奸臣害怕范仲淹再次被重用，就猛上谗言。仁宗大怒，范仲淹差点被发配到岭南。不过有惊无险，多亏了大臣程琳多方劝解，仁宗皇帝这才作罢，范仲淹免于另一场劫难。随后，在他 50 岁那一年被调往润州，算是朝着京师更近了一步。如今，范仲淹中途经过彭泽县，想起了这里曾经有一位名臣也经历过与自己相同的命运，从宰相被贬成彭泽县令，这个人就是大唐武则天时代的名臣狄仁杰。

狄仁杰因为酷吏来俊臣的诬陷，被捕下狱，后来逃过一劫，被贬到了彭泽县。在短短的一年时间里，他就将这里治理得井井有条，百姓安居乐业。狄仁杰被调走后，当地百姓建祠纪念，感恩戴德。范仲淹如今经历的磨难与狄仁杰非常相似，都是为国尽忠而遭受打击报复，却矢志不改。所以，他专门去狄公祠进行拜祭，并写下了一篇气势磅礴的《唐狄梁公碑》。

文章开头，气势恢宏，范仲淹发出了屈原一样的“天问”：“天地闭，孰将辟焉？日月蚀，孰将廓焉？大厦仆，孰将起焉？神器坠，孰将举焉？”范仲淹一连问了四个问题，谁能开天辟地？谁保日月星辰？谁能力挽大厦于倾颓？谁能重振江山社稷？然后给出了答案：“克当其任者，唯梁公之伟欤！”能够完成这些伟业的人，非狄梁公莫属啊！有伟人忠君报国力挽狂澜在前，我范仲淹为了江山社稷和苍生元元被贬官算得了什么？

那么，狄仁杰何德何能，能让后人如此崇敬怀念？那是因为“公为子，极于孝；为臣，极于忠。忠孝之外揭如日月者，敢歌于庙中”。狄仁杰既是孝子，也是忠臣，心如日月皎皎，乃天地间大丈夫是也！随后，范仲淹连续举了很多例子，赞美狄仁杰为良相的种种业绩，每一项业绩，都能够和范仲淹本人已经做的和即将做的伟业遥相呼应。

狄仁杰力谏唐高宗，不能因为一棵树而枉杀治国良将。这名差点掉脑袋的唐代良将叫权善才，因为惩罚了一名违法的士兵，而遭到奸臣诬告，说他砍伐了昭陵的一棵柏树。昭陵是唐太宗的陵寝，竟然有人敢破坏皇陵，简直大逆不道。高宗震怒，权善才小命难保。在此危急时刻，狄仁杰舍身力谏："陛下因为一棵树就杀掉一员良将，那么假设有人盗取长陵的一捧土，陛下将用什么刑罚处置他？我岂能执行这种命令，这是陷陛下于不义啊！"高宗皇帝的怒气这才消解。

而范仲淹也做过类似的事情，力谏仁宗保全大臣。这件事情发生在仁宗庆历年间（1041—1048），当时江南地区有一个起义领袖叫张海，带领手下攻到了高邮城下。守城的知军叫晁仲约，他做了一件让人大跌眼镜的事情，那就是恭恭敬敬打开城门，让义军进城。他通知百姓凑足银两，犒赏这些造反者，最后将这群亡命徒打发走了。没有费一兵一卒，也没有血流成河，高邮城完好无损。但是，这件事情在朝廷看来就是渎职，严重一点说就是与强盗狼狈为奸，是砍头的大罪。

果然，仁宗皇帝闻听消息后大怒，准备将晁仲约下狱法办。朝中大臣也是群情激奋，认为晁仲约恭送反贼，理应处斩。在此危急时刻，范仲淹挺身力谏不能杀晁仲约，他的理由是，高邮城根本就没有几个兵，防备力量薄弱，一旦硬碰硬，不但毫无胜算，而且惹怒贼人还有屠城之祸，老百姓会遭遇灭顶之灾，晁仲约是为了保全一方百姓才这么干的，实在是不得已而为之。

他的学生富弼对此特别不满，就质问范仲淹是不是老糊涂了，怎么会帮着这种渎职官员说话？范仲淹耐心地解释道："大宋建国至今，遵循祖训，不杀文臣。我们为何要怂恿当今圣上开这个头？如果一旦开了杀戒，你我以后一旦有事被皇帝怪罪，项上人头也会保不住的！"

事实证明，范仲淹料事如神。十几年后，庆历新政失败，作为主力干将的富弼被贬出京师，出使大辽。朝中奸臣不断上谗言，说富弼私通契丹，理应问斩！仁宗狐疑不决，将出使归来的富弼丢在国界不闻不问。这下可把富弼吓坏了，夜夜彷徨失措，对范仲淹佩服得五体投地，连声感叹："范公真乃神人也！"

当然，范仲淹这番劝解看似有私心在里面，实际上也是为了朝廷百官着想。

想想看，一旦有了杀文官这个不良开端，若皇帝被奸臣蛊惑，那么满朝耿直之臣就没有活路了。这对赵宋王朝而言，是毁灭的开始。从这方面理解，范仲淹的行为称得上是忠君爱国之举。

范仲淹继续对狄仁杰赞道："定天下之业，断天下之疑，其至诚如神，雷霆之威，不得而变乎！"这是说狄仁杰是定天下的股肱之臣，对社稷忠贞不贰。当年狄仁杰当宰相，为大唐社稷考虑，经常冒犯武后，让这位女强人很不爽。比如，武则天年老之后，准备让侄子武三思当太子，继承皇位。狄仁杰力谏，说道："武三思曾经公开招募武士，花了一年时间才有几百人响应；而庐陵王李显招募武士，几天之内天下响应者数千人。这说明，老百姓还是没忘记大唐。所以，不能立武三思为太子，而是要赶紧招庐陵王李显进京。还有，李显做了皇帝，陛下名正言顺就是皇太后，如果武三思做了皇帝，还有你这个姑姑的位置吗？"武则天这才恍然大悟，最后立庐陵王李显当太子，就是后来的唐中宗。

范仲淹对狄仁杰这种忠于大唐、稳固社稷的行为极为赞赏。而他自己曾经做过一件事情，相比之下，一点都不逊色。在景祐二年(1035)，范仲淹力谏仁宗皇帝不能废掉郭皇后，并且在郭皇后暴病身亡之后，不顾个人安危继续上疏，要求朝廷严查幕后害死郭皇后的凶手。

范仲淹做前一件事情，虽无性命之忧，但是被贬官罢职是免不了的。他做第二件事情，冒的风险要大得多，很可能连命都会搭上。因此，当他下定决心上朝劾奏此事之前，将家里一切都安排停当，烧毁了家里珍藏的兵书，对儿子范纯佑说道："吾不胜，必死之！"这种义无反顾的决绝，就跟明代海瑞先准备好棺材再给皇帝进谏一样悲壮。幸运的是，仁宗皇帝最终听从了劝谏，下令严查郭皇后的死因，最后查出幕后指使者是宦官阎文应，便将其流放岭南，这个仗势欺人的坏蛋死在了发配的路上。范仲淹也因此事名扬天下。

在《唐狄梁公碑》最后，范仲淹盛赞狄仁杰："谓松柏不夭，金石不柔，受于天焉。公为大理丞，抗天子而不屈；在豫州日，拒元帅而不下；及居相位而能复废主以正天下之本。岂非刚正之气，出乎诚性，见于事业，当时优游荐绅之中。颠而不扶，危而不持者，亦何以哉！"这番评价可谓中肯，将狄仁杰比作青松翠柏和金石，不因大雪压头而弯腰，也不因百般磨难而改其性。为了万民着想，上可以抗天子，下可以抗元帅。担任丞相之时，能够匡正天下，一缕正气出乎赤诚之心，这是其他官员所不能企及的。

范仲淹用满腔激情写下这篇文章，将狄仁杰当作楷模，大加褒奖，也用古人的事迹勉励自己，至今读来，仍旧让人感觉天地正气洋溢其中。在文中，范仲淹重点赞美了狄仁杰的赤胆忠心，也抒发了自己为了天下之公，仗义执言而义无反顾的豪情。

因此，在这里就有必要探讨一下，在范仲淹教育思想中占据重要地位的“忠道”理念，是如何成为每一个正直的士大夫所秉持的做人准则的？

“忠道”的理念，起源于早期儒学，是由孔子提出，再由其弟子们逐渐发展起来的。在儒学的核心思想被西汉董仲舒异化改变以适应统治阶级的需求之前，“忠、恕、信、诚”是儒家力行倡导的观点。所谓“忠”，包含两层含义：一是忠君之道；二是人与人之间也需要忠信所维系。对于士大夫而言，忠君是首要的，忠君与忠于国家和社稷也是密不可分的。早期的儒学忠道思想，和后世倡导的对皇帝愚忠是不同的。前者其实对君臣之间都有约束，主张君臣之间要互辅、互通、互爱、互敬、互信。君主首先做到礼下，大臣才能尽忠。也就是说，大臣信奉的忠道思想，不是忠于皇帝一个人，而是忠于天下百姓。

战国大儒荀子就曾经说过：“从道不从君，从义不从父，人之大行也。”这说明，所谓忠道，忠的是正确的事情，而不是具体的人。如果皇帝做得不对，就没必要听他的。如果亲人做得不对，哪怕是亲生父亲，也不能盲从。由此可以看出，早期儒家的忠道思想，带有原始的民主色彩，而不是一味地盲从和愚忠。儒家认为，执行忠道思想，自己首先要做到“勤于政事，没有野心，不恣意越权，也不居功自傲，提出有益政见，匡正君主过失。不谄媚取宠，也不谋私利。为国访贤，不结朋党”。那么，如果臣子做到了这些，君主昏聩不值得辅佐怎么办？孔子提出了建议：“天下有道则现，无道则隐。”意思是说，我们只辅佐有道之君，绝不能为了荣华富贵，而“不恤是非，不论曲直，偷合苟容”。宁可不要富贵，也不能拍昏君马屁。当君主暴虐无道危及国家存亡的时候，真正的社稷之臣必须“抗君之命，窃君之重，反君之事”，以期将国家的祸患消弭于无形。对于特别昏聩无道之君，比如夏桀、商纣之流，就要发起革命，将其废黜甚至诛杀。

从上可知，儒家早期倡导的忠道思想，将君臣关系放在了一个比较平等的位置，有很多可圈可点之处。而孟子的“民为贵，君为轻”则是更进了一步，将百姓的利益看得比君主还高，这种思想当然不利于君王驾驭天下。此后西汉大儒董仲舒将儒学与阴阳五行学说加以融合，创立了“天人感应”学说，彻底将世俗的君王神化，捧到了至高无上的位置。

随着皇权加重，臣子和皇帝不可能再处于平等地位，臣子的忠道观也随之发生变化。孔子提出的“有道则现，无道则隐”的观点，相对而言是比较平和的。作为臣子，如果遇见的是昏君，我不辅佐你便是，不会违背良心助纣为虐。但是当皇权强大到能够随意取大臣性命的时候，如果大臣想隐，而皇帝不让隐，那就只能乖乖听命了。

即使在这种对臣子不利的条件下，大臣们仍然可以为国尽忠。儒家学派的集大成者荀况则把忠道思想更推进了一步，他说：“从命而利君谓之顺，从命而不利君谓之谄；逆命而利君谓之忠，逆命而不利君谓之篡。”作为臣子，如果既能听命，也能有利于君主，那再好不过了，而只听话却不利于君主，那就是谗佞之臣。那么真正的忠臣呢？应当是在违背君王命令的情况下，做有利于君主的事情，如果既不听命，做的事情也不利于君主，那就是彻头彻尾的篡逆之臣了。而《礼记》说的则更极端，对臣子提出了更高的道德要求：“为人臣者，杀其身有益于君则为之，况于其身以善其君乎？”这就要求臣子为了力谏皇帝做正确的事情，连自己的命都可以不在乎。

从范仲淹的舍命进谏，为了天下百姓和江山稳固而敢为天下先的精神，就可以看出他受早期儒学思想影响很大，讲究“食君之禄，忠君之事”，但是也不是无原则的愚忠。只要是利国利民的事情，他都敢于挺身而出，据理力争，触犯龙颜。因此，他的忠道思想也与《礼记》所提出的道德标准保持了高度一致。范仲淹在很多书信和奏疏里都表达了类似观点，比如“事君有犯无隐，有谏无讪，杀其身有益于君，则为之”，再如“儒者报国，以言为先。雷霆日有犯，始可报君亲”，认为

“直言之士，千古谓之忠；巧言之人，千古谓之佞”。

范仲淹不但一生都遵循这种忠道思想，并且还在不同的场合以不同方式影响到了很多人，这也是构成他教育思想的很重要的一部分内容。除了忠道思想之外，“诚信”也是他一生所极力倡导的思想。荀子有句名言：“体恭敬而心忠信，术礼义而情爱人，横行天下，虽困四夷，人莫不贵。劳苦之事则争先，饶乐之事则能让，端悫诚信，拘守而详，横行天下，虽困四夷，人莫不任。”这句话的意思是，一个人如果行为恭敬而内心忠信，遵循礼义而内心仁爱，那么走遍天下，即使被困在四夷之地，人们也会敬重他的。一个人如果劳累艰苦的事情争着去做，享福享乐的事谦让别人，端正朴实，诚实守信，遵守法度，明察事理，即使被困在四夷之地，人们也会信任他的。因此，诚信是一个人在社会上安身立命之本，是至关重要的。

以现在的眼光来看，不管是儒家倡导的忠道思想，还是诚信思想，历经千年，仍旧是中华民族精神的重要组成部分。这些思想精华，并没有因为时间的磨砺而失去光泽，反而发挥着越来越大的作用。这些思想的珍珠因为某些原因蒙上了灰尘，甚至被很多人所抛弃，但是，总有一天，会再现光泽并滋润我们的心。如今虽然没有了封建王朝的君主，但是依旧有国有家，有同学师友和亲戚朋友，作为一个公民，只要能够做到最起码的忠于国家、诚信做人，就不枉堂堂正正在天地间走一遭，不负此生。

第三节　内圣外王，经邦济世

论及范仲淹的教育思想，还需要谈谈他一生坚持固守并严格执行的做人和行事原则——“内圣外王，经邦济世”。作为一名受儒、道、释、墨、兵五种思想熏陶的教育家，范仲淹几乎凭一人之力和执着的坚守，将千百年来儒家所倡导的“内圣外王”的思想理念贯彻实施到了极致，实现了“立德、立功、立言”三不朽的人生价值。

那么，什么是“内圣外王”呢？其实这个提法最早不是儒家原创的，而是从道家思想中转借过来加以改造吸收的。儒家经典《大学》开篇第一句话就是：“大学之道，在明明德，在亲民，在止于至善。”这里面提到了“明德”“亲民”“至善”三个关键词。“明德”就是光明正大的品德；“亲民”也可以解释为“新民”，指的是使人弃旧图新、弃恶从善；“至善”就是一个人的精神和品德达到至善至美的境界。而“内圣外王”就是《大学》开篇这种思想的一种总结与升华。所谓“内圣”，就是追求内在德行的至善和自我人格的完善；所谓“外王”，就是将自己完美的德行与人格魅力通过实践展现出来，实现“齐家、治国、平天下”的宏伟抱负。

“内圣外王”是儒家希望达到的最高境界，“经邦济世”是儒家用获得的知识和高尚的品德改造社会、造福社会的一种行为理念。如果前者是目标和手段，后者就是所希望达到的结果。

回顾范仲淹进士及第之前的人生经历，我们就可以看出，他早年求学苦读的过程，也是一个严于约束自己、不断修炼内心而达到“内圣”的过程。范仲淹两岁而孤，母亲谢氏衣食无着、孤苦伶仃，范氏家族也袖手旁观，没有雪中送炭，在此艰难时刻，谢氏不得不改嫁长山朱文瀚，范仲淹也随之改名为朱说。因为继父常年在很多地方辗转为官，范仲淹不得不随之四处漂泊，每到一处便择校就读。启蒙初学数年之后，19 岁的范仲淹为了开阔眼界，便仗剑出行，游学关中地区，第一次从学堂中走向社会，也第一次将所学的知识与现实联系在一起。这次游学，他不但认识了好几个志同道合的朋友，还体验了民间疾苦，增长了学识和见识。可以这么说，范仲淹的这次外出游学，对他将来教育思想的形成有着巨大的影响，也许就是在那时，儒家的“内圣外王”和“经邦济世”思想在他心中深深扎下了根。

游学归来之后，范仲淹不再满足于以前所学的知识，通过多方打听，终于了解到在距离家乡 50 多华里远的邹平县长白山里有一个深山古寺，名曰醴泉寺，里面来了一位饱学的高僧。范仲淹慕名前往，借读山寺，长达两年时间。而他刻苦求学、身体力行，精神真正得到升华也是在这段时间完成的。他留下的“断齑画粥”“窖银馈僧”“山洞学堂”“感愤自立”“求学应天”等一系列励志故事，都说明了求学、求知与修身养性的艰难。这种自我磨炼和自我升华，对于一名富家子弟尚且艰难，对于一个家境贫寒的学子，更是身体、思想和意志的多重考验。

儒家的“内圣外王”理念指明了他前进的方向，但真正达到目标还需要付出千百倍的努力。所谓“师傅领进门，修行在个人”，在到达彼岸的途中，需要有强大的意志力去约束自己，做到日夜慎独和自我反省，不会为蝇头小利迷失本性，也不会因为大是大非的问题而站错立场。

两年的醴泉寺苦读，终于让范仲淹的德行与人格上升到了一个很高的层次。“窖银馈僧”这个故事就是一个典型的实例，也是范仲淹自身达到“内圣”境界的直接反映。他也通过几十年如一日的一丝不苟的践行，证明了自己德操的高尚和人格的伟大。

北宋仁宗康定元年（1040），已经到了知天命年龄的范仲淹正经略延州（今陕西延安），此时他已经在官场沉浮 25 年之久，其中的风风雨雨让这位饱经沧桑的老人的眼神愈加坚定。这次来延州，是受当时的陕西经略安抚副使韩琦的推荐而来，而范仲淹身上的职务，除了陕西经略安抚副使之外，还兼任龙图阁直学士、知延州。

身在宋夏对决的最前线，范仲淹丝毫不敢怠慢，夜以继日地训练军队、整饬边民，以防西夏元昊来袭。

某一天，范仲淹正端坐在军帐里批改公文，只见门卫引领着一名落魄的僧人前来拜见，说是从范公老家淄州长山来的。这名僧人风尘仆仆，满脸风尘，一路舟车劳顿。范仲淹便唤来人落座，询问他因为何事来到边关。

僧人合掌作揖，先口诵“阿弥陀佛”，才开口道：“范公有所不知，我们也是走投无路，濒临绝境，才赶到您这里寻求帮助的。”僧人开口叙述来延州之意，范仲淹静静聆听，时不时眉头微微紧锁一下，但是并未打断僧人的讲述。

原来，这名僧人千里迢迢从淄州长白山的醴泉寺赶到延州，是因为这座千年古刹在一年之前毁于一场大火。寺庙烧毁，化缘无着，上天无路，入地无门，寺内百余名僧人饥寒交迫，老住持心急如焚，但是束手无策。众僧人就这样苦度一年之久，寺庙重建依旧遥遥无期。在走投无路之际，老住持终于长叹一声：“一直听说多年前在醴泉寺借读的范公子已经身居高位，他为人清廉，急人所难，不过公务繁忙。本不想因此事叨扰范公，只是满寺大小百余口，再不求助，就要冻饿而死，只能向范公张口了。”

老住持这才派了一位年轻的僧人。僧人从山东出发，辗转数月来到了延州，终于见到了范仲淹。听完僧人的叙述，范仲淹没说一句话，只是吩咐门人给这位僧人安顿好房间和可口饭菜，并且专门派遣一名小校随时听候吩咐。

此后一个月时间里，范仲淹或者亲自陪着僧人到处观览塞外美景，或者让小校陪着僧人游遍附近的名山大川，让这位僧人过了一段十分惬意的时光。

然而，僧人虽然表面上看似悠闲，其实已经心急如焚。自己在这里享受神仙日子，而同门方丈和师兄师弟们却挣扎在死亡线上。终于有一天，僧人鼓足勇气向范仲淹说道：“范公款待至周，小僧感激不尽。然而醴泉寺百口僧人正宛转呼号，期盼救命银两。范公可否施舍一二，让我们能有一个安身之处？这也是您报答在寺内借读两年的恩情啊！”

范仲淹微微一笑："有恩必报，你不必多虑。我这里修书一封给住持方丈，你可快马加鞭赶回山寺，将这封信送回。"

僧人迟疑地说道："那……那银两呢？"

范仲淹说道："一切都在信中。"

僧人半信半疑地接过那封信，便辞别范仲淹，一路奔波赶回了醴泉寺。众僧望眼欲穿，终于盼到僧人返回，老住持惊喜地迎接道："建寺的银两带来了吗？"

僧人垂头丧气："银两并无半文，只有书信一封。"

老住持闻言满脸黯然："难道范公子鲤鱼跳龙门之后，就不再念昔日旧情了？"

僧人答道："范公说一切都在信中。"

老住持狐疑地打开信件，迫不及待地阅读起来，边看边露出笑容，最终，他喊众位弟子道："快！快拿铁锹来！"

原来，范仲淹虽然没有让僧人带回一文钱，却告诉老住持在醴泉寺某个地方藏着一窖白银。这些白银是范仲淹求学醴泉寺之时，在一个偶然的机会发现的。当时，因为范仲淹苦读入迷，经常错过吃饭时间，主持便每顿都给他单独留下一块面饼。后来，范仲淹发现面饼经常丢失，查来查去，竟然是老鼠偷走的。他顺藤摸瓜，找到了鼠穴，结果发现里面竟然藏着一窖白银。年轻的范仲淹虽然食不果腹，艰苦异常，却能够经受金钱的诱惑，没动白银一分一毫，依旧掩埋了起来，直到 30 年后的今天，终于派上了大用场。

当僧人们将窖藏的白银挖掘出来时，顿时欢呼雀跃："我们终于有救了，范公真是一位视金银如粪土的贤人啊！"

"窖银馈僧"的故事证明了范仲淹人格的伟大，这也是他一生践行并且教育家人和弟子要遵守的准则。“内圣”是一个崇高的目标，在达到这个境界的过程中，会遇见数不清的诱惑，有多少人因为金钱而身败名裂，有多少人经不住考验而沉沦堕落？但是，范仲淹却做到了。

范公在《岳阳楼记》中曾经说道：“予尝求古仁人之心，却异二者之为，何哉？不以物喜，不以己悲。”自始至终，范仲淹的心里都有一杆秤，这个秤就是他所遵循的“古仁人之心”。饱读诗书十余载，古代的贤人给了他无与伦比的影响，“六经”中记载的仁人事迹，也为他点亮了一盏明灯。但是，在他追寻“古仁人之心”的过程中，却又更上一层楼，让自己的品德与人格达到了“不以物喜，不以己悲”的崇高境界。

苦读十余载，货与帝王家。在古代，有才之士要想实现自己的政治抱负，就要寻找一位明君，让自己的满腹经纶变成“经邦济世”的实践。所以，范仲淹的教育思想里面，有很多阐述“经邦济世”的内容，同时，他也将这种思想付诸实践。

比如，在宋仁宗授意下，由他主导“庆历新政”，他上疏《答手诏条陈十事》，说道：“天下危困，乏人如此，在乎教以经济之业，取以经济之才，庶可救其不逮。”这意思很明显，大宋王朝经过了将近80年的和平发展，已经处于生死存亡的瓶颈关头。官员尸位素餐，小吏残苛害人，文人风花雪月，百姓颠沛流离，国家济世良才如此稀少，怎不让人心忧如焚？所以，要想国家富强、百姓富足，必须尽快选拔能够经邦济世的人才，让他们进入中枢或在地方担任重要职务，这才能够扭转颓势，换我大宋百年强盛。

“岂辞云水三千里，犹济疮痍十万民。”这两句诗也是范仲淹济世思想的真实体现。范仲淹的这种济世思想，从1015年他高中进士开始，到1052年病逝于徐州，贯穿于他为官为政的38年时间里。他先是当了一个地位极低只是从九品的广德军司理参军，负责诉讼狱事。他没有因为官小薪薄而丧失拯救天下的情怀，而是充分利用自己的职权，与上司就讼狱问题展开激辩，一切让事实说话，不能冤枉一个好人，也不能放过一个坏人。

在从政早期，范仲淹一直官位低微，但并未抹杀和打击他的经邦济世思想的推行。在他人生的前半段时间里，他曾经数次上疏朝廷，阐述自己的治国理念。第一次是在北宋乾兴元年（1022），那一年宋仁宗刚刚登基，让举荐神童晏殊的张知白担任尚书右丞兼枢密副使。而那时范仲淹入仕已经7年时间，却还是一个小小的泰州西溪盐仓监官，位不过八品，人微言轻，满腔抱负得不到施展。加上北宋官场令人痛恨的磨勘和论资排辈的官员升迁制度，让身在底层的范仲淹几乎找不到任何出人头地的机会。然而，位卑未敢忘忧国，他毛遂自荐，写了一封《上张右丞书》，洋洋洒洒数千言，第一次向宰相张知白毛遂自荐，表达了自己想在更高的位置发挥作用的渴望之情。然而，张丞相百忙之中根本就没有回复，信件石沉大海，无影无踪了。

三年以后，宋仁宗天圣三年（1025），已经37岁的范仲淹依旧是个毫不起眼的兴化县令，报国之门仍然紧闭，他情不自禁仰天长叹，想起了蜀汉昭烈皇帝刘备面对自己腿上的赘肉哀叹自己年近30岁却大业未成的苦痛与焦灼。为了改变自己的命运，他又写了一封《奏上时务书》，直接面向摄政的刘太后和刚登基不久的仁宗皇帝，且开篇就有一种冒犯天威且破釜沉舟的勇气："文林郎、守大理寺丞臣范某，谨诣阁门再拜，死罪上疏皇太后陛下、皇帝陛下。臣闻巧言者无犯而易进，直言者有犯而难立。然则直言之士，千古谓之忠；巧言之人，千古谓之佞。今臣勉思药石，切犯雷霆，不遵易进之途，而居难立之地者，欲倾臣节，以报国恩。"

这篇奏疏提出了一些经过初步思考的治国理念，总结起来，其一是救文弊，其二是修武备，其三是整饬吏治，其四是以德治国。应该说，在官场历练10年之久的范仲淹，与百姓休戚与共，已经洞察到北宋王朝"金玉其外，败絮其中"的危机，他也思考了很多，这才提出四条治国方略，条条直抵要害。但是，他提出的意见毕竟太过简略，思考并不充分，并且可实施性不强，但是他那种经邦济世的精神和动力，驱使他继续自己的上疏之路。

沉寂3年之后，范仲淹继续给朝廷写了一份万言《上执政书》，站在宰相高度对北宋王朝隐藏的危机进行了剖析，并给出了相应的解决办法。这篇奏疏有理有据，充满了忧患意识，问题分析透彻，体现了一名忧天下的大臣渴望为国家民生尽自己微薄之力的期盼。这篇奏疏让宰相王曾记住了范仲淹这个名字，并对其刮目相看。

在抗击西夏的战场上，范仲淹的经邦济世思想得到了充足的发挥。他研究时弊，对症下药，对敌我双方的优势和劣势保持了清醒的头脑，提出了以攻为守的军事战略思想。他在国家边陲大力改革军队，修筑城寨，招募士兵，广置营田，并鼓励商人到边关做买卖，在获取利润的同时，还能解决老百姓运输军备物资的千里奔波之苦。范仲淹在实战中发现将才，并量才使用，名扬天下的大将狄青和种世衡就是在战火历练中被范仲淹慧眼识中，成了稳固边疆、抗击西夏入侵的栋梁人才。在对西夏的数次作战中，北宋王朝的各路大将轻敌冒进，三次惨败，朝野震恐。多亏了范仲淹稳若泰山，给满朝文武和仁宗皇帝吃了一颗定心丸。在各路大军溃败之际，仁宗皇帝闻听范仲淹已经出马，连连感慨："有范仲淹在，我就没有忧虑了。"

到了宋仁宗庆历二年（1042），范仲淹已经因为抗击西夏的战功而名扬天下，他和一代名臣韩琦、庞籍苦心经营，步步为营，历经多次大小战役，终于稳定了边疆，饱受战火摧残的百姓终于可以休养生息了。边陲军民感恩戴德，称赞道："军中有一韩，西贼闻之心骨寒；军中有一范，西贼闻之惊破胆。"

仁宗皇帝此时已经是人到中年，这次元昊入侵，让他明白了如今的朝廷其实不堪一击，对赵宋王朝面临的危机也是焦虑不已，意识到再不革故鼎新，国家政权就岌岌可危。在大臣的举荐下，仁宗皇帝便让范仲淹担任参知政事，相当于副宰相之职，让他尽快实施改革之策。范仲淹珍惜机会，殚精竭虑，将改革措施写成了一份奏疏《答手诏条陈十事》，将多年来经邦济世的智慧结晶总结成了十条措施。其一是明黜陟。建议重定文武百官磨勘制度，革除官员滥进的弊端，用为政实效作为准绳考核官员政绩。其二是抑侥幸。主要是针对文武官员的荫官制度而言的，杜绝官员通过各种非正常渠道加官晋爵，滥赏官职，除去庸官冗官。其三是精贡举。"天下危困，乏人如此，将何以救？在乎教以经济之业，取以经济之才，庶可救其不逮。"选才，首先看他有没有经邦济世的本领，其次看他的才艺水平高低，而不能反着来，这才能够正教化之本，育卿士之材。其四是择长官。选择优秀且称职的官员，才能正纲纪、去疾苦、救生民。其五是均公田。北宋的底层官员因为俸禄微薄，所以朝廷赐给一定数量的公田，也叫职田，作为俸禄补充。

后来朝廷认为这种措施会造成土地兼并和赏罚不均，建议取消。范仲淹坚决反对，他认为官员俸禄不足，必会贪渎成风，祸害百姓。其六是厚农桑。国家以农为本，而民以食为天，农桑出了问题，国家和百姓就会遭殃，历朝历代莫不如此。厚农桑，重民生，可以救水旱，丰稼穑，强国力。其七是修武备。修武备是为了防患于未然，“为四方无事，京师少备，因循过日，天下可忧”。国家必须有忧患意识，否则一旦大难来临，仓促应对，会处于下风。修武备的目的是为了保宗社、宁邦国。其八是减徭役。要求朝廷减轻天下徭役，庶宽民力。其九是覃恩信。文官殚精竭虑，武官出生入死，都是为了国家长治久安，那么朝廷就应该奖勤罚懒，或者给物质奖励，或者给精神鼓励。然而，如今的赵宋王朝往往有功不赏、有劳不录、有过不罚，恩信缺失，百官没有感受到皇恩浩荡，所以必须覃恩信，以感天下之心。其十是重命令。“为制书忽而行违者，请重其法，以行天子之命也。”通过严格命令执行的威严，才能让违法者望而却步，才能让中央的政令真正落到实处。

范仲淹借助改革之机提出的十条措施，都是经邦济世良策，这也是他教育思想的一次系统的总结。当然，站在客观角度上讲，仁宗皇帝虽然性格懦弱，但不失为一位好帝王，只是他力推的改革虎头蛇尾，稍微遇见一些困难便半途而废，因此庆历新政也仅仅持续了八个月，便在既得利益者没完没了的口诛笔伐中夭折了。但是，范仲淹的这次改革尝试却意义深远，即为几十年后王安石的熙宁变法铺好了道路。

第四节 穷神知化，革故鼎新

传统的儒家思想对范仲淹的教育思想影响深远。儒家的旷世经典《易经》，让他脱离了照本宣科、毫无创造力的腐儒和酸儒行列，上升到了更高的层次；让他能够高屋建瓴，深刻参透儒家经典里的宝贵精神财富，并化为自己思想的一部分。范仲淹在应天府书院苦读五年，大通“六经”之旨，而对于《易经》，更是爱不释手，为易学研究做出了不可磨灭的贡献，史称他“尤善于《易》”。更为重要的是，他不但研究易学宗旨，还将其用到经邦济世的为政实践之中，将易学所倡导的“穷神知化，革故鼎新”思想加以实践，建立了不朽的功勋。

为了探究范仲淹在易学中的贡献和取得的成绩，以及易学在其教育思想中所占的重要位置，就很有必要回顾一下千百年来易学的研究与发展过程，也需要澄清一下，易学与如今的算命先生到底有哪些渊源？区别在哪里？

易学的发端，可以追溯到人类创造文字之前。《易经》属于儒家经典中的群经之首。孔子晚年痴迷于易学研究，韦编三绝，手不释卷，三月不知肉味，可见易学的博大精深，绝非后世的算命先生理解的那样浅薄，也不仅仅具备占卜的功能。

创立易学的始祖，据传是距今六七千年前的神话传说时代的伏羲，他“仰则观象于天，俯则观法于地，近取诸身，远取诸物，始作八卦，以通神明之德，以类万物之情”。所谓“八卦”，指的是乾、坤、震、巽、坎、离、艮、兑等八个卦象，最初所对应的是天、地、雷、风、水、火、山、泽等八种自然现象。后历经数千年的演化，发展成为夏商时代的《连山》和《归藏》。进而在周文王时代，从简单的八卦演化成如今复杂的六十四卦。无字的天书，变成了有字的《周易》。

应该说，在远古时代，科技文化不发达，圣人创造易学，属于开天辟地的大事。其中包含了天地万物变化之理，隐藏着古人观测天地日月星辰所积累的天文和数学知识，也蕴含着事物盛极而衰、否极泰来的哲学思想。在商代，殷人敬鬼神、善卜筮，发扬了易学的占卜算命的功能，然而，这绝不是易学的真正意义所在。那些易学造诣很高的大家，是不屑于通过八卦去占卜的，因此才有了“知易者不卜”的说法。

《易经》中的“易”字的含义，有变易、变化的意思，也可以理解成“阴消阳长、阳消阴长”的相互变化，除此之外，还有“道”的含义，意思是恒常的真理，“生生之为易”；“经”指的是经典。《易经》主要阐述了天道、地道和人道，称之为“三极之道”。

易学经传中所出现的三个基本概念，分别是“象、数、理”。所谓“象”，指的是卦象和爻象，反映卦爻所象征的事物及其位置关系；所谓“数”，指的是象的消、息、盈、虚、得、失、成、败之数；所谓“理”，就是事物恰到好处的情由，诸如真理、道理、伦理、常理和义理等，一般特指阐述《易经》的文义和道理。

经过历代学者研究，认为《易经》中包含着很多现代思想的萌芽。第一是人道主义思想。最早出于《易经》，傅斯年先生曾经指出：“春秋时期人道主义固以发达。”第二是法治思想。《易经》六十四卦，其中有十一卦涉及法治问题，在立法环节要“明罚敕法”；在执法环节，要“明慎用刑”“赦过宥罪”“议狱缓死”。第三是自由、平等、民主、革命思想。包括“神而化之，使民宜之”“仁者见之谓之仁，智者见之谓之智”“汤武革命顺乎天，更应乎人”等内容。第四是诚信、改革思想。比如我们耳熟能详的“一言九鼎”“革故鼎新”，都是出自这里。

《易经》是如此重要，孔子就专门进行过评价：“夫《易》，何为者？夫《易》开物成务，冒天下之道，如斯而已者也。”《易经》绝不是用来算卦的，而是上古圣人用来“通天下之志，以定天下之业，以断天下之疑”的。孔子指出，人过五十学习《周易》就不会犯大错。

易学是如此重要，从先秦开始，就有很多学者对其进行研究。历经两汉、魏晋南北朝、隋、唐、宋、元、明、清，易学研究最终分成了“两派六宗”，并且门派之间所倡导的思想格格不入，互相争斗不休。所谓“两派”，指的是象数派和义理派。前者朝着卜筮方向穷尽研究,发展为象数之说;后者朝着哲学方向发展,逐渐形成了义理之说。而象数派又逐渐发展成为占卜宗、机祥宗和造化宗;义理派发展成为老庄宗、儒理宗和史事宗。

《易经》可解说的范围太宽,隐藏的深层次含义很难理解,每位学者都可以根据自己的想法对其进行解释,最后百家争鸣,蔚为壮观。

范仲淹对儒家“六经”烂熟于心,对于易学的研究方式接近义理派,但是比义理派站得更高、走得更远。他不仅仅将易学当成一门学问来研究,而是当成一种无坚不摧的利器来使用。读死书不如不读书,活学活用才是真本事。范仲淹用实际行动证明了这一点。

通览后人编辑的《范文正公文集》就可以知道,范仲淹曾经专门写过很多辞赋文章来阐述对易学的理解,比较重要的有《易义》《四德说》《乾为金赋》《用天下心为心赋》《穷神知化赋》《蒙以养正赋》《易兼三材赋》等。这些研究易学的文章,都是仁宗天圣六年(1028),范仲淹执教应天府书院的时候写成的。应该说,那一年是范仲淹时间最充足、研究著述最丰富的时期。此后,他或居庙堂之高,或处江湖之远,每天被杂务缠身,真正静下心来系统做研究的时间很少。然而这些文章,虽然不成系统,但也让范仲淹在易学研究领域占据了一席之地。而在以后的日子里,他的很多碑记、书表、牒奏等,大量引用《易经》内容,处处闪耀着易学思想的光辉。

在范仲淹功名显著、为官一方,到后来奋力改革的时间里,他的身边汇集了一大批研究易学的大家,大都是他的学生和后辈,诸如李觏、胡瑗、孙复和石介等人。他们在范仲淹的带领下,将弘扬易学当成支持庆历新政、复兴儒学的重要武器,掀起了易学研究的高潮。这种风气影响深远,后来的学问大家,如欧阳修、苏轼、司马光、张载、周敦颐、程颐等人,都是在易学领域做出开创性贡献的人物。

既然范仲淹对易学如此看重,那么他的教育思想中关于易学的精髓都有哪些呢?主要包括四个方面,分别是:易学的尊德崇德思想、易学所包含的忧患意识、易学的通变思想和易学的损益思想。

首先是易学的尊德崇德思想。《易经》中对“德”有过充分论述和详细阐述，明确告诉人们，德是天地的最高品性，尊德崇德是人对天地之性的终极思考；德是天地的最高品性，尚德是人对天地之性的终极追求。在《易经》里面，关于“德”的阐述文字非常之多，比如我们耳熟能详的“天行健，君子以自强不息；地势坤，君子以厚德载物”就是一个例子。此外，在关于《易经》的六十四卦的解释中，孔夫子就分析道：“‘履’卦，是树立道德的基础；‘谦’卦，是施行道德的权柄；‘复’卦，是遵循道德的根本；‘恒’卦，是巩固道德的前提；‘损’卦，是修养道德的途径；‘益’卦，是充裕道德的方法；‘困’卦，是检验道德的准绳；‘井’卦，是据守道德的处所；‘巽’卦，是展示道德的规范。”孔子对于卦辞的阐述，涵盖了关于“德”的方方面面，可谓完备。

范仲淹深受这种尊德崇德思想的影响，在他的治国理念中，就提出了“以德为治，德主刑辅，礼法并用，宽猛相济”的主张。而对于当今皇帝，他提出的建议是“以德服人，天下欣戴。以力服人，天下怨望。尧舜以德，则民爱君如父母；秦以力，则民视君如仇雠”。这也与孟子提倡的仁政思想异曲同工。客观来讲，范仲淹提出的实施仁政的思想，还未完全脱离古代儒家圣人们的言论范畴，但是他有一个优势是古仁人所无法比拟的，那就是范仲淹有机会也有能力将这种仁政思想付诸社会实践。

幸运的是，范仲淹生活在一个政治环境相对宽松的年代，他的这种思想也适应了时代要求，因为仁宗本人还是倡导德政和仁政的。《宋人轶事汇编》里面记载了两则轶事，可以从侧面说明仁宗的“仁”绝非言过其实。

一则轶事叫“皇帝夜饥”。说的是有一天早上，仁宗对近臣抱怨：“朕昨晚没睡好觉！”近臣闻言大惊：“陛下何故睡不着觉？”仁宗答道：“因为半夜饥饿难忍，想吃烤羊。”近臣问道：“陛下为何不将这件事情告诉宫人？让他们准备即可。”仁宗答道：“我听说只要宫里索取某样东西，哪怕只有一次，以后都会成为惯例。我如果半夜想吃烤羊，宫人遵旨照办，以后会害死几多生灵？会折腾多少天下百姓？既然如此，我宁可饿肚子。”众人闻言高呼“万岁”。

第二则轶事叫“皇帝抠门”。说的是仁宗皇帝在后宫与宫人玩博彩游戏，每把只出一千钱，一旦输了，只留下五百钱，另一半还要拿走。宫人们就笑话仁宗：“官家太穷相，输都输不起，玩游戏也不肯尽兴。”仁宗说道：“你们知道这些钱是谁的吗？这是老百姓的钱，不是我的，我今天已经乱花了百姓一千钱。”

以上两则轶事虽然不见于正史，但是也可以证明仁宗皇帝属于有德之君，这是没错的。遗憾的是，他虽然有仁有德，守成的能力却很欠缺。他在位 42 年，庸碌无为，无力改变祖宗制度，也无力力挽狂澜，让国家的隐患越积越多，最后酿成了靖康之耻。后人曾经写过一首诗，如此评价他，一点都不客气：“农桑不扰岁常登，边将无功吏不能。四十二年如梦觉，春风吹泪过昭陵。”评价得还算比较恰当。

其次，对范仲淹影响最大的还有易学中无处不在的忧患意识。孔子在研究《易经》的过程中，就曾经发出过疑问：“《易》之兴也，其于中古乎？作《易》者，其有忧患乎？”意思是，易学的兴起，是在中古殷商末年吧？那个创作《周易》的人，大概心怀忧患意识吧？孔夫子之所以有这一问，是因为他从《周易》的字里行间读出了满满的忧患意识。而《周易》也确实是一部讲忧患意识的书，它告诉人们“生于忧患，死于安乐”，事物会盛极而衰，也会否极泰来。在条件不成熟的时候，要耐得住寂寞，不断磨砺自己，要“终日乾乾，与时偕行”。在自己春风得意的时候，要注意潜藏的危机，提前做好应对准备。如果能够做到“飞龙在天”，那是人生快事，但是也要注意“亢龙有悔”，别摔大跟头，弄得鼻青脸肿。《易经》告诫人们要“知进知退，知存知亡，知得知丧”。

对于范仲淹而言，忧患思想贯穿了他施政和为官的始终。只因为时时刻刻心存忧患，他才能比别人更能洞察社会本质，看到隐藏在虚浮繁华背后可怕的社会危机；才能做到振臂高呼，惊醒那些还躺在假象中做梦的人；才能奋不顾身带领有识之士与时间赛跑，想用改革手段将危机消除；才能面对满朝谗言临危不惧，为了社稷稳固，舍身力谏；才能将个人荣辱置身度外，即使多次被贬，也要坚决与败坏国纪朝纲的庸官奸臣做斗争！

再次，易学对范仲淹的另一个影响就是通变思想。《周易》认为，整个自然界都处于一个永无休止的无穷变化的过程中，所以用“通变”概括了客观世界运转变化的基本属性。《易经》中有一句话，经常被范仲淹引用，那就是：“穷则变，变则通，通则久。”这句话真正揭示了自然界的通变本性。《周易》认为，客观世界处于永恒变化中，无休无止。“变”，体现着客观世界变化的必然性。只有认识和把握客观世界的变化本质，认识水平才能达到很高的层次，即所谓“穷神知化，德之盛也”。《易经》进而将通变理念引申和推广到社会历史领域，提出了“穷神知化，革故鼎新”的社会变革理念，用不断变革的观点阐述了天地万物一直在辞旧迎新，人类社会也不例外。

《易经》中“穷神知化，革故鼎新”的思想擦亮了范仲淹的眼睛，让他能够以不断变化和发展的目光观察社会，进而发现了如今的北宋王朝绝非表面那么光鲜：“今四方多事，民日以穷困，将思为盗，复使不才之吏临之，赋役不均，刑罚不当，科率无度，疲乏不恤，上下相怨，乱所由生。”范仲淹告诉处于深宫中的皇帝，如今国家并不太平，老百姓一天比一天穷困，很多都想着去做强盗，在这种情况下，再让一些庸官去治理百姓，赋税和徭役不公，使用刑罚不当，横征暴敛，对贫苦无依的民众也不体恤，上下互相怨恨，这就是祸乱的根源。

面对这种不断爆发的危机，范仲淹毅然上疏陈事，建议朝廷“明黜陟、抑侥幸、精贡举、择官长、均公田、厚农桑、修武备、覃恩信、重命令、减徭役”，提出了变法革新、革除时弊的主张。并警告道：“若不变法更新，革除弊政，则国家无以振兴，民生莫能拯救。”在范仲淹看来，当天下之理被阻塞的时候，就需要思考变通之道，如果能够及时变通，就会成就长久之业。赵宋王朝革除五代之乱，富有四海，如今过去了 80 年，纲纪制度，日削月侵，很多官员被堵在下层不能升迁，而老百姓日渐穷困，西夏夷狄骄盛，国内盗贼横行，再不改弦更张，就晚了！

最后，《易经》中对范仲淹产生重大影响的还有损益思想。损益思想是《易经》的重要思想观念，我们最熟悉的一句话就是“满招损，谦受益”。《周易》有“损”“益”之卦，而《彖传》上说道：“益，损上益下，民说无疆。自上下下，其道大光。利有攸往，中正有庆。利涉大川，木道乃行。益动而巽，日进无疆。天施地生，其益无方。凡益之道，与时偕行。”这段话晦涩难懂，佶屈聱牙，犹如天书。大概意思是，所谓增益，指的是减损君主的好处，而让百姓受益，则民众将会欢欣鼓舞。君主以谦卑的态度对待民众并给予恩惠,那么这种道义必将大放光芒,为万民传诵。对百姓施行惠政的君主如果刚中纯正,会有福报。增益还能够帮助人们涉越大江河流,犹如木舟渡水,征途通畅。百姓获得利益高高兴兴,君主施以恩惠谦逊礼下,那么带来的好处就是国家日新月异,繁荣富强。君主对百姓施以仁政,就像上天将恩惠降临人间,让大地受益化生,遍及四方。增益所体现的道理,需要配合其时,才能施行得当。由上可以看出,“损”“益”主要讲的是统治者的治国理念,也就意味着损益之道是王者的治国之道。

《易经》中包含的损益之道是如此重要,但是并不被大多数人所熟知,以至于孔子读《易》,看到“损”“益”章节,喟然而叹。他的弟子子夏问道:“夫子为何叹息?”孔子说:“‘自损者益,自益者缺’,遇事谦让的人会获得好处,处处与别人争夺利益的人最后反而吃大亏,我是在感叹这个道理啊!”紧接着孔子给子夏讲了谦虚损益的道理,概括起来就是:对于善于学习的人,只要虚心接受别人的意见,就会有所收获。如果骄傲自满,那么天下所有正确的建议就听不进去了。对于君主而言,保持谦恭的态度能够让国家长久治安。“日中则昃,月盈则食。天地盈虚,与时消息”,天地变化,日盈月亏,都是一种客观规律,明白了“损益”之间的辩证关系,即使是圣人也不敢骄傲自满。

范仲淹对《易经》的损益之道理解得非常透彻,将损益之道用在了解释君主与民众的关系上,并提出了独特见解:百姓在下,君主在上,百姓是国家的根本,根本稳固了,则国家就会安定兴旺。如今朝廷对百姓横征暴敛而不加以体恤,其实是在做涸泽而渔的蠢事,伤害百姓利益,就是伤害了国家的根本,久而久之,国家危机就会到来。朝廷从百姓那里获取税收等利益,要有一定的限度,在百姓的可承受范围之内,民众还是欣然服从的。如果搜敛无度,即使山川大海,时间一长也会枯竭,何况老百姓呢?有一句谚语说得好,“川竭必山崩”,这是一种危机到来之前的征兆。因为民力已经枯竭,导致整个国家衰败。“百姓不足,君孰与足?”百姓不富足,国家怎么能富足呢?因此,损害一些朝廷百官和君主的利益,让老百姓获取一定的好处,这才是本固邦宁的根本,也符合《易经》中所表达的损益思想。

第五节 修己安人,廉洁方正

正国先正家,正家先正人,正人则以修身为目标,修己才能安人,这是传统优秀文化留给我们的宝贵财富。

孟子曾经说过:“人有恒言,皆曰‘天下国家’,天下之本在国,国之本在家,家之本在身。”家风和国风是密不可分的,国以家为单位,家以国为寄托,塑造良好的家风,并加以宣传,推而广之,就能改变整个国家的风气。而塑造良好的家风,培养有德行的人是重中之重。培养良好的德行,首先从修身开始,而修身水平的高低,与树立正确的志向直接相关。

蜀汉丞相诸葛亮在《诫外甥书》中谆谆告诫“夫志当存高远”,否则会“徒碌碌滞于俗,默默束于情,永窜伏于凡庸,不免于下流矣”。可见,高远之志,是修身正人的第一要素, 也是区分优秀与平庸的关键所在。他的另一句千古流传的名言“淡泊以明志,宁静以致远”更是脍炙人口,勉励着无数后人。诸葛孔明是古代读书人的楷模,实现了入相治国的理想,他的两个儿子也先后为蜀汉捐躯。长子诸葛乔在北伐押送粮草的漫漫征途中殉职;次子诸葛瞻最后战死绵竹,也算死得其所,光耀汗青。

儒家有句名言是古往今来有识之士为之奋斗的目标,那就是“修身,齐家,治国,平天下”,这也是典型的从正己到正人的过程。然而,立高远之志容易,亲自践行难。能够将理想和志向完全实现的只有极少数人,能够以超高的道德准则约束自己、超越自己,达到人生巅峰并名传后世的人更是寥若晨星。

那么原因是什么?我们可以从一些流行的言论中略窥一二。有些人看到古代仁人志士的事迹,总是喜欢说一句话:“他遵循和秉持的道德理念不适用于普通人。”那意思是说，不要用圣人的超高标准要求一般百姓，言外之意就是，没有几个人有那么强大的意志力完成那些目标，成就宏图伟业。这明显是自甘平庸之语，然而说这番话的人，又不承认自己就是平庸之辈。

每一个在历史上获得成就并流传千古的人，一开始也是和你我一样的普通人。然而，他们通过严于律己、修身养性，用强大的意志力和自我约束精神，终于突破了平庸，一览众山小，达到了人生辉煌的顶点。实际上，古代仁人志士和普通人在资质和学识上并没有太大区别，唯一的差别就是，前者始终如一地付诸行动，百折不挠地加以坚持；而后者意志薄弱，浅尝辄止、半途而废罢了。

在儒家和道家经典里，关于修身的言论俯首可见。那些言论，为读书人树立了很高的道德标杆，如要实现之，需要拥有超人的勇气和舍我其谁的精神。比如《道德经》里说：“修之于身，其德乃真；修之于家，其德乃余；修之于乡，其德乃长；修之于邦，其德乃丰；修之于天下，其德乃普。”这段话意思是，用正道修养自身，那么他的德行就纯真；用正道修养一家，那么他的德行就会充裕；用正道修养一乡，那么他的德行就会长久；用正道修养邦国，他的德行就会丰硕；用正道修养全天下，他的德行就会普照大地。这番话与儒家倡导的“修身，齐家，治国，平天下”相类似，都表明了修身的重要性以及从“修己”到“修天下”的过程。

战国末期的大儒荀子则说道：“好法而行，士也；笃志而体，君子也；齐明而不竭，圣人也。”爱好礼法而能行其事的，是士人；志向坚定而能身体力行的，是君子；智虑敏捷而不枯竭的，是圣人。可见，能够坚定志向并且矢志不渝地加以身体力行的人，已经超越了一般的读书人，是为君子。如果用上面这番言论对照范仲淹的事迹，我们就会一目了然，范公不但是古代读书人的楷模，在千秋万代之后，仍旧是翩翩君子，让我们如坐春风，心向往之。

范仲淹之所以让后人念念不忘，绝非一篇文采飞扬的《岳阳楼记》那么简单，而在于他的修养和品德已经远超常人，他的廉洁自律让后世贪腐之辈无地自容，他的清贫自乐让无数追求锦衣玉食之人羞愧难当，他的丰功伟绩千余年来让亿万民众念念不忘。

范仲淹修己安人、廉洁方正，他也用这种思想教育家人和弟子们。在他的晚年，写过一篇《家训百字铭》，可以让我们一窥其教育思想精华：

孝道当竭力，忠勇表丹诚；兄弟互相助，慈悲无过境。勤读圣贤书，尊师如重亲；礼仪勿疏狂，逊让敦睦邻。敬长与怀幼，怜恤孤寡贫；谦恭尚廉洁，绝戒骄傲情。字纸莫乱废，须报五谷恩；做事循天理，博爱惜生灵。处世行八德，修身率祖神；儿孙坚心守，成家种义根。

在这种严格的家风熏陶下，他的四个儿子范纯祐、范纯仁、范纯礼和范纯粹都做出了一番成就，其中他的二子范纯仁在仁宗皇佑元年（1049）进士及第，后来知襄城县，官拜侍御史、同知谏院，出知河中府，徙成都路转运使。宋哲宗登基之后，拜官给事中，元祐元年转拜同知枢密院事，后官拜宰相。他历任仁宗、英宗、神宗、哲宗、徽宗五代帝王，获得的地位比其父范仲淹还高。他一生谨记父亲的教导，即使官拜宰相，家风依旧严谨，曾经说过“唯俭可以助廉，唯恕可以成德”，这也是对范仲淹勤俭廉洁精神的继承与发扬。

范仲淹毕生以天下为己任，不以一心之戚而忘天下之忧，通过儒家经典的熏陶，努力修身正己。不管是在淄州长白山醴泉寺“断齑画粥”苦读两年，还是在南京应天府书院“糜粥不充，日昃始食”的五年苦行僧生涯，都磨炼了他的意志，振奋了他的精神，并作为他教育思想中宝贵的馈赠沉淀下来了。

范仲淹进士及第之后，他首先担任广德军的司理参军，官小禄薄，却两袖清风，秉公断案，与太守争是非，坚持真理，最后贫穷得只剩下一匹马。因为家无余财，清苦异常，他 27 岁中进士，到了 35 岁那一年才迎娶应天府楚丘人太子中舍李昌言的长女为妻，可见其入仕之初生活之艰难。但是贫穷并不能改其志，官小也不能挫其气。虽然位卑，他依旧心怀天下，多次越级上疏，最后被宰相王曾相中，经过晏殊推荐，当了京官，这才有了更加宽阔的政治舞台。

在范仲淹俸禄丰厚之后，依旧勤俭持家，甘愿过清贫生活，对家人约束特别严，严禁奢靡浪费，但是对需要帮助的族人和友人，却慷慨大方，一掷千金。他的高尚人格验证了《道德经》里的一句话：“是以圣人后其身而身先，外其身而身存。以其无私，故能成其私。”意思是，圣人把自己置于众人之后，却能得到大家的推崇而占据先机；把自己置之度外，却能够保全自己。因为自己的无私，反而能成就自己的事业。范仲淹这种高尚无私的人品和他的行为确实与《道德经》的说法不谋而合。

在范仲淹的晚年，他曾经对劝说自己多置家产的友人说过：“我之所以在官场大起大落，数次被贬，却没有性命之虞，只因为我能够忍穷罢了。”一个“忍穷”，道出了生活的真谛。这句话绝对是肺腑之言，也是范仲淹一生坎坷却能保全自己的为官之道。与其他官员对比就能看出来，范仲淹绝对是一位具有大智慧的人。就拿真宗在位之时的寇准与范仲淹做个比较，看看二人的政治智慧孰高孰低。

寇准在澶渊之盟以后，因为功劳非常大，被真宗所倚重，官拜宰相，可谓权倾朝野，一时风头无二。而寇准本人不喜清贫，生活奢侈，酷爱美酒美食，喜欢大排场，家居豪华，奴仆众多。当时不仅寇准在生活上有奢靡习惯，整个北宋官场的风气就是如此。就连范仲淹的恩师晏殊，一辈子也是过着锦衣玉食的奢华生活，从来不知道清贫为何物。在这种奢靡之风泛滥的情况下，范仲淹固守清贫家风，绝对是一个异类。然而，寇准权高位重，得到皇帝宠幸，令其他同行嫉恨不已。先是王钦若给真宗上谗言，让寇准罢相，后来丁谓又成了寇准的死对头，两人不断钩心斗角，最后被封为莱国公的寇丞相从正一品一路翻着跟斗被贬为从九品，发配到了雷州半岛，并死在了那里。

对于寇准从如日中天到跌进无底深渊的悲惨结局，欧阳修曾经一针见血地说出了原因：“寇莱公之所以下场如此不堪，是因为他老而不退，太贪恋权力了。”我们不妨假设一下，如果范仲淹修己不正，贪恋权位和荣华富贵，那么他不可能那么不识时务，先是冒犯刘太后，紧接着触怒宋仁宗，接着又将当朝宰相吕夷简气得暴跳如雷。何必给别人添堵呢？做个官场不倒翁多好。只因为他的所作所为，没有一丝一毫是为自己的利益着想，这才赢得了天下士人和官员们的尊重。即使是被他气得死去活来的吕夷简也不得不承认，范仲淹绝无一点私心，都是为了大宋王朝奔走呼号，否则历史上早就没有范文正公这个顶天立地的人物了。

范仲淹甘于清贫并且能够忍穷的思想和行为，也被比他小20多岁的王安石所继承和发扬。范仲淹开启了北宋王朝改革的第一棒，王安石作为接力手掀起了改革的第二波浪潮。在神宗熙宁变法过程中，王安石有一种“拯救天下，舍我其谁”的拗劲，在皇帝的大力支持下，几乎是“神挡杀神、佛挡杀佛”，不管是敌人还是朋友，只要阻挡变法，收拾你没商量。结果，神宗死后，变法失败，王安石集团被清算，除了王安石自己，其余的人全部被列入了《奸臣传》。那么为何王安石却安然无恙呢？原因只有一个，他行得端、坐得正，个人品格超凡，道德自律无人能比，生活清贫，家无余财，并且是一代文化宗师、“新学”奠基人。说白了，攻击他的人很难在私生活上找到可以攻击他的破绽。一个“修身”，一个“忍穷”，保全了王安石的名声。

《道德经》有一句话说得好：“我有三宝，持而保之：一曰慈，二曰俭，三曰不敢为天下先。慈，故能勇；俭，故能广；不敢为天下先，故能成器长。”意思是，我有三件宝贝，加以守持和保存，第一是慈爱，第二是节俭，第三是不敢处于天下人的前面。只有慈爱，才能够勇敢；只有节俭，才能够宽广；不敢处于天下人的前面，才能够成为万物的尊长。这句话可以同上面的例子对照着看，别有一番味道在里面。

范仲淹严格的清贫家风，在几则轶事里体现得淋漓尽致。《宋名臣言行录》记载，范仲淹的二子范纯仁娶妻，儿媳妇还没进家门，范仲淹就听说新妇不但自己喜欢穿绫罗绸缎，而且连房间里床上的帷幔也是用绸缎做成的。范仲淹闻听此事后，非常不高兴，说道：“我们范家素来生活清贫简朴，谁敢乱我的家法，我一定会将那些绫罗绸缎当庭全部烧掉！”范仲淹狠话一出，新娘子胆战心惊，赶紧将身上穿的光鲜衣服换成麻布料，新婚的房间也不敢用绫罗绸缎了。范仲淹这才面有喜色，连连称赞：“这才是我们范家的好儿媳。”

范仲淹后来虽然身居高位，但是勤俭的习惯丝毫没丢，每天晚上睡觉之前，他都要仔细计算一下当天的生活开销。如果数字能够对得上，则倒头便睡，鼾声如雷；如果数字对不上，他会失眠一晚上，一直琢磨问题出在了哪里。只有第二天将所有账目对完无误之后，他才能放下心来。

范仲淹虽然律己律家甚严，从不乱花一分钱，但是对族人和朋友，却非常慷慨。他曾经对范氏宗族子弟们说道："我们吴县的范氏宗族人数众多，虽然和我有亲疏之分，但是我们都是一个祖宗，我岂能看着他们贫寒而不相助？况且因为祖宗积德百余年，这才有了我的荣华富贵，我岂能独享而不恤宗族？那样的话，百年之后，我有何面目去见列祖列宗啊。"范仲淹轻财好施，为了资助族人，专门在苏州附近买了数千亩地，兴建义庄和义学，开启了后世各大宗族建立义庄资助族人的先河，先后持续了 900 多年，一直到清末才彻底消失。

范仲淹不仅对族人不惜花费巨额金钱，对处于危难之中的好友也一样慷慨解囊、毫不吝惜。范仲淹在睢阳的时候，派遣他的二子范纯仁到苏州用船运 500 斛小麦。那时候范纯仁才十几岁，从苏州将小麦装船之后，一路顺流直下，中途停靠在了丹阳郡。在那里，范纯仁邂逅了父亲的一位好友石曼卿。石曼卿是北宋非常有名的诗人，但是家境贫寒，与范仲淹很投缘，两个人交往很久。范纯仁就问石曼卿来到丹阳郡有多少时日了，石曼卿回答已经逗留两个月了。范纯仁很惊讶，就问为何在这里逗留这么长时间。石曼卿长叹一声，说自己的三位亲人去世，本来想在这里薄葬，却身无分文，如今陷入困顿，叫天天不应，叫地地不灵。范纯仁二话没说，将 500 斛麦子连同船只一起送给了石曼卿。他自己则骑了一匹马抄近道空手而归。

回到家里，他不敢将这件事情告诉父亲，只身垂首站在一边不说话。范仲淹就问道："纯仁，在吴县见到老朋友了吗？"范纯仁答道："我在丹阳郡遇见了石曼卿，他家里死了三口人，没钱安葬。"范仲淹说道："为何不将小麦和船送给他？"范纯仁这才回答："禀告父亲，我早就已经送给他了。"可见，虎父无犬子，范仲淹父子二人的心是相通的。

范仲淹对友人和族人能慷慨解囊，那么他对自己的部下如何呢？答案是他照样会大力资助。就在范仲淹知越州（今浙江绍兴）的时候，他手下一名叫孙居中的功曹不幸去世，留下两个幼子和年轻的妻子，长子刚刚 3 岁。一家人突然失去了顶梁柱，很快就面临灭顶之灾。范仲淹听到这个消息后，立刻捐出了 100 缗的钱，还号召其他官员解囊相助。为了顺利送孙居中的灵柩回到家乡，范仲淹专门安排了一条大船以供差遣。由于沿路很多关卡，为了保证大船不受干扰，他还特意写了一首《孤儿扶丧》,交给护送人员,告诉他们,只要关卡检查,就拿出这首诗给他们看,就当是通关文牒了。这首诗写道:"十口相将泛巨川,来时暖热去凄然。关津若要知名姓,定是孤儿寡妇船。"

范仲淹一生谨守清贫,为官廉洁方正,不但在当时就是为官之人的楷模,千年以后,也照样让当今很多官员自惭形秽。

宋仁宗在位的42年,也是北宋王朝从强盛走向没落的转折时期,即使有后面的四代帝王努力经营,想改变现状,但都没有成功。北宋王朝不像大唐帝国,在极盛时期由于安史之乱才由盛转衰、一蹶不振的,它是自己缓慢地滑进了亡国深渊。从仁宗去世的1063年,到北宋亡国的1127年,时间仅仅过去了64年,帝国大厦便分崩离析,徽、钦二帝被抓到苦难之地,受尽了折磨,最后死在了那里。皇室宗族除了康王赵构之外也全部死于非命,帝姬(公主)和宫人被卖身为妓为奴,国家百余年积累的财富,一朝被抢劫殆尽。亡国之惨,痛彻心扉。

而这种缓慢走向灭亡的过程,犹如温水煮青蛙,让很多人意识不到亡国的危机,即使有范仲淹、王安石等名臣看到了帝国隐藏的危机,但是已经积重难返,朝中少数忧国忧民的大臣根本不是既得利益者和保守力量的对手。他们即使想挽救帝国于累卵,也是心有余而力不足,空有报国志,难挡虎狼心。

贪渎腐化是灭亡北宋王朝的第一刽子手。范仲淹担任低级官僚的13年里,就已经对官场贪渎腐化之风深有感触。他在天圣三年(1025)给丞相王曾的《上执政书》里面,对这种现象给予了揭露:"某又观今之郡长,鲜克尽心,有尚迎送之劳,有贪燕射之逸。或急急于富贵之援,或孜孜于子孙之计。志不在政,功焉及民!青素之人,非缘嘱而不荐;贪渎之辈,非寒素而不纠。"范仲淹大声疾呼:作为一郡之长,他们是管理着几十万老百姓的地方长官,称不称职呢?请看,这些人为官,根本不为当地百姓尽心尽力,而是将主要精力都放在迎来送往、喝酒娱乐等上面了。他们或者急吼吼找一个靠山,为自己的富贵之途铺路,或者孜孜不倦地为子孙谋私利,心思根本就没放在政事上面。对于老百姓而言,何功之有?那些清廉素洁的有识之士,如果没有关系,根本就不会被荐举;而那些贪渎腐化之辈,只要不是寒门贫子,则根本就不会被追究。底层的才能之士因此遗失草泽,官居高位的贪渎之人却加官晋爵畅通无阻。长此以往，真是国将不国啊！

作为一郡之长尚且如此，那么管理着几万人的县令会是什么样子呢？说出来更加不堪："某观今之县令，循例而受，多非清职之士。衰老者为子孙计，则志在苞苴，动皆徇己；少壮者耻州县之职，则政多苟且，必举近名。"当今的县令，大都是靠着磨勘制度论资排辈上来的，都不是清廉之士，混吃等死，哪里还有干事的动力？那些年老的县令，为了子孙的富贵，给上级行贿送礼，营私舞弊；那些年轻的县令则根本就不屑在那个位置上常待，做官敷衍了事，特别急功近利，不想做实事，只想博取虚名，为官运亨通积累本钱。

郡县两级地方政府如此不堪，以致徭役不均、刑罚不公，利民之事无人去做，害民之事袖手旁观，鳏寡孤独无人救济，游手之徒无人管束，民田荒芜五谷不登，孝悌之人无人褒奖，这样的县令在全国范围内占了十之七八，长此以往，天下的老百姓还有活路吗？国家的兴旺发达岂不是空谈？

那么，如何才能革除这些弊端，让真正有才能的人士发挥作用，剔除这类庸官冗官呢？有办法，那就是大力兴建学校，积极发展教育，培养优秀的人才，让他们修身正己，懂得"政者为民而设，民者惟政是平"的道理。执政之要在于勤，为政之要在于慎。为政的关键还要廉洁奉公，然后才能治国、惠民、安天下。

第六节　办学兴教，明体达用

“百年大计，教育为本”“十年树木，百年树人”，这些脍炙人口的教育口号都展示了教育对国计民生的重要作用，而“知识改变命运”，也说明接受教育后会有更多的机会去实现人生的目标，通过获取更多的社会资源，达到马斯洛所说的自我价值的实现。这些教育思想和理念，不但适用于现在，也适用于1000多年前的北宋时代。

在范仲淹于庆历三年（1043）任参知政事、开启社会改革之前数十年的岁月里，教育一直是萦绕在他心头的头等大事。作为一个通过勤学苦读脱离布衣贫贱之身而获取社会地位的人，他深知，办学兴教不但能改变读书人的命运，也会改变整个国家的命运。那么，在范仲淹所在年代以及之前，北宋的教育是个什么状况呢？其实非常不堪。

北宋初年的太祖时代，由于连年南征北战，努力开拓疆土，无暇顾及教育。在太宗在位的21年里，也是倾全国之力数次北伐契丹，想要夺回燕云十六州，双方实力不相上下，你来我往，战争断断续续持续到了宋真宗景德元年（1004）。直到宋辽签订了澶渊之盟，战事才最终结束，但朝廷也没有将教育作为基本的国策去执行。宋真宗在位的25年时间里，将大部分精力和国家财力虚耗在建道观、降天书、设道场等毫无意义的装神弄鬼上面，将两朝积累的财富挥霍殆尽，更是没有意识到发展官方教育的重要性。

这里所说的教育，不单单是指朝廷八品以上官员子弟的贵族教育，也包括覆盖社会各个阶层的普及教育。对官员子弟而言，朝廷有国子监和太学供他们求学之用，自不必担心。但是面向普通百姓的教育，官方兴办的学校则是一片空白。也就是说，在北宋兴旺发达了80多年后，官方主导的民众普及教育基本是零！

当我们注意到这个不可思议的事实之后,也许很多人都会问一个问题:都说北宋王朝是读书人向往的黄金时代,如果朝廷根本就没有开办学校,那些考取功名的读书人又是在哪里求学的呢?答案是:私人办学弥补了这个空白。但是私人办学有个先天不足,那就是师资力量良莠不齐,遇见有学问的名家大儒,学生接踵而至,比如应天府书院就是天下学子们向往的圣地。而那些一知半解的乡村教书先生,也只能承担对幼童发蒙的教育,想要培养能千军万马过独木桥,杀出一条血路的高级知识分子,基本没有可能。虽然应天府书院的教学质量最高,但是全国范围仅此一家,远远无法满足读书人的需求。其他书院的教学质量和考中进士的人数,根本没法和应天府书院比。

北宋王朝改革科举制度,抑制权贵子弟,以免他们借助庞大的关系网与平民子弟争名额,疏通了布衣平民的上升渠道。但是朝廷只管取士、不管教育,就相当于农人只管收获、不管耕耘,这明显是有问题的。况且按照进士科取士的高标准,每次应试考生数千人,能够达到录取标准的也仅仅几十人。唐末落第秀才王仙芝和黄巢因为久试不第而愤怒造反,最终埋葬了唐王朝。鉴于此,北宋朝廷不得不人为降低录取标准,以便将更多的读书人收入囊中。这样做对读书人是一大利好,但是取士的质量却差了太多,一些水平不高的人,即使当了官,也很难成为优秀官员。

说起北宋初年读书人普遍学识不高的事情,还有一则轶事可供参考,看完我们就会明白,当时的进士和状元到底是何种水平。宋太宗淳化三年(992),太宗皇帝主持殿试,并亲自命题,分别考诗、赋、论,其中赋的题目叫《卮言日出》,诗的题目叫《射不主皮》,论的题目叫《儒行》。参加殿试的考生都是通过省试的一流人才,经过皇帝这关,就可以分出进士科一、二、三等,一等第一名就是状元。这些人从数千考生中杀出一条血路,终于有资格站在皇帝面前应试,大家都跃跃欲试。没想到,等拿到题目一看,瞬间都傻眼了。几百名考生,竟然没有一个人明白"卮言日出"是什么意思,更不知道这句话出自先贤的哪本著作。怎么办?不知道题目的意思,不可能答题啊。大家急得抓耳挠腮,最后实在没办法,便联合起来推举一个叫孙何的考生向太宗皇帝求教。孙何率领数百名考生,呼啦啦拜倒在阙下,恳求道:"请陛下告知'卮言日出'的含义和出处吧。"

太宗得意地微微一笑，说道："以前殿试，考生都是以快取胜，这种歪风不能助长，所以朕本次特意出了一道题，以考察学子的水平。题目是偏了点，但是如果熟读经典，还是能答上来的。既然大家都不知道，那我就提醒一下吧，这句话出自《庄子·寓言》：'寓言十九，重言十七，卮言日出，和以天倪。'"众考生这才恍然大悟：原来这句话出自道家的经典《庄子》，是庄周对自己作品的一种谦辞，认为自己写的著作只是一些每天随口而说的言论罢了。

在这次殿试之后，孙何获得状元称号，真宗年间官拜宰相的丁谓，取得了第四名。从这则轶事中，我们可以获取以下几点信息：第一，太宗年间，治国还是以黄老"无为而治"思想为主导，让百姓休养生息，儒学并不发达。这种崇尚黄老的行为，在真宗年间达到了登峰造极的地步。若不是柳开、王禹偁、穆修、范仲淹、"宋初三先生"等人借助古文运动复兴儒学，也许传承了千年的儒学真要关门大吉了。第二，宋初的读书人普遍水平不高，几百名进士，在官方以黄老思想为主导治国的情况下，竟然没有一个人熟读《庄子》，这实在说不过去。第三，孙何等人的表现，真实地展现了宋初民间教育的水平。

眼光、境界和水平的高低，直接决定了官员治理天下能力的优劣。想想看，北宋王朝这艘大船就被一批眼光、境界和水平不高的人驾驭着，翻船是早晚的事情。这就是教育不发达带给国家的潜在危机。

北宋王朝为了收买读书人，科举取士标准宽到了什么程度？举个例子就可以一目了然。在唐代，每次进士科取士仅仅二三十人。到了北宋初年，录取名额就增加十倍之多，一般维持在 200 到 300 人，但多的时候达到五六百人。宋太宗雍熙二年（985），除了正式录取的进士之外，对于落第的考生再次进行了选拔，给予做官机会，再次进士及第几百人。到了宋真宗咸平三年（1000），有资格参加殿试的考生高达 840 人，除了这些人之外，还有 900 多人参加附试，也叫"特奏名"，这是对多次参加省试却被刷下来的考生的一种优待措施，让他们也有参加殿试的机会。

一般而言，只要参加完殿试，录取比例就非常高了，但还是有落第的考生，一些倾家荡产、孤注一掷读书参加考试的落榜生，由于贫苦无依，走投无路，没脸面对家人，很多人都投河自尽了。再到后来发生了一件事情，让朝廷再次改革考试制度，参加殿试的所有考生都能做官，百分之百录取。当时有个贡生叫张元，多次考过省试，但是一到殿试就被刷下。最后，被折磨得差点精神崩溃的张元拍案而起，一怒之下投靠了西夏元昊，为其出谋划策，攻打北宋。后来范仲淹在仁宗康定年间因为西夏入侵经略陕西，打响边疆保卫战，就是这个叫张元的落第考生惹出来的祸端。而范仲淹、韩琦等北宋名臣，在西夏战场实际上就是和张元在斗智斗勇。

还有一件事情，在宋太宗年间，有一个叫赵昌国的考生自认为身负大才，要求参加百篇科考试，这应该属于仅次于进士科的制科考试。考试要求考生在一天之内完成百篇诗文，这可是个不小的工作量，既能验证考生真才实学，又能验证考生的体力。宋太宗欣然应允，就亲自为他出题，拟定了二十个字，让他以每个字为题，各写五首律诗。赵昌国从早晨忙活到晚上，累得筋疲力尽，也没有完成预定任务，仅仅写完几十首，水平也很一般。但是太宗还是很欣赏他的勇气和认真精神，特赐他进士及第。综上所述，我们就会深刻感受到，北宋王朝对读书人真是恩宠有加啊！

北宋王朝只管取士、不管教育的做法引发的社会危机，到了范仲淹进士及第的时候，已经非常严重了。“今朝廷久无忧矣，天下久太平矣，兵久弗用矣，士曾未教矣，中外方奢侈矣，百姓反穷困矣。朝廷无忧，则苦言难入；天下久平，则倚伏可畏；兵久弗用，则武备不坚；士曾未教，则贤材不充；中外奢侈，则国用无度；百姓穷困，则天下无恩。”范仲淹可谓头脑清醒，眼光精准，一针见血。他清楚地看到了教育不发达引发的种种问题。因为私学教学质量不高，官员只会机械地背诵“六经”，却无法拿来经邦济世；因为教育的缺失，官员普遍修养不高，在大是大非面前稀里糊涂，把持不住自己，很快就堕落成贪赃枉法、醉生梦死的蛀虫。让官员知道礼义廉耻，知道舍生取义，知道以天下为己任，就要从最基础的教育抓起。而抓教育，首先就要从官办学校开始。因为学校乃王政之本，要想治天下，必先崇学校。

因此，在范仲淹还无籍籍名之时，就在给朝廷中枢的《上执政书》中呼吁道：“用而不择贤，孰进焉？择而不教贤，孰继焉？宜乎慎选举之方，则政无虚授；敦教育之道，则代不乏人。”朝廷只知道使用贤能之士，却不管如何选才，即使通过科举制度选拔了贤能之士，却不知道如何育才，这些贤才可不是从天上掉下来的。因此，应该谨慎采取科举取士的办法，选拔优秀官员，有的放矢，才不会将官职给错了人。只有在地方普遍建立官办学校，才能使得人才前赴后继，为朝廷所用。这是范仲淹第一次提出办学兴教的重要性。

随后，他提出了初步办学的建议：“深思治本，渐隆古道，先于都督之郡，复其学校之制，约《周官》之法，兴阙里之俗，辟文学掾以专其事，敦之以诗书礼乐，辨之以文行忠信。”这样行之数年，就可以让“士风丕变”，这才是“择才之本、致理之基”。抓教育，要从根本抓起，要崇尚古人办学的理念，建议先在各个州郡按照《周官》之法建立官学，将地方的学风营造起来，再聘请博学大儒们担任教师，教学生《诗》《书》《礼》《易》《乐》等儒家经典，让学生能辨识文行忠信之道，这样用不了多久，社会风气就会大变。这才是选择良才的根本啊！

后来，范仲淹在执教应天府书院期间，通过晏殊的授意，他向朝廷举荐很有学问的王洙担任老师，在《代人奏乞王洙充南京讲书状》中，他继续阐述了兴办教育的重要性：“三代盛王，致治天下，必先崇学校，立师资，聚群材，陈正道，使其服礼乐之文，游名教之地，精治人之术，蕴致君之方。”这些话不难理解，总的意思就是，上古三代贤王，为何能治天下？为何有的还享国近900年？原因就是他们建学校、聘名师，招揽天下英才，传授天下正道。让他们接受儒家礼乐熏陶，在著名学府游学，学习治理国家的本领，能够为朝廷出谋划策，这培养的才是真正的有用人才。

在宋仁宗庆历三年（1043），范仲淹任参知政事，仍旧将办学当成一项重要的改革内容。“公意欲复古劝学，数言兴学校，本行实”，仁宗皇帝便召集近臣讨论此事，当时的中枢官员诸如宋祁、张方平、欧阳修、曾公亮、王洙、孙甫、刘湜等研究完办学问题之后，共同上奏，提出具体的实施建议。在将各位大臣的建议加以汇总和选择之后，朝廷确定了可行的措施，那就是“莫若使士皆土著而教之于学校”。朝廷很快便下令，让各个州郡都建立官办学校。已经有郡学的，继续加以维持；没有的，尽快建立。

范仲淹在写给朝廷的各类奏疏中，不但多次阐述了办学的重要性，还提出用学到的知识来治国的理念。“精治人之术，蕴致君之方”，这也是儒家所倡导的“明体达用”。所谓“明体达用”指的是，儒家的纲常名教就是万世不变的“体”，儒家的诗书典籍就是垂法后世的“文”。将“文”和“体”在实践中应用，就可以皇恩浩荡，泽被天下百姓，达到治国安民的目的。

到了天圣八年（1030），范仲淹42岁，其教育思想更加成熟。他给当朝宰相吕夷简上了一份《上时相议制举书》，再次畅谈国事，他说道：“夫善国者，莫先育材；育材之方，莫先劝学；劝学之要，莫尚宗经。”范仲淹这次是专门针对科举制度中的制科考试提出了中肯的建议，同时再次重申了办学的重要性。

所谓“制举”，就是制科考试，在北宋是地位仅次于进士科的考试，含金量也很高，同样进士及第。而制科考试选拔的很多人才，恰恰就是范仲淹一直倡导的经邦济世之才。

制科考试早在唐代就出现了，主要是为一些身怀异才的知名人士提供展示才能的机会。考试包括贤良方正直言极谏、博通坟典达于教化、军谋宏远堪任将率、详明政术可以理人等科目。参加考试的既有当朝官员，也有布衣百姓。在任的官员参加这类考试可以增加知名度，普通人参加考试可以得到步入仕途的机会。但是这类考试不被当时的人看重，即使制科登第，在进士科及第的人面前也抬不起头来。据传当时有张姓八兄弟，七个考中进士，一个考中制科，结果这个人备受歧视，七个兄弟都不屑跟他坐在一起。

到了北宋，制科考试依旧保留，但是地位和重要性大幅度提高，已经能够和进士科并驾齐驱了。考中制科的人，一样受人尊敬，比如北宋庆历名臣富弼，就是在范仲淹的建议下，参加了制科考试而一举登第的。北宋的制科取士开始于宋太祖乾德二年（964），包括三个科目，分别是贤良方正能言直谏、经学优深可为师法、详娴吏理达于教化。到了宋太宗时期，制科考试内容分为诗赋、论、颂、策、制诰。除了诗赋之外，其余都是偏重于实用型的内容。比如后来当了宰相的富弼，他的文学才华在北宋根本排不上号，让他参加进士科考试，准会一败涂地，然而他擅长写策论文章，阐述国家政事很有一套，具备吏治天赋，通过制科考试，成了一代治国名臣。制科考试的科目在太宗以后，一直在变化，并且严格限定参加考试的人员范围，主要是限制在职的官员报考。

范仲淹对儒家的“明体达用”之学比较推崇，他说道：“宗经则道大，道大则才大，才大则功大。如能命试之际，先之以‘六经’，次之以正史，该之以方略，济之以时务，使天下贤俊翕然修经济之业，以教化为心，趋圣人之门，成王佐之器。十数年间，异人杰士必穆穆于王庭矣。”范仲淹提出，学校教育学生，要以《诗》《书》《礼》《乐》《易》《春秋》等儒家经典为主，同时教授算学、工程、医药、军事等专科知识，培养有才、有道、有功的英才。这类人才不但大通“六经”之旨，还要懂得历史兴衰之道，掌握治国方略，能够学会处理当今的时务，活学活用，经世济民，成为“以教化为心，趋圣人之门，成王佐之器”的济世良才。最后朝廷人才济济，君子满堂，人人都德才兼备，个个是治国良才，“列于朝，则有制礼作乐之盛；布于外，则有移风易俗之善”。

其实早在唐代，学校除了教授儒家经典之外，还首次开设了专科学校，以培养实用人才。这是世界上最早开办的实用专科学校，比欧洲早了 1000 年。学校教授的科目包括算学、律学、医学、卜筮、天文、历数、漏刻、兽医、校书。其中算学指的是算术；律学指的是学习法典条文；医学包括中医科、针灸、按摩、药师等内容；漏刻就是学会制造计时工具；校书是校理典籍。

范仲淹这种培养经邦济世人才的教育思想，也是通过博览群书、借鉴古人的治学措施再加上自己思考得出的。宋代不但是文化盛世，在实用科学上也取得了长足进步，这与范仲淹大力倡导这种教育理念是分不开的。到了明、清两代，有识之士对实用科学也非常重视。比如明清之交的顾炎武就建议：“士当求实学，凡天文、地理、兵农、水火及一代典章之故，不可不熟究。”而清初思想家、教育家颜元则说：“博学之，则兵农、钱谷、水火、工虞、天文、地理，无不学也。”要求读书人不但熟悉儒家经典，还要学习天文、地理、兵农、工程制造等专业知识。从这两位大儒的言论中，我们可以看出，范仲淹首倡的培养经邦济世的实用人才的思想，对后世影响深远。

范仲淹之所以不遗余力地呼吁培养实用人才，也与当时官员只会耍嘴皮子而动手能力奇差有关。在当时的郡县之中,除了郡守、知府等朝廷委派的官员之外,剩下的都是小吏。在古代,官与吏是截然不同的两个阶层,存在着深深的鸿沟。官员大都是进士出身,优越感很强,自认为是精英阶层。而负责干活跑腿的小吏,大都是布衣出身,或者粗通文墨,可以当师爷和幕僚,比如"及时雨"宋江,就是郓城县衙负责起草文书的小吏;或者具备一定的工程建设经验,可以负责地方的工程施工;或者身强力壮,能吃苦,就当衙役和捕快,比如"插翅虎"雷横和"神行太保"戴宗。这些小吏虽然地位卑贱,但是能力很强,官府片刻都离不开他们。如果官吏关系融洽,那么地方会治理得井井有条。遗憾的是,大部分官吏之间都不和谐,官员看不起小吏的出身,小吏嘲笑官员只会夸夸其谈。由于官员不懂专业知识,很容易就被小吏所蒙骗,很多小吏就绞尽脑汁贪赃枉法、鱼肉百姓。历朝历代,对底层百姓祸害最大的其实不是受过高等教育的官员,而是那些狐假虎威的小吏。

我们可以讲个故事,展示一位不懂专业知识,甚至连图纸都看不懂的官员如何与小吏斗智斗勇。据宋人魏泰的《东轩笔录》记载,有一个叫许元的官员督造大船,每次检查用料的时候,都发现铁钉的消耗量非常大,比一般的耗材高出很多。他找来负责管理材料的小吏询问,小吏坚持回答造船的时候就是用了这么多钉子,只多不少。就这样你来我往,丝毫问不出结果。最后,这名官员用了一个谁也想不到的办法,揭穿了小吏的谎言。那么他用的是什么方法呢?是找来造船的图纸,仔细研究用料?还是再派一名心腹监督造船的小吏,伺机找到他贪污的罪证?或者找有经验的工匠,加以询问?统统不是!他采取了一个很极端的办法,放了一把火,将刚建好的船烧成了灰烬,然后将里面的铁钉都收集起来,清点数量,再和上报的用料核对,证明了小吏果然在贪污。这名官员还将实际用的铁钉数量定为标准,交由手下严格实施,终于一劳永逸地解决了这个问题。这则轶事在正史上也能找到。

看了这个故事,我们应该怎么评价这名官员呢?是喝彩还是质疑?而史书上对这名官员的做法大加褒奖,是作为一项政绩加以记录的。其实,即使站在当时的立场,这名官员做的事情也属于故意破坏公物。脑袋是很聪明,可惜没用在正道上,也没算明白铁钉和大船的价值。一艘船造价多少?被小吏贪污的铁钉价值几何?即使铁钉消耗量比实际多一倍,又能多花几个钱?岂能和一艘大船的价值相比？有很多种方法可以解决这个问题，但这名官员采用了极端的一种。这还是名留青史的官员，素质尚且如此，可以想见那些根本就入不了正史的其他官员了。由此可知，范仲淹提倡培养能够懂得专业知识的官员，有多么迫切和重要。

不过话说回来，即使范仲淹提倡的复合型人才培养出来了，朝廷通过什么手段进行选拔呢？当然是科举制度。但是在范仲淹那个时代，北宋的科举制度存在很多弊端，选拔出的大都是一脑袋糨糊的书呆子，只会舞文弄墨，吟唱风花雪月，或者只会机械地背诵经书。

范仲淹在《上时相议制举书》中说道："今文庠不振，师道久缺，为学者不根乎经籍，从政者罕议乎教化，故文章柔靡，风俗巧伪，选用之际，常患才难。"意思是，目前北宋教育存在的问题，一是学校少，二是师资力量薄弱，学生不明白经籍中蕴含的大道，当官的基本上不谈教化，写出的文章柔若无骨、无病呻吟，社会风气投机取巧、奸诈虚伪，朝廷选派官员的时候，常常感到缺乏人才。

既然存在这些问题，就要恢复已经停止的制科考试，但范仲淹担心的是，即使举行制科考试，还会存在以下问题："谓所举之士，皆能熟经籍之大义，知王霸之要略，则反屏而弗问。或将访以不急之务，杂以非圣之书，辩二十八将之功勋，陈七十二贤之德行。如此之类，何所补益！"范仲淹担心的是，一些有才能的人，懂得经籍的要义和王霸天下的策略，但是考官却不考这些，反而去问一些无关紧要的琐屑之事，诸如"茴"字有几种写法这类无聊知识，或者让考生谈一谈汉光武帝云台二十八将的伟大功绩，聊聊孔子七十二个弟子的德行。关键是考这些知识对朝廷有什么用处啊？"国家劝学育才，必求为我器用"，否则即使举办制科考试，也是劳而无功。

除了制科考试存在很多问题，含金量更高的进士科一样弊端多多。针对这些问题，范仲淹提出了一整套改革科举的措施，主要集中在写给仁宗皇帝的《答手诏条陈十事》的"精贡举"部分以及其他奏疏之中。他认为："国家乃专以辞赋取进士，以墨义取诸科"，势必造成"士子皆舍大方而趋小道，虽济济盈庭，求有才有识者十无一二"。要改革此弊，必须"教以经济之业，取以经济之才"。考进士要"先策论以观其大要，次诗赋以观其全才；以大要定其去留，以全才升其等级；有讲贯者，别加考试”，“进士先策论而后诗赋；诸科墨义之外，更通经旨。使人不专辞藻，必明理道，则天下讲学必兴，浮薄知劝，最为至要”。

上文中所谓“墨义”，指的是科举考试中让考生笔答经义内容，就是围绕经义及注释所出的简单问答题，一般有几十道。考生只要死记硬背经书原文，一般都能答上来，但是对理解经文的含义没有任何帮助。所谓“策论”，指的是科举考试中，以当前朝廷某个政治问题作为论点，写出自己的解决办法，属于向朝廷献计献策的文章。这类文章最考验学子掌握的知识深度和文笔水平。我们非常熟悉的传世名篇有西汉贾谊的《过秦论》、唐代柳宗元的《封建论》和宋代苏洵的《六国论》，都是让人拍案叫绝的绝妙好文。

第七节　尊师重道，广求贤才

对于一个国家而言，教育很重要，那么在教育中居于重要地位的老师，到底有多重要呢？答案是非常重要！荀子说道：“君师者，治之本也。”君王和老师，才是治理国家的根本。荀况将老师的地位拔高到与君王持平，可为至尊之极。

这位大儒又说道：“故人无师无法，而知则必为盗；勇，则必为贼；云能，则必为乱；察，则必为怪；辩，则必为诞。”这段话的意思是，一个人如果没有老师教育，不学习法度，如果聪明有智慧，则必会成为江洋大盗，因为他不辨善恶；如果这个人很勇猛，必定会成为天下的祸害；如果一个人不接受教育，却很有才能，必定让天下大乱，国家遭殃；如果他眼光独特，能洞察一切，必定满嘴奇谈怪论，没有一句说到点子上；如果这个人有辩论天赋，那么必定胡说八道，荒诞不经。比如西晋周处，在没受教育之前，勇力过人，拳打南山猛虎，脚踢北海蛟龙，结果呢，天天仗势欺负乡邻，成了当地仅次于猛虎和蛟龙之外的第三害，最后周处拜大文学家陆机和陆云为师，才成了一代名臣。可见，有一位好老师对学生言传身教，实在是太重要了，既不让英才埋没，还可以为国家和社会减少祸害。

优秀的老师是学生人生的指路明灯，良好的教养会影响孩子的一生；拙劣的老师是一种瘟疫，其恶劣影响会摧残孩子的一生。那么，在古代，合格的老师应该遵循什么标准呢？荀子最先制定了以下标准：“师术有四，而博习不与焉。尊师而惮，可以为师；耆艾而信，可以为师；诵说而不陵不犯，可以为师；知微而论，可以为师。”意思是，当老师除了有广博的知识，还需要具备四个条件：第一是有威严，能够让学生敬畏，可以为师；过了知命之年或者耳顺之年，又有威信，可以为师；能够诵读和解说所传授的知识，并且不违反礼法，可以为师；懂得细微之处的道理又能讲解清楚，可以为师。

在春秋时代孔子办学的时候，他和弟子之间的地位比较平等，很少有谈及师道尊严的言论，采取的教学方法也很宽松。但是，到了后世，教师的地位越来越重要，尊师重道越来越被强化，因此《学记》里说道："凡学之道，严师为难。师严然后道尊，道尊然后民之敬学。"为何必须让老师居于尊崇的地位呢？因为老师是"道"的化身和代言人，尊重老师，就是尊重"道"，尊重"道"，民众们才能专心求学。

上面的道理都很对，但是尊敬老师这件事，做起来其实挺难的。因此，在漫长的古代，一直将"尊师重道"的理念放在很重要的位置，并一直持续到了魏晋时期。在魏晋时代，"尊师重道"的思想遭遇重大挑战！主要原因是从东汉末年至西晋，经过近百年的战乱，有名的大儒们或者在北方战乱中死于非命，或者在接连而至的瘟疫中丧命。比如，魏文帝曹丕曾经给朋友兼谋臣吴质写过一封信，就是流传至今的《魏文帝与吴质书》，信中说道："昔年疾疫，亲故多离其灾。徐、陈、应、刘，一时俱逝，痛可言邪？"文中的"徐、陈、应、刘"，指的是建安七子中的徐干、陈琳、应玚、刘桢。一场瘟疫，就让建安七子死了四个，可谓人间惨剧。这些人都是富有才华的儒生，本来肩负着文化传承的重任，结果都英年早逝。

除了瘟疫之外，多年的战争也让民众痛苦不堪，在西汉武帝时代被打压的黄老学说，重新流行起来，魏晋进入了空谈玄学的时代。加上佛教乘机兴起，与黄老学说双面夹击，让儒学越来越边缘化。隋唐两代，虽然仍旧将儒学当作正统学问，但是远远不能与汉代相比。儒学的没落，也影响了尊师重道的传统，使得老师的地位每况愈下。到了中唐时期，竟然发展到"人人耻为老师"的地步。求学的人，遇见问题不想找老师解惑，因为怕被人耻笑；被请教的人，也将"老师"这个词视为洪水猛兽，生怕玷污了自己的身份，坚决不愿意被称为老师。事情发展到这种地步，儒学距离关门大吉已经不远了。

在这种危难时刻，有一个人挺身而出，吹响了重振儒学的号角，他就是"唐宋八大家"之一的韩愈。韩愈认为，振兴儒学，首先要扭转"人人耻为老师"的社会歪风，所以他写下了那篇著名的文章《师说》："古之学者必有师。师者，所以传道授业解惑也。"而同时代的柳宗元也是复兴儒学的旗手，他说："今之世，为人师者众笑之。举世不师，故道益离。"没有人当老师，修身治国大道到底由谁来传承？

韩愈几乎以一人之力，重新振兴了儒学，同时掀起了古文运动，涤荡了文坛，功莫大焉。到了北宋时期，儒学再次成为社会的主流学问。范仲淹作为儒家弟子，肯定对儒学的发展过程并不陌生，因此，在他的教育思想里，尊师重道不但要大力提倡，还要继续强化。

庆历三年（1043），范仲淹开始“庆历新政”。仁宗皇帝专门手写一份诏书给范仲淹：“今来用韩琦、范仲淹、富弼，皆是中外人望，不次拔擢。韩琦暂往陕西，范仲淹、富弼皆在两地，所宜尽心为国家，诸事建明，不得顾避。兼章得象等同心忧国，足得商量。如有当世急务可以施行者，并须条列闻奏，副朕拔擢之意。”仁宗皇帝说了，范仲淹和富弼，都肩负着天下万民的期望，这次特别提拔到中枢，希望你们不要辜负了朕的一番好意。为了国家的未来，你们要多提治国良策，不要回避问题。如果有解决当今急务的措施，请尽快实施，并逐条报给我。

皇帝满纸殷切，臣子理应加倍努力。范仲淹花了好几个通宵，写成了长达7000余字的《答手诏条陈十事》。谈及教育和老师之时，他说道：“今诸道学校，如得明师，尚可教人六经，传治国治人之道。而国家乃专以辞赋取进士，以墨义取诸科，士皆舍大方而移小道，虽济济盈庭，求有才有识者，十无一二。况天下危困乏人，如此将何以救？在乎教以经济之业，取以经济之才，庶可救其不逮。”他奏请诸路州郡有学校处“举通经有道之士，专于教授，务在兴行”。

庆历改革是范仲淹利用其多年来积累的知识与思考开展的一次实践，总共提出了十条改革措施。里面专门提到学校要选拔名师，教人“六经”，传授治国治人之道。并且一针见血地指出，朝廷现在凭借辞赋取进士、凭借墨义选拔专科人才的方法存在很多弊端。上有所好，下必效焉，考生们为了进士及第，就放弃了经义大道，而选择了旁门左道，即使满朝都是进士，但有才识能力的人，十个里面都找不出一两个。朝廷一边用这种方式选拔官员，一边又哀叹没有可用之人，问题到底出在哪里？答案不言自明！必须从根上解决这个问题，培养经邦济世之才，国家才会有希望。学校里聘请的老师必须学识渊博，还要有较高的道德情操，他们必须心无旁骛地投身到专职教育工作中，朝廷必须抓紧实施此事。

早在庆历改革的很多年前，当范仲淹在应天府书院执教的时候，就身体力行，将尊师重道付之于行动。他竭力推荐了一位同行，名叫王洙，请求朝廷让他担任当州职事官兼州学讲说。王洙也是名留青史的人物，字源叔，应天府宋城人，从小就聪悟博学，记问过人。他的父亲王砺是应天府书院首创者戚同文的门徒，他的哥哥王渎曾经在应天府书院执教，可以说王洙与这所书院渊源很深。他在仁宗天圣二年（1024）进士及第，补任舒城县尉，后来因为同乡出事牵连到他，被罢官。而此时，晏殊留守应天，素闻王洙的才名，就请他到应天府书院执教，这一教就是三年时间，而范仲淹与他共事了一年之久，结下了深厚的友谊。

后来，王洙正要被朝廷调往贺州富川县（今属广西）担任主簿，晏殊闻听此事，认为王洙去那里太过屈才，就授意范仲淹上了一份奏疏，请求朝廷恩准王洙继续在应天府担任教师之职。范仲淹在奏疏中提到，如今的应天府书院有学舍三十余间，有修学进士二十余人，师资缺乏，而王洙在天圣二年（1024）进士及第，颇负文藻，深明经义，在此讲学已经三年时间，深受学生欢迎，恳请朝廷继续让王洙担任讲说，并授职事官。这样可以“所贵国家教育之道，风布于邦畿”。朝廷同意了范仲淹的请求，王洙继续在应天府书院担任教师，前后长达八年之久，为培养人才做出了重大贡献。

在范仲淹开始新政之后，他又继续推荐大儒胡瑗和李觏充当学官，这两个人也是当时数一数二的博学多才之人，可惜都未能进士及第。而胡瑗就是被后世尊称的“宋初三先生”中的“安定先生”，李觏虽然不在“宋初三先生”的行列中，但是他学识渊博，也在家乡开馆纳徒，唐宋八大家之一的曾巩就是他的高足，李觏后来被世人称为“盱江先生”。

范仲淹在《奏为荐胡瑗、李觏充学官》中夸赞胡瑗“志穷坟典，力行礼义”。胡瑗在湖州郡学当老师，有学生百余人，不但讲论经旨，还著撰词业，常常教导弟子们要遵循儒家孝悌仁义之道，学习礼法，人人向善，当地的人都叹服不已。胡瑗这种做法对宣传朝廷的教育之道起了很大作用，所以范仲淹竭力推荐胡瑗担任太学的老师。

而李觏当时是建昌军异等应茂才，范仲淹称他“兵园之秀，实负文学”，并且著述很多，属于学富五车的鸿儒，讲解“六经”，让人听得明明白白。这样的才能之士，因为进士不第而遗之草泽，实在太可惜了，所以特此推荐李觏担任太学学官。范仲淹于皇祐元年（1049）继续上疏，向朝廷推荐李觏，称他“讲论‘六经’，辩博明达，释然见圣人之旨；著书立言，有孟轲、扬雄之风”。经过多次举荐，李觏被授为太学助教，历任太学说书、海门（今江苏海门）主簿、太学直讲等职。

除了王洙、胡瑗和李觏之外，范仲淹对另外一个大儒也是念念不忘，屡次邀请他讲学，并多次向朝廷举荐，这个人就是孙复，后世尊称他为“泰山先生”，属于“宋初三先生”之一。由上可知，范仲淹为了广揽天下名师，可谓呕心沥血，殚精竭虑。

除了将尊师重道落到实处，范仲淹还不断思考如何为国家招揽贤才，如何让贤才充分发挥其才智。而贤才对国家的重要性不言而喻，是决定国家生死存亡的关键所在。他求贤若渴的思想在《得地千里不如一贤赋》中得到了充分的展示，其开篇第一句话就振聋发聩：“地广千里，功亏一贤。”一个国家如果地广千里就可以高枕无忧了吗？非也！往往会因为缺少一个挽救国家于累卵的贤能人物而分崩离析。随后，他在文章中将开拓疆土与求纳贤才做了一个比较，孰轻孰重，一目了然。他说道：“舍地得贤兮，邦基以立；失贤有地兮，国难随兴。”面对贤才与土地，我们应该选取哪一个？毫无疑问，应该选取贤才为我所用，因为贤才是国家得以立足的根基所在。如果没有贤才辅佐朝廷和治理国家，即使国家疆域再广，也会大难临头。

范仲淹又用乐毅因谗言离开燕国和刘邦与项羽楚汉战争的例子说明贤才的重要性。“鸿沟割而楚亡，唯贤不用；昌国去而燕夺，何地堪矜？”文中的昌国，指的是战国时代燕国的名将昌国君乐毅，他曾经凭借无与伦比的军事才能，差点灭掉齐国，但是却被朝中奸臣所诬陷，功败垂成，最后被逼逃出燕国，亡命天涯。乐毅走后，燕国再无良将可用，没过多少年，就被秦国灭掉了。而在楚汉战争中，项羽虽然力能扛鼎、勇冠三军，但是刚愎自用，只有妇人之仁，没有驭下之能，不但逼走了韩信，甚至连一个范增都不能用，最后被刘邦打得一败涂地，自刎乌江之畔。范仲淹在文章最后，掷地有声：“若然则议贤者之深功，何百城而能及？”国家栋梁之材的重要性，要远远大于一百座城池。

除了这篇《得地千里不如一贤赋》之外，范仲淹在同年写的另一篇诗赋《任官唯贤才赋》中，再次表达了国家应该求贤崇贤的思想。“盖以非贤不义，得士则昌。”他认为只有贤能人士才心存道义，并主持正义，国家得到他们辅佐才会繁荣昌盛。“上以见知人之道，下以见称职之方。亦如大厦构兴，惟美材而是取；良工制作，得利器而允臧。”朝廷能知人善任，贤才能尽职尽责，犹如建造高楼大厦，必须选取好的建筑材料，也像那些手艺精湛的工匠，要有称手的工具。如果做到选贤任能，那“自然谗邪知禁，惟君子之是任；政教昭宣，致王业之不愆”。只要君子位居朝廷，奸邪之人自会收敛；只要朝廷明宣政教，那么国家大业自然能够成功。

此后七年，范仲淹先是被晏殊举荐担任秘阁校理，后来因为屡次上疏进谏，得罪了刘太后和仁宗皇帝，多次被贬，在官场沉沉浮浮，可谓仕途坎坷。然而，君子心存大义，危急时刻自将奋不顾身。范仲淹虽然官位不高，但是忧天下的情怀让他继续知难而进，频频给当朝权贵上眼药。宋仁宗景祐二年（1035），47 岁的范仲淹再次将炮火对准了当朝宰相吕夷简，连续给仁宗皇帝上了四篇奏疏，并呈上《百官图》，直斥吕夷简用人不当，将溜须拍马之徒选为心腹，让贤能良才遗失草泽。如果任凭吕夷简这样胡闹下去，让外戚专权，朝廷大权旁落，我大宋王朝就会重蹈王莽篡政的覆辙。长此以往，国将不国。

范仲淹之所以如此痛恨吕夷简，就是因为吕夷简作为宰相，不但不竭尽全力正朝纲、扬正气、去奸佞、保国体，反而利用权力谋取私利、任人唯亲，将本来已经危机重重的北宋王朝向着无底深渊又推进了一步。他不仅仅是渎职的宰相，还是彻头彻尾的祸国奸臣！实际上，吕夷简在《宋史》中的地位并不高，他去职之后，就有无数人指责他，当了 20 年宰相没有为朝廷做一点贡献，典型的尸位素餐之徒。

想想看，连当朝宰相都如此不堪，也难怪范仲淹为国家缺乏良才忧心忡忡、寝食难安了。当一名觉醒者是很痛苦的，因为他比别人站得更高、看得更远，也比别人承担了更多的压力。这就是伟大的人物之所以在千年之后仍然被崇敬和纪念的原因。

范仲淹写的四篇奏疏分别是《帝王好尚论》《选贤任能论》《近名论》《推诿臣下论》，除了《近名论》专门论述了倡导和宣扬好名节的重要意义之外，其余三篇均与朝廷选才纳贤有关，并且是范仲淹关于广纳贤才思想的一次集中论述。《帝王好尚论》中的“好尚”，指的是“崇尚”的意思，整篇文章通过精彩的实例，论述了帝王崇尚贤才对国家的重要性。他说道：“尧设敢谏鼓，建进善旌；舜好问而成至化；禹拜昌言而立大功；汤王聘伊尹；文王躬迎吕望；周公握发吐哺，以待白屋之士；郑武公好贤，而诗雅歌之；燕昭王筑台募士，而智者归之。”文中的昌言，指的是善言、正当的言论。请看尧舜禹，上古三代帝王，都是因为能够接纳进谏，多听善言，国家才大治的。而汤、文两位帝王，分别选拔了伊尹和姜太公这等杰出的人才辅佐自己，才被千古传诵。而周公为了选拔良才，洗一次头，要三次握住头发中止洗头，来接待士人；吃一顿饭，要三次把食物吐出来，来回答士人的问题，对贤才可谓招待备至。而郑武公和燕昭王也留下了好贤的美名。古代王者都如此崇贤，我大宋王朝更要学习这种尚贤精神啊。

《选贤任能论》则直接提出了朝廷选用贤才的标准，并用大量实例阐述了贤才对国家兴亡所起的重大作用。“王者得贤杰而天下治，失贤杰而天下乱。得士者昌，失士者亡”，国家选用贤才要“求才之道，不可一端”，因为人才的种类很多，应该放宽范围。那么贤才的标准是什么呢？其实没有固定标准。在大禹时代，只要满足了“宽而栗，柔而立，愿而恭，乱而谨，扰而毅，直而温，简而廉，刚而塞，强而义”等条件，就是国家贤能之士。在孔夫子眼里，人才是分为四类的，分别是：第一是德行好，代表人物是颜渊和闵子骞；第二是善于政事，比如冉有和子路；第三是能言善辩，宰我和子贡是佼佼者；第四是文学出众，像子游和子夏就是这类杰出人物。

在《推诿臣下论》中，范仲淹通过大量实例，论述了古往今来很多君主用人不当，将权力委于权臣而丧身失国的历史事实。比如晋国将权力分给韩、魏、赵三个卿族大夫，大权旁落，最后三家分晋，成了战国七雄中的韩、魏、赵；西汉末年，朝廷大权旁落外戚王家，最后被王莽篡汉；到了东汉末年，大权被宦官十常侍独揽，汉桓帝和汉灵帝无力治国，酿成了黄巾起义，颠覆了东汉政权；唐明皇创造了开元盛世，大权却委给李林甫和杨国忠，最后“安史之乱”爆发，让大唐由强盛走向了衰落。

前朝倾覆，殷鉴不远，大宋王朝必须采取措施杜绝此类覆辙。那么如何才能保证朝廷上下一心一意，将国家治理得井井有条呢？那就是选择贤良方正之士出任百官。选择的人才要满足以下条件，才能量才适用：“其深于正道，有忧天下之心，可备辅相者记之；其精于经术，通圣人之旨，可备顾问者记之；其敢言正色，有端士之操，可备谏诤者记之；其能言方略，有烈士之风，可备将帅者记之。”这四类人才中，如果正道直行，心忧天下，可进入朝廷中枢辅佐当朝宰相；如果精通儒学经旨大义，可以招进馆阁，当作朝廷的顾问；如果敢于进谏，操行端正，可用作谏官；如果心中装有宏图大略，有气节，壮志凌云，可以用来担任将帅。

应该说，范仲淹的选才眼光是非常正确的，如果北宋朝廷按照他的建议来选百官，历史绝对会改写。可惜的是，仁宗皇帝属于心地善良的庸碌之辈，在无数奸臣的谗言中，根本不可能采纳这些建议。大宋王朝就像一艘到处漏水的破船，摇摇晃晃继续开了 60 多年，终于沉没在历史的长河之中了。我辈如今重温这些往事，以古鉴今，不禁扼腕长叹！

第八节　以民为本，本固邦宁

百姓如滔滔江水，蕴含着改天换地的力量。江水奔流，摧枯拉朽，若顺势利导，则滚滚东流，平安无事；若筑堰拦坝，围追堵截，只会将江水的势能越积越多，产生可怕的破坏性力量。殷商灭夏，是成汤笼络了民心，利用了百姓的威力，才一举成功；西周灭商，也是周武王借百姓之力一统天下；周厉王昏庸无道，钳制民口，让人道路以目，结果被老百姓流放到彘；秦朝末年，生于畎亩之中的布衣陈胜振臂高呼，掀起了灭亡大秦王朝的序幕；西汉末年，绿林和赤眉起义，也是老百姓被逼得家破人亡之后的铤而走险；东汉末年，由百姓组成的黄巾军埋葬了东汉王朝；隋朝末年，各路百姓义军群雄逐鹿，让隋王朝享国祚 30 多年便灰飞烟灭；唐朝末年，王仙芝和黄巢起义，将延续近 300 年的盛世大唐葬送在战火纷飞之中。千年以来，因为君主对百姓横征暴敛而丧身丧国的实例也是不胜枚举。

而南北两宋作为历史上最开明的一个王朝，创造了平民盛世，照理说百姓应该安居乐业。然而，这只是一厢情愿的想法，其实大宋爆发的民众起义比其他任何朝代都多。根据史料统计，南北两宋 300 多年，民众起义此起彼伏，次数之多空前绝后。从北宋太祖乾德三年（965）爆发第一次起义开始，到南宋末年（1275）最后一次农民起义为止，大大小小爆发了 433 次民众起义，其中 230 次发生在北宋，203 次发生在南宋，平均一年几乎就有 1.4 次。大宋王朝几乎就是在连绵不断的民众起义的阴影中走完了自己的历程。

南宋暂且不谈，仅仅北宋百余年，爆发的较大的民众起义就持续不断。太宗年间，川蜀王小波和李顺起义，口号是“均贫富”。在宋真宗初年，在益州爆发了戍卒王均领导的起义，起义军没费吹灰之力就占领了益州，建立大蜀国。北宋朝廷费了九牛二虎之力，恩威并施，这才平定了叛乱。王均起义被镇压后数年，以陈进为首的宜州士兵发动了起义。宜州是现在的广西宜山，士兵拥立卢成均为南平王，持续了三四个月才归于失败。在口碑很高的宋仁宗在位的 42 年里，先后爆发了四起：山东沂州的王伦起义，陕西商州的张海起义，湖北光华军士卒在邵兴领导下的起义，河北贝州宣毅军小校王则发动的兵变。到了北宋徽宗年间，又爆发了著名的宋江三十六人起义和规模最大、持续时间最长、破坏最严重的方腊起义。

当然，这些起义最终都没有成功，也没能颠覆大宋王朝进行改朝换代。究其原因，一是北宋王朝还是有一定的实力应付此类事件；二是这些此起彼伏的小规模的起义也让朝廷产生了一定的危机感，进而能够出台一些改善民生的政策，缓和阶级矛盾。

范仲淹作为一名底层官僚出身的清贫布衣，年轻时经历了贫苦与坎坷，对底层民众的生活状态是最了解的，他为官 30 多年，始终将民众装在脑海之中，一刻也不敢松懈，尽己所能改善民生、造福民众。范仲淹是受儒家思想影响很深的人，孟子的"民为贵，社稷次之，君为轻"的民本思想也潜移默化地成为他教育思想的重要组成部分。范仲淹一生经历太宗、真宗和仁宗三朝，那些破坏性很强的民众起义，让他对大宋王朝面临的危机忧心忡忡。他明白，民众之所以敢铤而走险、揭竿而起，那是真的活不下去了，如果能够安居乐业，谁会冒着砍头、腰斩和灭族的危险反抗朝廷呢？

《道德经》说过："民不畏死，奈何以死惧之？"朝廷不改善民生，不给百姓活路，光凭着严刑峻法，是不可能让江山稳固的。事实证明，严刑峻法往往是加速王朝灭亡的催化剂，比如荀况的弟子韩非和李斯，就在师承儒学之后，对儒家思想没有彻底理解，从而背离了儒家的核心思想"仁"，走上了法家的道路。对此，国学大师钱穆先生在《庄老通辨》中给过精彩的评述。他说，儒家讲究"内圣外王"，修己安人，齐家治国安天下。但是韩非和李斯却抛弃了"内圣"之修为，专攻"外王"之道，结果走上了另一条道路。这两个人虽然都从学于荀卿，却在得其师"法后王"之说后不能通悟，于是索性只重"外王"，再不管"内圣"。而当时社会下层群众，确实是非愚即恶，也没有一个高高在上的玉皇大帝管着他们，所以，人间的王者就成了独尊和至尊。在这种情况下，统治天下的君王，既不讲究德化，也不能像老子那样谨慎隐藏，将自己的最高级的权谋之术隐藏在玄而又玄的学说之中。这些君王只知道凭着高位和掌握的生杀予夺大权以及严刑峻法，对民间百姓任意宰割、为所欲为，典型的代表性王朝就是秦朝。显而易见，这样做的结果就是，曾经不可一世的强大的秦王朝两世而亡。因此，说秦王朝亡于严刑峻法，一点都不冤枉始皇帝嬴政。

打天下，确实要凭借严刑峻法；治天下，还要倚靠儒家提倡的仁政。这是通过多少次血腥的改朝换代换来的惨痛教训，赵宋王朝的统治者们难道不懂这个道理吗？他们当然懂，不过大多数人是不想为、不愿为和懒得去为罢了。范仲淹作为赵宋王朝中难得的几个头脑清醒的股肱之臣之一，深刻认识到只有“以民为本”，才能“本固邦宁”。因此，民本思想是他教育思想中不可或缺的重要内容，总结起来就是：重民是固邦之基、爱民是兴邦之始、富民是盛邦之源、乐民让天下久安。

关于“重民是固邦之基”的思想，范仲淹在《君以民为体赋》中就发出了黄钟大吕之声：“圣人居域中之大，为天下之君，育黎庶而是切，喻肌体而可分。正四民而似正四肢，每防怠堕；调百姓如调百脉，何患纠纷。”范仲淹直抒胸臆，将天下君主与万民捆绑在了一起，认为天下之君养育黎民百姓，就像对待自己的身体。君主代表了国家，那么四民就是国家的四肢，百姓犹如国家的血脉。只有四肢健康、血脉通顺，国家才能兴旺发达。

关于“爱民是兴邦之始”的思想，范仲淹在同一篇文章里继续论述道：“爱民则因其根本，为体则厚其养育。胜残去杀，见远害而在斯；劝农勉人，戒不勤而是速。善喻非远，嘉犹可稽。谓民之爱也，莫先乎四体；谓国之保也，莫大乎群黎。使必以时，岂有嗟于尽瘁；治当未乱，宁有悔于噬脐。莫不被以仁慈，跻于富庶。教礼让而表其修饰，立刑政而防其逸豫。”君主爱民，是为了国家的根本稳固、国家的兴旺发达，需要以厚养万民作为基础。作为君主，首先要通过仁政去感化残暴的人使其不再作恶，甚至可以废除死刑，以德化民，达到太平至治。一个国家最重要的事情就是安定好黎民百姓，君主必须时时鞠躬尽瘁，为民谋福；其二是防患于未然，以仁爱民，让民富裕，通过教育百姓学习礼法，让他们修身修己，提高自身素养。在必要的时候，还要用刑罚进行约束，防止他们好逸恶劳。

范仲淹的“富民是盛邦之源”的思想，在他的《稼穑惟宝赋》有所体现，这篇文章核心理念就是“王者崇本，民食为贵”。范仲淹之所以写这篇文章表达他的富民思想，是因为自古以来民以食为天，在中国古代农业社会再也没有比稼穑更重要的事情了。“仓廪实而知礼节，衣食足而知荣辱”，古人说得非常到位。金满仓，银满仓，比不上粮食满仓。范仲淹说道：“资时者稼穑，务本者唯王。愿民食而可贵，为国宝而允臧。田畴播殖之时，岂惭种玉；仓廪丰登之际，宁让满堂。”君王必须保证百姓的农时耕种，“民事不可缓也”，以民为本，百姓粮仓充裕了，就相当于国家藏了金山银山等宝贝。在老百姓稼穑耕种的时候，即使是田地能够种植宝玉，也要给百姓让路，不能耽误农时；当遇到大熟之年，国家宁愿让所有的房屋都装满粮食！民富而国富，民强而国强。

在他的《答手诏条陈十事》中，也重点提出了“厚农桑”和“减徭役”对富民的重要作用。所谓“厚农桑”，就是国家要大力发展农业生产，兴修水利，从靠天吃饭变成靠人吃饭，这些措施“将以救水旱、丰稼穑、强国力也”，也是“养民之政、富国之本”。如果富民措施实施下去，那么百姓就会衣食富足；只有衣食富足了，老百姓才会爱惜肤体；只有爱惜肤体，才会畏惧刑罚；只有畏惧刑罚，盗寇才会消失，祸乱才会不兴。所以古人说得很有道理：“圣人之德发于圣政，天下之化兴于农亩。”要解决百姓的切实之需，就需要朝廷在每年秋天，让各路转运司以及下辖各州的军民开始大兴农桑水利之事，消除水患，开凿河道，构筑堤堰，挖掘池塘，如此持续几年，农利就会大兴，天下饥馑减少，各路转运粮食的费用就会降低，一举两得。而通过采取措施减少百姓沉重的徭役，也是富民的一个有效途径，只要加以实施，天下怎么能不强盛、民众怎么能不富足呢？

衣食富足，国泰民安，百姓安居乐业，当然就是乐民。除此之外，范仲淹的乐民思想里面还包含着与民同乐的意思。这也是范仲淹对儒家思想的传承。孟子说过：“独乐乐，不若与人；少乐乐，不若与众。”“乐民之乐者，民亦乐其乐；忧民之忧者，民亦忧其忧。乐以天下，忧以天下，然而不王者，未之有也。”孟子提出了与民同乐、乐民之所乐的思想，也在告诫那些高高在上的君王和官员，应该多多俯下身体，去看看天下黎民百姓的喜怒哀乐，了解一下百姓的疾苦和诉求。这样才能真正上下同心、齐心协力，才能让国家在万民拥护中奔向康庄大道。

范仲淹的很多教育思想，都是在他执教于应天府书院那一年成型的。他在那一年里，因为教学需要创作了 34 篇赋、6 篇文章和 5 首律诗，那一年是他创作诗文数量最多的一年，那一年他 40 岁。因此，研究范仲淹的教育思想，离不开他在这一年里集中写下的诗文，那是他思想火花的迸射与智慧的结晶。

而研读他的《四民诗》，就能体会到范仲淹对底层百姓的浓浓的感情，而对于他们所遭受不公正待遇的愤懑之情，也言于笔端。

在北宋时代，除了皇帝、官员、贵戚和士卒之外，其余的人统称为"四民"。那么都是哪些"四民"呢？归纳起来有四类：一是士人，二是农民，三是工匠，四是商贾，简单而言就是工、农、学、商。这四类人因为没有功名在身，所以全是无权无势的布衣百姓，深受欺凌压榨。因为范仲淹本人是从士人那个阶层脱颖而出的，所以对于"四民"抱有很强的同情之心。他对读书人心有戚戚，对农、工、商也不排斥，认为后面这三类人也是国家所不可或缺的重要力量。然而，北宋王朝经过 80 多年的发展，"四民"目前的生存状况实在堪忧。"四民"不顺，国家怎能稳定？"四民"不富，国家怎能强大？"四民"不知耻，国家更是道德沦丧、世风日下。

在《四民诗·士》里，范仲淹写道："前王诏多士，咸以德为先。道从仁义广，名由忠孝全……此道日以疏，善恶何茫然。君子不斥怨，归诸命与天。术者乘其隙，异端千万惑。"国家招才纳贤，以德为先，仁义忠孝，是做人做官的第一准则。遗憾的是，这些君子大道已经被越来越多的人所遗忘，善恶不分，是非难辨，歪门邪道乘虚而入，各类邪说妖言惑众。范仲淹在本诗的最后大声疾呼："大道岂复兴，此弊何时抑？末路竞驰骋，浇风扬羽翼。昔多松柏心，今皆桃李色。愿言造物者，回此天地力。"

在《四民诗·农》里，范仲淹写道："圣人作耒耜，苍苍民乃粒。国俗俭且淳，人足而家给……何人变清风，骄奢日相袭。制度非唐虞，赋敛由呼吸。"想当年神农氏发明农具，教人稼穑，国家风俗纯朴，百姓家家自足。结果不知道何时社会风气大变，人人忘记勤俭节约，各个争相奢侈。国家制度也不再沿用惠民古制，对百姓的横征暴敛，眼睛都不眨一下。结果呢？"伤哉田桑人，常悲大弦急。一夫耕几垅，游堕如云集。一蚕吐几丝，罗绮如山入。太平不自存，凶荒亦何及？"国家对百姓不恤，造成赋税沉重、徭役繁多，大伤田农，农夫和农妇的辛勤劳动成果，全被这些饕餮大口蚕食殆尽。农人们在风调雨顺的太平岁月都不能自保，那么一旦遭遇饥荒之年还有活路吗？范仲淹悲愤地仰天长叹："神农与后稷，有灵应为泣！"

对于工匠的悲惨遭遇，范仲淹在《四民诗·工》中说道："先王教百工，作为天下器。周旦意不朽，刊之考工记。嗟嗟远圣人，制度日以纷。"民间的工匠，也是上古先王们教出来的百工后代，为此周公还专门刊刻《考工记》，希望传之不朽。但如今工匠们在越来越奢侈的社会风气面前，也是不断被搜刮压榨，生活日趋贫苦。"秦汉骄心起，陈隋益其侈。鼓舞天下风，滔滔弗能止。可甚佛老徒，不取慈俭书。竭我百家产，崇而一室居。"秦汉以下，上古帝王的勤俭之风早已经被丢失得一干二净，国家日益奢靡，动辄耗资百万千万建造宫殿，徒耗民脂民膏无数。官方如此，那些佛老之徒也趁机敛财，大造亭台楼阁，不教人勤俭节约的正道，反而一个赛一个奢侈豪华。可怜这些工匠们，用百余家的家产，来营造佛老之徒的一所房屋。此风不除，国无宁日！

商人这个阶层，在漫长的古代社会，是被读书人阶层瞧不起的，因此在"四民"里面排名最末。究其原因，是因为古代社会真正有经济思想的人才很少，从官方到民间，都认为商人逐利是旁门左道。到了北宋，虽然对商人的歧视有所收敛，但是整个社会风气延续下来，商人的地位并无根本的改变。到了明代，具备经济思想的人越来越多，并在江南地区产生了资本主义萌芽。到了清代，晋商与徽商通过与官方打通关系，建立了庞大的商业帝国，而胡雪岩还被称为"红顶商人"，足可以说明商人的地位越来越高。

范仲淹对于商人的作用认识得很清楚，绝非那些高高在上的腐儒短浅的眼光所能比的："尝闻商者云，转货赖斯民。远近日中合，有无天下均。上以利吾国，下以藩吾身。周官有常籍，岂云逐末人。"商人的职责是干什么？就是让天下的财富以及商品通过流通达到均匀分布，以此来平稳市场价格。对朝廷而言，商人的行为有利于国家；对下而言，更是关系到百姓的切身利益。在周官典制中，专门有管理商人的官员，这说明商贾的作用绝非追逐利益那么简单，更不是所谓的"逐末人"。

然而，在北宋之前的千百年间，商贾的命运却非常悲惨。“天意亦何事，狼虎生贪秦。经界变阡陌，吾商苦悲辛。四民无常籍，茫茫伪与真。游者窃吾利，堕者乱吾伦。淳源一以荡，颓波浩无津。可堪贵与富，侈态日日新。万里奉绮罗，九陌资埃尘。穷山无遗宝，竭海无遗珍。鬼神为之劳，天地为之贫。”商人们居无定所，东奔西跑，不但不被理解，还成了很多人谩骂攻击的对象，很多人将那些社会腐化、游手好闲和坑蒙拐骗之徒做的坏事，也强加到商人头上。整个社会原来淳朴风俗的源头已经荡然无存，而颓废堕落的不良风气如瘟疫蔓延，蚀肤销骨，为害甚大。而奢侈之风给社会造成了巨大破坏，使得山川枯竭、海无遗珍。

面对商贾们遭受的不公正待遇，范仲淹拍案而起：“吾商则何罪，君子耻为邻。上有尧舜主，下有周召臣。琴瑟愿更张，使我歌良辰。何日用此言，皇天岂不仁？”商人何罪之有？所谓的“君子”却不耻与之为邻。希望国家能够听得进去这些呼吁，改变不良的社会风气，还商人以正常地位。

范仲淹通过《四民诗》，详细阐述了他的民本思想，见解比一般官员高得多。没错，朝廷用百官正万民，但是国家的庞大身躯需要“四民”去承载，犹如桌子的四条腿，缺少哪一条都会造成国体不稳，引发社会动荡。只有农民乐于耕织而无重税；士人勤于读书能够经邦济世；工匠用聪明才智建设国家并能获取可观的报酬；商人们奔波于路但是畅通无阻，不受盘剥，还能获取辛勤所得。如此，国家的四肢才能强劲，社会风气才能变好，本固则邦宁，大宋王朝才更有力量朝着繁荣富强大步向前！

第三章

为政以德，直道而行：范仲淹教育思想实践

白云悠悠，沧海茫茫，浩浩淳风，山高水长。范仲淹在40岁以后，受恩师晏殊的举荐，从远离京城的地方州县，来到了人才济济却也互相倾轧的京都汴梁，滔滔黄河悬于北隅，人马舟车奔于官道。“天下熙熙，皆为利来；天下攘攘，皆为利往”，然而，还有很多置身于锦绣汴梁的匆匆过客，带着拯救天下的慷慨之心，将满腔热忱送给了这座繁华的都市，也送给了巍巍大宋帝国，范仲淹就是其中的一个。

范仲淹跻身朝堂，躬身秘阁，遍阅古籍，删减文章，在担任的秘阁校理职位上兢兢业业、任劳任怨。若学得八面玲珑、随波逐流、明哲保身、躬送奉迎，如此聪明之人肯定能借助这个跳板，在朝中谋一个吃皇粮但是不承担什么责任的美差，优哉游哉地过完一生。享受优厚俸禄，建造高宅大院，内外奴仆成群，夜夜笙歌燕舞，呼友觥筹交错。这小日子该有多美、多惬意！但是，从小就立志“不做良相，便为良医”的范仲淹，却走上了另一条道路——一条充满艰辛、危险重重、时刻树敌、一不小心就会被发配到烟瘴丛生的岭南的崎岖小路。然而，范仲淹虽然选择的是一条不为自身荣华富贵着想的危险之路，但这却是一条千百年来读书人希望达到，但是却没有能力达到的“治国平天下”之路，是一条千年以后被人铭记的名臣之路，也是一条永垂后世而不朽的伟人之路！

第一节　执教应天，上书言事

宋仁宗天圣四年（1028），范仲淹的母亲谢氏因病不幸辞世。在为母亲守丧期间，范仲淹承受着双重精神折磨。第一重折磨，母亲因为自己感愤自立前往应天府书院读书而日夜思念，双目几乎失明，作为孝子却没有能力让母亲享受锦衣玉食和安度晚年；第二重折磨，范仲淹此时已经 38 岁，却蹉跎多年，依然一事无成。难道自己少年时代立下的志向即将化为泡影吗？因为古人过了 40 岁就自称老夫和老朽，范仲淹此时的心情沉闷和情绪低落可想而知。对于前者，范仲淹虽然难过但是并不遗憾，因为他性格刚正、两袖清风，如果通过贪污腐败弄来锦衣玉食，母亲怎么会享受？对于后者，范仲淹虽然无奈却也没有沉沦，而是打破惯例、剑走偏锋，祭出了一记撒手锏，终于引起了当朝宰相的重视，范仲淹这个名字让他眼前一亮，这才有了随后晏殊举荐范仲淹为秘阁校理之事。

宋仁宗天圣五年（1027），范仲淹年满 39 岁，此时他已经为母亲守丧一年了。也是在这年，时任枢密副使的晏殊因为触怒了掌权的刘太后，而被罢去枢密副使之职，贬出了京城，先是知宣州，几个月后又被贬往应天府担任留守。晏殊的名字我们并不陌生，他不但后来官居宰相之位，还是北宋有名的词人和文学家，他的儿子晏几道也继承父亲衣钵，在宋代文学史上留下了浓墨重彩的一笔。北宋词人济济一堂，晏殊可以拔得头筹。他有很多著名的诗词为我们所熟知，千百年来传唱不休："昨夜西风凋碧树，独上高楼，望尽天涯路""高楼目尽欲黄昏，梧桐叶上萧萧雨""无可奈何花落去，似曾相识燕归来，小园香径独徘徊"。

晏殊，字同叔，抚州临川人（今江西抚州市临川区），7 岁时就能写一手好文章，神童之名不胫而走。宋真宗景德元年（1004），张知白巡视江南，得知了晏殊的奇才，便向真宗皇帝进行举荐。此时，晏殊刚满 14 岁。宋真宗为了测试晏殊的真本领，就让他与千余名成年考生一起参加殿试。晏殊腹稿不打，笔走龙蛇，一气呵成。真宗赞赏其才思敏捷，就赐他同进士出身。随后，考生们复试诗、赋、论，晏殊拿到题目后，看了一眼，便如实相告，说自己以前做过这道题，请皇上再出一道。真宗对晏殊的诚实大加赞赏，就直接赐官，授予秘书正字，进了秘书省。此后晏殊官运亨通，少年得志，一路青云直上。仁宗即位之后，晏殊升为礼部侍郎，担任枢密副使，进入了权力高层。

晏殊此次被贬，对其个人而言是一次挫折，但是对范仲淹而言却是命运转折的开始。晏殊到了应天府，最先做的一件事就是推行教育。当时应天府书院虽然得到了真宗皇帝的御赐匾额，纳入国子监管辖，但是名师并不多。晏殊首先邀请了被贬官在家的进士王洙来此教学，接着又听说范仲淹曾经在应天府书院苦读五年，终于大通“六经”之旨的事迹，便邀请还在守丧期间的范仲淹来应天府书院担任教师。

范仲淹很早就听说过晏殊神童之名，如今能得到这位比自己小两岁的枢密副使的青睐，自然是既感激又兴奋，欣然应邀，来到了自己的母校任教。既来之，则安之。范仲淹暂时忘记了思母之苦，全身心投入到教学之中。在应天府书院的这段日子，范仲淹第一次将自己的教育思想和育才理念进行了实践应用。

对于学校教育，范仲淹思考了很多，这在他稍后那篇酣畅淋漓的万言《上执政书》中有着详细阐述。比如他提出，在上古三王时代，学校教育就被放在了首要地位，如果朝廷不在太平年代抓住机会开展教育活动，大力培养人才，那什么时候才做呢？如果平时不注重教育、不储备人才，当需要的时候却临时抱佛脚，高喊缺少人才，就相当于不耕种而问收获一样。

对学校的重要性，他也做了论述。上古帝王们治理天下，首先是建立学校，设立师资、群聚贤才、教书育人，将学生们培养成合格的接班人。他对儒家经典“六经”，更是推崇备至，认为“劝学之要，莫尚宗经。宗经则道大，道大则才大，才大则功大”。这一年，是范仲淹的教育思想趋于成熟的关键年份。

思想可以作为纲领，落实到教学之上就要制定具体措施。

第一，他建立和完善学校规章制度，对学生实行严格管理，提出了“读书次序”和“为学次序”的教学理念。

第二，他将儒家的“六经”当作学生们主修的课程。所谓“六经”，指的是《诗》《书》《礼》《易》《乐》《春秋》。他要求学生不要拘泥于经典的个别字句和连篇累牍的注释，一定要跳出经书之外，用更高的眼光去研读，才能够明白经书所要表达的主旨和深层次含义。

第三，他要求学生不但要熟读掌握经典，还要学习专科知识，做一名经世之才。

第四，对于教学方法，他提出“以学生自学为主，老师指导为辅”的原则，不提倡“填鸭式”教学，鼓励学生自主思考，提出自己的见解，而不能人云亦云。

第五，他认为老师教学要以身作则。范仲淹每次教学生写命题作文，都是自己先写一篇当范文，让学生参考，通过启发学生思路，收到了良好的效果。学生受益匪浅，知识积累与作文水平突飞猛进。据统计，在应天府书院教学的这一年里，范仲淹创作各类诗赋数十篇，所包含的内容涉及方方面面，足以说明范仲淹的博学多才绝非虚名。这些诗赋，也是他对教育、治国、修身等问题系统思考的结晶。

第六，对于学生，无论贵贱都一视同仁。由于自己是从底层拼搏上来的，所以对贫寒学子，他还特别予以照顾，鼓励他们克服困难、刻苦攻读，走上功成名就之路。

在繁重的教学之余，范仲淹在《奏上时务书》的基础上，继续思考治国执政问题，随后创作完成长达万余言的恢宏巨作《上执政书》。这篇奏疏是提交给朝廷中的参政侍郎、参政给事等高级官员的，说白了就是替宰相出主意，对如何治理国家提出建议。这是范仲淹第一次站在宰相高度，去审视北宋王朝所面临的危机，绝非泛泛而论，而是针对每一个具体问题提出了解决办法。他在奏疏里申明拒绝空谈，凡是目前很难解决的难题，他都不会在文章里提及。在文章中列举的那些事情和弊端，都是朝廷很容易办到和革除的，并且一旦实施立刻就能产生明显效果。

如果说《上张右丞书》是一次初生牛犊不怕虎的尝试，那么写给皇太后和当今天子的《奏上时务书》就是给皇帝直接提建议，涉及的问题的范围其实还很狭窄，并且大都是泛泛而谈，缺少让人眼前一亮的内容。相比之下，《上执政书》就显得鹤立鸡群，凝聚着范仲淹先进的教育和治国理念，以及不同于常人的智慧和强烈的忧患意识。

范仲淹写这篇奏疏之时，还处于为母亲守丧期间。按照朝廷法律规定，为亲人守丧的官员，是不能参与政治活动的，否则就是违制。然而，在文章开头，范仲淹就直抒胸臆，将自己为何打破惯例、冒哀上书的原因写得清清楚楚："此所以冒哀上书言国家事，不以一心之戚而忘天下之忧，庶乎四海生灵常见太平。"好一个"不以一心之戚而忘天下之忧"，千年以后读来仍旧令人热血沸腾！

在奏疏中，范仲淹提出当今朝廷不能故步自封、不思进取："岂取维持之功，而忘磐固之道哉？"作为当朝执政的宰相，如果一门心思只想维持现状，后果非常可怕，会带来灾难性后果。想当年西晋股肱之臣张华也曾经秉持这种观点，抱守残缺，得过且过，明知道国家已经危机四伏，但是却不想改变。很快，不出十几年，五胡压境，国家灭亡只在旦夕之间，张华也被人砍下了脑袋。因此，治理天下只维持现状不可取，稳固国家的根基才是正道。

那么，如何才能让国家基石磐固呢？范仲淹给出了具体可行的解决办法，总结起来就是：固邦本，厚民力，重明器，备戎狄，杜奸雄，明国听。要想本固邦宁，最重要的事情就是举县令、择郡守，拯救万民于水火。要想厚民力，就要取消那些不必要的巡幸游宴，杜绝那些徒耗民财的奢侈之风，这样才能积累财富，以备不时之需。所谓重明器，就是慎选举、敦教育。朝廷授予的官爵就是明器，官位不能乱给，爵位不能滥发，一定要通过合理的科举渠道选拔优秀人才。而选拔人才离不开教育，所以要在天下大兴教育之风，使得人才辈出，代代不绝。备戎狄，因为国家富强源于边关稳定，所以一定要将防备戎狄上升到国家安危存亡的高度。要选拔大将，充实边防，让那些戎狄之人感受到大国强势，不敢小看我大宋王朝。

历朝历代，国家灭亡表面看起来是强敌入侵和民众造反造成的，实际上更多是因为奸臣乱政，将国家推向灭亡深渊，所以杜绝奸佞，才能让朝廷无过、百姓无怨。明国听其实是针对杜奸雄而言的，如果朝廷无法杜绝奸佞进入朝廷中枢，那么就要想办法进行抑制，对为国为民的耿直之臣要优容宽待，对待奸佞之人要毫不手软地打击，如此才能明正国听。

在奏疏中，范仲淹对自己的教育思想进行了比较系统详尽的阐述，就建立学校、改革科举、设立武举等方面提出了独到的见解。范仲淹的这篇《上执政书》可以看作是他16年后主持庆历新政的预演和准备，因为在庆历改革中，范仲淹应仁宗皇帝的要求，写下了《答手诏条陈十事》和《再进前所陈十事》，作为改革的施政纲领，其核心内容就来自于《上执政书》，只不过更加系统化罢了。而奏疏中那句名言“不以一心之戚而忘天下之忧”，是他18年后在《岳阳楼记》中抒发“先天下之忧而忧，后天下之乐而乐”以及“不以物喜，不以己悲”的源头。也可以毫不夸张地说，范仲淹作为政治家和改革家的地位，在这篇文章中就已经奠基了。

然而，北宋王朝虽然意识到了政权危机四伏，但是缺乏努力改革和壮士断腕的勇气。仁宗性格软弱并且耳根子软，优柔寡断，庆历改革无疾而终；神宗熙宁变法，王安石何其强势，有狂吞百万之师的气概，一样半途而废；到了徽宗在位时期，宰相蔡京继续发起崇宁变法，然而国家病入膏肓，积重难返，终于酿成了“靖康之耻”，北宋灭亡。历史不能假设，如果没有范仲淹横空出世，给北宋王朝打一剂强心针，也许北宋王朝熬不到徽宗时代就已经分崩离析了。所以，无论怎么高度评价范仲淹的功绩都不为过。

范仲淹殚精竭虑地思考富国强民之策，终于拿出了自己的赫赫战果《上执政书》，并摆在了宰相王曾的案头。王宰相看完之后，连声称好，这也就为以后晏殊举荐范仲淹进入秘阁埋下了伏笔。

北宋王朝尊奉太祖立下的规矩，对文官不打不杀，但是官员惹怒了皇帝，遭受贬官窜远是经常性的待遇。不过，官员对自己被贬官降职已经习以为常，因为用不了一年半载，皇帝怒气消散之后，就会重新启用。毕竟培养一名有才能的官员不容易，教训一下不听话的手下就行了，何必自毁长城呢？果不其然，晏殊因为一年前得罪刘太后被贬官到了应天府，一年之后的天圣八年（1030），晏殊重新被启用，担任枢密副使。此时，秘书省馆阁刚好缺少一名校理。就在晏殊徘徊犹豫之际，宰相王曾点拨道："听说范希文才能冠盖京华，满腹经纶，且有治国良策，何不举荐他进入秘阁？"

王曾的话很有分量，晏殊二话没说就写了一份奏章给仁宗皇帝，举荐范仲淹进入秘阁担任校理之职。那么什么是秘阁校理呢？原来，宋朝设昭文馆、史馆、集贤院，合称"三馆"，分掌图书、经籍、修史等事。又设秘阁、龙图阁、天章阁，藏图书、经籍及历代御制典籍。这些馆阁设在崇文院内，其官员统称"馆职"。崇文院是全国最大的图书馆，它兼有培养和储备高级官僚的性质，是高级官僚的养成所。宰辅重臣多出于馆职，为文臣清贵之选，入选极不容易。

北宋端拱元年（988），朝廷在崇文院中堂建阁，称秘阁，收藏三馆书籍真本及宫廷古画墨迹等，设有直秘阁、秘阁校理等官。而秘阁校理就是从事对秘阁藏书删其伪滥、补其遗缺、摘其重复、刊其讹舛的工作。至此，在底层蹉跎盘桓了13年之久的范仲淹，终于被伯乐识才，进入了朝廷中枢担任京官。

这是改变范仲淹一生命运的转折点，如果没有王曾和晏殊，也就没有以后力挽狂澜的范仲淹。当然，前途和道路都是自己铺就的，命运总会垂青有准备的人。虽然在低级官位上蹉跎良久，但是范仲淹抓住一切机会学习并提高自己，并且善于毛遂自荐，频递敲门砖，屡败屡战，终于为自己敲开了一条光明大道，也为实现理想抱负打开了方便之门。

这一年，范仲淹年满40，已经人到中年，但终于开启了非同一般的辉煌之路。

第二节　宁鸣而死，不默而生

仕途蹉跎的范仲淹被伯乐相中，终于从地方州县来到了京都汴梁担任秘阁校理。任京官不容易，按说范仲淹应该特别珍惜这个机会。然而在此期间，他又做了一件令满朝文武目瞪口呆却赞叹不已的事情，直接导致他被外放，然而同时让他的名声传遍了京城。这件事情就是谏阻仁宗皇帝为章献刘太后祝寿。

说起章献太后，很多人并不熟悉，但是说起民间传说和戏曲小说中的《狸猫换太子》，大家则耳熟能详，而章献太后就是上述故事的主人公。勾栏瓦舍的平话小说带有虚构传奇色彩，只能博人一乐，而真实的历史上从来没有发生过"狸猫换太子"的事情。只不过章献太后自己不能生育，为了向皇帝争宠，便将李宸妃的孩子，也就是后来的仁宗皇帝抚养成人，视为己出，并瞒住仁宗本人。皇帝的亲生母亲李宸妃在宫中地位低微，而宫人们害怕章献太后，谁也不敢说这事，所以李宸妃只能默认章献太后的做法。

章献太后是宋真宗的正牌皇后，姓刘，其祖籍在太原，后来迁徙到益州华阳（今属四川），其祖父刘延庆在五代时候为右骁卫大将军，父亲刘通曾经在宋太祖手下担任虎捷都指挥使和嘉州刺史，在跟随太祖攻打太原的时候，中途病死。家道败落后，母亲就将襁褓中的刘皇后交给外祖母抚养。她年纪稍长之后，便跟随一个叫龚美的锻银匠闯江湖谋生，史书上说她有一项特殊的本领，即善于摇小鼓。在刘皇后15岁的时候，锻银匠龚美带着她来到了东京汴梁城，机缘巧合，与还是太子的真宗皇帝结识，从此步入了后宫。真宗登基之后，先封她为美人，最后立为皇后。

从上可知，刘皇后在入宫之前属于走江湖的小贩，不但身份低微，而且属于被读书人瞧不起的"贱行"，之所以后来母仪天下，完全是因为她聪慧过人，善于学习，且工于心计，成了真宗皇帝的贤内助，甚至参与决断国家大事。真宗皇帝去世之后，12 岁的仁宗皇帝登基，刘太后便承担起了辅佐重任，开始垂帘听政。

宋仁宗天圣七年（1029）十一月冬至，仁宗皇帝召集朝廷百官在会庆殿准备给章献刘太后祝大寿。祝寿礼仪如果按照规章制度进行应该没有问题，但是仁宗皇帝自始至终敬重章献太后，一直把她当亲生母亲，即使如今已是九五之尊，依然准备在朝堂之上众目睽睽之下行母子之礼。母子之礼，在后宫私处行使没有问题，但是身为九五之尊的天子代表的是至高无上的皇权，却在大庭广众之下向太后行使叩拜大礼，这就很不成体统了。

然而，面对这种违制的行为，百官因为惧怕刘太后，虽然心知肚明，但是都明哲保身，谁也不说破，就看着皇帝一年又一年给母亲祝寿，一年又一年行使叩拜之礼，大家装聋作哑。如今，刚进京城不久的范仲淹看不下去了，他一来对皇帝违制不满，二来对百官装糊涂而寒心，便挺身而出，给皇帝上了一封奏疏，劝谏道："天子有事亲之道，无为臣之礼；有南面之位，而无北面之仪。若奉亲于内，行家人之礼可也。今顾与百官同列，亏君体，损主威，不可为后世法。"

在今天看来，范仲淹的奏疏略显迂阔，有拼命保卫皇权之嫌。但是，按照历史唯物主义观点，后人不能以今人的思维去菲薄古人，否则就会陷入认知误区。在范仲淹所处的年代，皇权就是至高无上的，代表着一个国家的形象。可以参考东晋丞相王导，在晋元帝登基那天，皇帝邀请他同坐龙床，接受百官朝拜。王导说了一番话，这才打消了晋元帝的想法："若太阳下同万物，苍生何由仰照？"王导那是何等聪明之人，却断然拒绝了晋元帝的好意。所以我们很难想象皇帝至尊和朝廷百官并排在一起，撅着屁股跪下给一个女人磕头的情形。

如果皇帝给太后跪拜的行为成了惯例，那只能是损害皇帝威严而造成外戚权重，这对一个王朝而言绝非好事，因为数千年来很多血的事实告诉后人，子弱母强是国家动乱的开始。西汉初年，子弱母强，吕后专政，刘姓天下差点改姓吕，若不是周勃力挽狂澜，诛杀吕家叛乱，后果不堪设想；北魏年间，子弱母强，胡太后专政，造成国家动乱，后来尔朱荣杀入洛阳，沉百官于黄河之中，胡太后本人也未能幸免；唐高宗时期，子弱母强，武则天几乎杀尽了亲生儿子，以周代唐，长达几十年，大唐相当于已经亡国。

之所以列举这么多实例，只是想说明，范仲淹上疏谏阻这件看似鸡毛蒜皮的小事，其实是关系到国体朝纲稳定的大事。他绝非心血来潮，为博取眼球和虚名来做这件事的，而是有着很深的忧患意识。因此，范仲淹在奏疏里毫不客气地进行了批评："臣闻王者尊称，仪法配天。故所以齿辂马、践厩刍尚皆有谏，况屈万乘之重，冕旒行北面之礼乎？此乃开后世弱人主以强母后之渐也。"

范仲淹这篇奏疏就像一个炸弹，一下子在朝中炸开了锅，不但刘太后看了这篇奏疏之后很不高兴，连仁宗皇帝也觉得范仲淹小题大做。朝中百官明白事理的不少，只是不敢捅这个马蜂窝罢了，现在看到范仲淹不管不顾挺身上疏，敬佩之余，都为他捏了一把冷汗。当然，还有很多人只是看热闹，讽刺范仲淹只是借机邀名罢了。范仲淹 40 岁才通过非正常的提拔程序进了京城，竟然如此不爱惜羽毛，这是要拼命砸自己饭碗的节奏。然而，越是这样，我们对范仲淹越是敬佩有加，一个已达不惑之年的男人，做的每件事情，都不是为自己前途考虑的，这才是他的人格伟大之处。

在这里，我们需要重温一些关于刘太后的史料，看完之后，我们就会更加钦佩范仲淹真的是火眼金睛，能够洞察一切，也就更加明白他为何冒着丢官的危险为祝寿的事情上疏了。

刘太后垂帘听政的时候，朝中有一位大臣叫鲁宗道，经常给太后进谏，劝善规过。有一天，刘太后不经意地问鲁宗道："爱卿认为武则天是什么样的人啊？"鲁宗道那是何等聪明人物，对太后话中隐含的意思心知肚明，便答道："那是唐朝的罪人，几乎危害了国家社稷。"刘太后听完沉默不语。刘太后掌权期间，拍马屁的络绎不绝，有一个叫方仲弓的小臣就上疏，请朝廷为太后的刘氏宗族修建 7 座庙宇。太后就问朝中大臣这件事情该不该办，满朝文武都装聋作哑，只有鲁宗道挺身而出，说道："万万不可！"直接否决了这个提议。退朝之后，鲁宗道对其他百官说道："如果给刘氏修建 7 座庙，那么以后将皇帝置身于何处呢！"

还有一次，刘太后和仁宗皇帝一起乘车去往慈孝寺，太后准备让自己的车马走在皇帝銮舆的前面。鲁宗道赶紧劝谏："太后，恕我直言，妇人有三从，在家从父，嫁后从夫，夫殁从子。太后的车驾走在陛下前面，于理不合啊！"太后听后，沉默不语，最终还是命令自己的车辇跟在皇帝后面。从上可知，刘太后在垂帘听政期间，就已经有了不臣的心思，处处试探百官的反应。如果没有直臣鲁宗道频频进谏敲打，刘太后还真有可能将仁宗皇帝给废掉，将赵氏天下改姓刘。

范仲淹博览群史，对以前的王朝兴衰烂熟于心，心明如镜，因此他的行为非常值得称颂。然而，他的行为却吓坏了一个人，那就是枢密副使晏殊。晏殊没想到范仲淹如此不识时务，竟然干这种冒犯天威之事，如果惹恼了太后，他这个举荐之人也会吃不了兜着走的。晏殊很快找到范仲淹并告诉他，朝中很多大臣都说他狂率，好奇邀名，并且这么冒失的行为会连累举荐他的人。范仲淹不卑不亢地回答说："只因为受晏侍郎的举荐，不敢尸位素餐，所以才想努力把工作做到最好。"他这番辩解之词让晏殊很不高兴。

范仲淹上疏虽然惹得刘太后老大不高兴，但是迫于舆论压力，并没有处分他。没想到过了没多久，范仲淹就再次上疏《乞太后还政奏》，要求刘太后还政于仁宗。因为仁宗皇帝已经年满 20 岁，足以独当一面，范仲淹请刘太后将大权交出，安心颐养天年："今上皇帝春秋已盛，睿哲明圣……岂若保庆寿于长乐，卷收大权，还上真主，以享天下之养。"

奏疏报上去之后，心怀怨愤的刘太后不理不睬。范仲淹知道自己如今老虎嘴上拔毛，已经惹怒了刘太后，不如暂时离开京城这是非之地，到地方再历练一番。因此，他没等刘太后下旨贬斥，就主动请求外放。他的请求正中刘太后心意，刘太后二话没说就恩准，将范仲淹逐出了京城，当了河中府（今山西永济蒲州镇）通判。

范仲淹到了河中府，马上给晏殊写了一封信，将自己干犯天威的原因做了充分的解释。在这篇《上资政晏侍郎书》中，范仲淹首先针对恩师说他"尔非忠非直，但好奇邀名"做了解释。他说，晏侍郎之所以举荐我，肯定是知道我有些才能，我承蒙厚恩，所以日夜勤思，战战兢兢，害怕忠诚不如金石坚硬，正直不如良药有效，才华平庸无比，名声不及泰山之高，辜负了大人荐举人才的好意。如今却听到晏侍郎说我非忠非直、好奇邀名，感到羞愧难当，担心有辱大人的门庭啊！

随后范仲淹再次表明心迹："其天不赋智，昧于几微，而但信圣人之书，师古人之行，上诚于君，下诚于民。"他说道，在上古时代，帝王们为了掌握最真实的信息，不被小人蒙蔽，所以"建善旌，立谏鼓，咨刍荛，采谣咏"。建立进善言的旌旗，树立纳谏的钟鼓，向砍柴的人咨询，从童谣里获取信息，这是采取各种措施为天下民众广开言路，目的就是"惧上有所未闻，下有所未达，特崇此道，以致天下之言，俾九重之深，无所蔽也"。他还举了颍考叔、曹刿、杜篑、弦高、鲁仲连等人进谏的例子，称赞他们"皆远而谋国者也，前史嘉之"。

然后范仲淹说了自己冒犯天威的原因。现在我担任秘阁校理，虽然官小禄薄，每年的俸禄是 30 万钱，却相当于老百姓丰歉相间年份种 2000 亩地的收入！这里面有老百姓多少汗水啊。如果我食君之禄，而不替君做事，当言而不敢言，当断而不敢断，明哲保身，庸庸碌碌，那才是真正的不合格，那才是辜负了老师提携之恩啊！

在信中，范仲淹还解释了为何他反对皇帝在百官之前给太后下跪祝寿，因为那是有损国格的事情，千万不能成为惯例。仁宗皇帝如果身体力行，那么后面的皇帝肯定会效仿，一旦规矩形成，将贻害无穷。同时，他还给出了得体的祝寿建议，既能保证太后的威仪，也能维护皇帝的尊严。

范仲淹再次表明了自己的心志，那就是"不以富贵屈其身，不以贫贱移其心"。还断言，如果有机会，他还会像上次那么做，只为对得起俸禄和恩师的举荐。而那些谨言慎行、将自身利益看得很重、想方设法保全自己的人，天下多的是，老师又何必举荐我呢？

他还指出当今朝廷之上分成了两派：一派是面对问题敢于直言之士；一派是明知朝廷有错而闭嘴不言之人。前者忠言逆耳，后者谀辞喜人。然而，直言之士并非为了一己私利而冒犯圣上，而谀辞之人确实是为了保住官位而言不由衷。如此就不难判断出，哪些人是国家的股肱之臣，哪些人是祸国殃民之辈。对于我范仲淹而言，一直坚持着做人做官的准则：宁鸣而死，不默而生！

他指出:“倘以某远而尽心,不谓之忠;言而无隐,不谓之直。则而今而后,未知所守矣。”如果像老师说的那样,我如此尽心尽职而不算忠心,有话就说毫不隐瞒还不算正直的话,那以后就让我无所适从了。对于恩师晏殊,范仲淹说:“不敢以一朝之责,而忘平生之知,报德之心,亦无穷已。”虽然受了老师批评,但是对于恩师的知遇之恩,将会永远心存报德之心,没齿不忘。

41 岁的范仲淹写给晏殊的这封信有理有据,不但陈明了心迹,还坚持了操守,是一份忠臣向世人的宣言书,也是一份直言之士劝告天下士子仗义执言的檄文。晏殊看完这封信,不但为以前无端批评范仲淹而后悔,而且对自己举荐的这位才能之士更加刮目相看。他相信,这位耿直之臣一定前途无量,会再次创造出令人惊讶的宏图伟业。他的判断是正确的,因为范仲淹的辉煌人生就是从 40 岁开始的。

宋仁宗明道二年(1033),范仲淹 45 岁,他已经在外为官五年之久了,先是担任河中府通判,接着被调往陈州担任知州。朝廷在前一年刚刚成立谏院,这是一个专门给皇帝提意见的特殊机构。仁宗皇帝想起范仲淹舍身进谏的往事,觉得这位耿直之臣仍然值得重用,便一纸调令将其从陈州召回京城,当了右司谏。范仲淹以前是以秘阁校理的身份给皇帝提意见的,如今名正言顺,手中有了尚方宝剑,给朝廷进谏更是奋不顾身了。明道二年(1033)的三月份,章献刘太后驾崩,在死之前,她留下遗诏,让皇帝立乳母杨氏为太后。光立太后还不行,她还坚决让杨氏参决国家政事,这就有点太过分了。

果不其然,范仲淹以谏官身份立刻上疏,说道:“太后是皇帝母亲的名号,从来没有听说过因为保育功劳而被立为太后的事情。如今,刘太后驾崩,若再立一个太后,那么天下人就会怀疑皇帝陛下您一天也离不开太后的辅佐了!”范仲淹这些话说得非常重,别说是掌握着生杀予夺大权的帝王,就是这么直接对普通人提意见,很多人脸上也是挂不住的。这件事也让我们领略到北宋时期谏官的非凡勇气和皇帝的宽宏大量。

刘太后在位的时候,一群宵小溜须拍马,无所不用其极。太后尸骨未寒,这群人转身就对太后横加攻击。此时,仁宗皇帝已经知道了先前死去的李宸妃才是自己的生身母亲，痛不欲生，号啕大哭了很长时间。那些人就趁机将太后垂帘听政的事情“上纲上线”，怂恿仁宗秋后算账。这些人的狠毒之处就在于，一旦仁宗听从了他们的意见，很可能刘太后的家族就没好日子过了。在这种情况下，范仲淹继续上疏，告诫皇帝，太后垂帘听政是遵守先帝的遗诏，保佑和辅佐陛下十年之久，应该掩小故而全大德。仁宗皇帝很快便听从了劝谏，朝中议论刘太后的声音这才彻底消失。

明道二年（1033）注定是多事之秋，太后一死，年轻的仁宗皇帝就没人管了，可劲在后宫折腾。而宫中的郭皇后与尚美人、杨美人互相争宠，朝中再起波澜，最终导致了郭皇后被废。而这件事情还与当朝的宰相吕夷简有关。吕夷简前前后后位居中枢20多年，前期靠的是巴结刘太后，后期则是靠打压异己。待刘太后驾崩，吕夷简赶紧向皇帝表忠心，上疏陈述八事：正朝纲、塞邪径、禁贿赂、辨奸佞、绝女谒（通过贿赂皇帝宠幸的宫人上位）、疏近习、罢力役、节开支；同时与仁宗密谋，将被太后提拔起来的张耆、夏竦等人贬官。而郭皇后对吕夷简的行为非常不满，就对仁宗说道：“难道吕夷简不依附太后吗？只不过他多机巧、善应变罢了。”等到宣读被贬官员名单时，踌躇满志的吕夷简突然听到自己的名字也在被贬之列，顿时惊呆了，他根本就没有心理准备。后来他通过收买内臣阎文应作为密探从中打听，才知道是郭皇后从中作梗，从此便恨死此人了。

郭皇后是在章献太后的授意下被选为皇后的，以前她仗着有太后撑腰，在宫里非常霸道，并且嫉妒之心很强，并不受仁宗宠爱。再加上结婚九年也没有给皇帝生下一儿半女，就更加不讨仁宗喜欢了。而皇帝本人正和尚美人、杨美人如胶似漆。等章献太后一死，郭皇后失去了靠山，立刻失势。此时，受宠的尚、杨二美人就开始对皇后出言不逊，郭皇后一怒之下挥掌打去，仁宗急忙来救，这一记巴掌就打在了皇帝的脖子上。仁宗大怒，就起了废后的心思，但是一时间拿不定主意，而朝廷内外也都知道了这件事情。

手握大权的吕夷简早就对郭皇后心怀怨愤，仁宗打算废后，他不但不劝谏，还告诉手下的官员，谁也不准接受谏官提交的章疏。此时，作为右司谏的范仲淹再次仗义上疏，说道：“皇后母仪天下，不应该因为一点小错就轻易废掉。况且谁能不犯错呢？陛下可以指出皇后的错误，将她安置在别的地方，闭门思过，让一些年老有经验的嫔妃教育她，等她认识到错误之后，再回后宫不迟。”

但是，由于吕夷简已经禁止台阁接纳进谏，并且大门紧闭，谏官的上疏根本送不到皇帝那里。此时，权御史中丞孔道辅率领范仲淹等谏官拉着大门的铜环大声喊道：“皇后被废，为何不听台谏入言？”接着孔道辅等人来到了中书省，诘问吕夷简：“我们作为大臣侍奉皇帝皇后，就像儿子侍奉父母。如今父母不和，应该竭力劝谏，怎么能够做这种顺着父亲说话，而将母亲逐出宫门的事情呢？”众谏官纷纷发表意见。吕夷简说道：“废后的事情以前有过。”孔道辅和范仲淹反驳道：“丞相引用汉光武帝废后的故事，但那次是因为光武帝失德，怎么能效仿呢？以前的很多废后事件，都是昏君才干的事情！难道丞相读了这么多年圣贤书，却要劝皇上当昏君吗？”吕夷简被问得张口结舌，拱手答道：“既然如此，诸位那就亲自去劝谏皇帝吧。”孔道辅与范仲淹等人只好退下，准备明天一早与宰相当廷争论此事。

没想到，吕夷简奸猾无比，早就暗中商量将孔道辅和范仲淹这俩刺头贬出京城，连诏书都拟定完毕。被蒙在鼓里的范仲淹等人，一大早就来到了待漏院（朝臣等候上朝时的临时休息处）等候上朝，却突然接到圣旨，范仲淹被贬往睦州，孔道辅被贬往泰州，其余的谏官各罚铜 20 斤。郭皇后最终还是被废掉了。

景祐二年（1035）三月，47 岁的范仲淹在苏州被朝廷提拔为礼部员外郎兼天章阁待制，当年十月份，再次从地方调往京师判国子监，就是当国子监的负责人，同时升任吏部员外郎，权知开封府。我们不难想象，将范仲淹调回京城肯定是仁宗的主意，但是别忘了，此时当宰相的是吕夷简，他对范仲淹这类人极为忌惮。为了堵住范仲淹的嘴，吕夷简派人私下里威胁他道：“你只不过是个小小的待制罢了，进谏不是你的本职工作。”范仲淹不卑不亢地答道：“我即使是个小待制，也不会忘记肩负的责任。”吕夷简气得暴跳如雷，心想范仲淹一根筋，软硬不吃，也绝对不会跟他一条心了，在这种情况下，绝不能让范仲淹进入朝廷中枢碍手碍脚。那么将这个奋不顾身进谏不休的烫手山芋放哪里比较合适呢？思来想去，吕夷简终于找到了一个合适的地方——开封府！这里是京师断案之地，案子堆积如山，很多官员到那里任职之后都被累得哭爹叫娘。让范仲淹权知开封府，用繁重的事务将其缠住，让他没有精力再次进谏，等其一旦出点小错，就将他名正言顺地罢免。这个办法简直妙极了，也阴险狠毒极了！

事情与吕夷简想的完全相反，身负宰相之才的范仲淹到了开封府之后，三下五除二就将多年沉积的案子全部断完，整个京城的人都对他肃然起敬。这些公事根本难不住范仲淹，之后，他继续接连上疏，针砭时弊，简直让吕夷简头痛死了。

到了年底，被废掉的郭皇后突然暴毙，引起了多方猜疑。郭皇后被废，宰相吕夷简是推波助澜者，而他收买的内侍阎文应嫌疑最大。说实话，仁宗皇帝废掉郭皇后之后，很快就后悔自己一时气愤把事情做绝了，但是覆水难收，有何办法？为了表达内疚之情，他多次派遣使者慰问居住在瑶华宫的废后，还写诗安慰她。郭皇后一肚子委屈，给皇帝的和诗凄凄惨惨。皇帝和皇后这样眉来眼去，吓坏了一个人，那就是阎文应。他担心仁宗和皇后你问我答，发展下去可能旧情复燃。一不做二不休，阎文应牙关一咬，就准备下狠手。刚好皇后身患小恙，阎文应就和太医赶过去诊断，没过几天，好端端的郭皇后竟然一命呜呼了。

皇后一死，很多人就怀疑阎文应下了毒。不过此人是皇帝的宠臣，别人再怀疑也没用，折腾半天，阎文应只是受了一点处分而已。阎文应被外放领嘉州防御使，为泰州钤辖，后改郓州钤辖，他的儿子代替他进了皇宫。此时，两个谏官姚仲孙和高若讷不依不饶，继续弹劾阎文应："当时陛下在太庙住宿吃斋，阎文应呵斥医官，飞扬跋扈，声音大得整个行宫都能听得见。郭皇后暴薨，内外都怀疑阎文应下毒，请将他和他的儿子一起处罚。"而天章阁待制范仲淹为了劾奏阎文应，准备虎口拔须，连命都不准备要了，抱着鱼死网破的决心去做这件事情。在范仲淹等人的据理力争之下，气焰嚣张的阎文应最终被发配到了岭南，并死在了路途之中。有此结果，郭皇后死也瞑目了。京都汴梁的百姓听到恶贯满盈的阎文应死亡的消息之后，都拍手叫好，还编了一句童谣称赞范仲淹舍生忘死的精神："朝廷无忧有范君，京师无事有希文。"

因为靠近权力中枢，范仲淹对宰相吕夷简的所作所为看得一清二楚。吕夷简担任宰相之后，将朝廷弄得一片乌烟瘴气，求官的挤破宰相府，亲戚朋友都想来沾光。而吕夷简大肆任人唯亲，选拔的官员很多都不是通过正常手段上位的。范仲淹看在眼里、气在心中，心想如果再这样任凭吕夷简为所欲为，那么满朝充斥的都将是尸位素餐之辈和逐利奔竞之徒。贤能之士全被打压,朝廷之中群魔乱舞,长此以往,国家的危机不但没有解除,反而愈加严重。他必须给皇帝继续进谏!

范仲淹很快便给仁宗皇帝写了四篇针砭时政的文章,称之为“四论”,分别是《帝王好尚论》《选贤任能论》《近名论》《推诿臣下论》,将矛头直指吕夷简,告诫皇帝,对于大臣一定要“委以人臣之职,不能委以人君之权”,否则一旦相权超过皇权,皇帝很可能被架空,最后产生极为严重的后果,这类前车之鉴在历史上数不胜数。为了继续揭露吕夷简的渎职行为,范仲淹进献《百官图》,在图中,他指出了哪些官员是正常升迁,哪些官员是借助吕夷简的私人能量越级超迁。不管哪个官员升迁,都要经过吕夷简一个人点头同意,当朝宰相用人如此随意,将皇帝置身于何处呢? 长此以往,这还了得!

范仲淹不断找吕夷简的麻烦,彻底将这个心机极深的官场老油条激怒了。吕夷简在仁宗面前竭力为自己辩护,而范仲淹则针锋相对,毫不示弱。为了将范仲淹彻底打翻在地,让他不能兴风作浪,吕夷简终于想出了另一个狠毒的计策,即将范仲淹一棍子打入“朋党”行列。这个罪名一定,可是一辈子的黑锅啊!吕夷简继续在仁宗面前上谗言,说范仲淹是越职言事、荐引朋党、离间君臣,他根本不是为朝廷社稷着想,而是打算建立小团伙,互相勾结,准备将陛下您彻底架空!

而仁宗平生最怕的就是“朋党”二字,作为帝国的最高统治者,如何维护自己的统治才是第一位的,而朋党对于皇帝而言,百害而无一利。手下的这帮绝顶聪明的大臣,一旦抱团之后,产生的力量极为可怕,即使仁宗长着十个脑袋,也不是这些人精的对手。仁宗对唐代牛李朋党之争造成大唐衰落的严重后果心有余悸,所以听到“朋党”二字就害怕得寝食难安。我们不得不服吕夷简,这是个心机极深的人,早就摸清了仁宗的命脉,所以一击而中,范仲淹在这场战斗中彻底失败了。

仁宗最后下诏,销夺范仲淹天章阁待制的头衔,将其贬往饶州(今江西鄱阳)。诏书一下,满朝官员炸了锅,立刻分成了截然不同的两派:第一派明哲保身,闭嘴不言,一副“事不关己,高高挂起”的态度;另一派则义愤填膺,拍案而起，不甘示弱，纷纷上疏为范仲淹辩诬。由于吕夷简权势熏天，很多朝臣惧怕，所以都不敢给范仲淹饯行，最终给他送行的只有两个人，一个是龙图阁直学士李纮（范仲淹妻子李氏的兄长），另一个是已经卧病在家很久的集贤校理王质（太宗朝宰相王旦的孙子）。

李纮和拖着病体的王质来到郊外，与范仲淹话别。三个人打开一壶酒，边喝边谈，李纮说道："范君此行，尤为光耀！"范仲淹举起酒杯一饮而尽，脸上并没有一丝一毫被贬官的沮丧与痛苦，而是呵呵一笑，说道："仲纲兄还记得天圣七年（1029）饯别之时的情景吗？"李纮答道："当然记得，当时有人就说过：范君此行，极为光耀！"旁边王质的身体虚弱，但还是豪情满怀，看起来精神十足，接口道："这句话不但在天圣七年说过，在明道二年（1033）也有人说过。只可惜啊，今非昔比了，前两次送别范公的友人那是何等声势，如今只有我和仲纲两人，可叹！可叹！"

范仲淹说道："我不怪那些朋友们，他们有难言的苦衷。如今圣上被大臣蒙蔽，朋党之论甚嚣尘上。我此次被贬，心中是很难过，但是我还是相信圣上有一天会明白真相，大宋江山还是有希望的。"顿了顿，他又打趣地说道："两位友人刚才说过，我范希文前后已经有'三光'了，如果再有一光，诸位就该用一只全羊祭祀我了。"这句话虽然是开玩笑，但是也难以掩盖范仲淹心中的凄凉之情。

在饯别之后，被吕夷简派来监视范仲淹一举一动的官员对王质说道："你和范仲淹并无深交，且大病在身，为何赶来凑这个热闹？你难道不怕被称为范仲淹的朋党吗？"王质昂然答道："范公是天下少有的贤士，我为什么要害怕呢？如果我有幸成为范公的党人，那才是光耀门庭之事。"

范仲淹被贬往饶州，吕夷简继续授意御史台韩渎收集整理范仲淹的朋党名单，张挂于朝堂之上，告诫百官要以此为戒，不要再越权言事。吕夷简的这种行为惹恼了一个人，那就是集贤校理余靖，他性格刚正不阿，直言进谏，不避权贵，就上疏说道："陛下，范仲淹之前所进谏的那些事情，都仅限于陛下的母子之间和夫妻之间，讨论的都是合不合典礼的问题，不但不应该贬斥，还应该褒奖。如今范仲淹为了朝廷着想，得罪了当朝宰相，就以'刺讥大臣'的罪名，加以贬斥。

如果他说的话和陛下想的不一样，取决于陛下听与不听罢了，怎么能够因此获罪呢？陛下自登基以来，三次驱逐言事进谏之臣，恐怕不是太平之政啊。请陛下收回成命。”不出所料，余靖刚进谏完毕，就被贬到了筠州监酒税。

余靖刚被贬斥，馆阁校勘尹洙便挺身而出，上疏说自己与范仲淹是师友关系，自认属于朋党，甘愿跟着一起受罚。朝廷也没客气，就成全了他，将他贬为崇圣军节度掌书记外兼郢州酒税。尹洙刚被赶出京城，同为馆阁校勘的欧阳修因为看不惯同为谏官的高若讷一言不发，便写信将其大大贬损一番，骂他不知道人间有羞耻之事。欧阳修因此被贬为夷陵令。

只因为得罪了宰相，仁宗皇帝就将四名大臣贬出了京城，这让西京留守蔡襄愤怒不已，他挥笔写下了《四贤一不肖》，惹得京城传唱一时。而光禄寺主簿、著名诗人苏舜钦，不顾父亲刚刚去世，也上疏进谏，说：“‘大臣持禄而不敢谏，小臣畏罪而不敢言，使下情不能上通’，此乃朝廷大患，非社稷之福啊！”

著名诗人梅尧臣为此专门写了一首《灵乌赋》，以乌鸦做比喻，劝诫范仲淹不要当让朝廷生厌的乌鸦。因为直言朝政，就像乌鸦聒噪，被视为不祥之兆，请范仲淹以后注意三缄其口，以免再惹灾祸。平心而论，站在朋友角度而言，梅尧臣的这种劝诫毫无问题，确实属于肺腑之言。然而，他不理解范仲淹屡次仗义执言的深层次原因，将其归结为范仲淹不谙世事、在政治上幼稚，这就和范仲淹“忧天下”的理想抱负完全不合拍了。为此，范仲淹也专门写了一篇《灵乌赋》，重申了自己这样奋不顾身的原因。他说道：“知我者谓吉之先，不知我者谓凶之类。故告之则反灾于身，不告之则稔祸于人。”明白我的人，知道我是带来吉祥的使者；不明白我的人，认为我是聒噪的凶鸟。我将即将到来的危险告诉别人，反而惹祸上身；我如果不告诉别人，危险会伤害更多的人。那么，我为何甘愿做这样的凶鸟呢？那是因为“思报之意，厥声或异。忧于未形，恐于未炽”。我之所以这样做，完全是防忧患于未然啊！然后，话语一转，范仲淹说道：“胡不学大仓之鼠兮，何必仁为，丰食而肥。仓苟竭兮，吾将安归。”我为何不学某些明哲保身的朝臣呢，只管自己的荣华富贵，不关心国家安危，饱食终日，碌碌无为。但是，那些人就像饱食肥硕的仓鼠，一旦粮仓枯竭了，它照样无家可归。最后，范仲淹道出了心声："焚而可变，孰为英琼。宁鸣而死，不默而生。"我范仲淹不是那种尸位素餐为一己之利之徒，我的理想和抱负是出将入相、治国安民，我的愿望是苍生衣食富足，国家安定祥和。为了这个崇高的目的，我会舍弃一切，奋不顾身。宁鸣而死，不默而生！

第三节　地方兴学，雁过留声

宋仁宗景祐元年（1034）的春天，在滚滚浊流的淮河里，一艘大船正随着惊涛骇浪上下颠簸。外面风雨如晦，寒风怒号；船内冰冷刺骨，水迹斑斑。范仲淹一家十口心惊肉跳地坐在船舱里面，看着茫茫风雨与滔滔河水，都沉默不语。而范仲淹站立在船头，拒绝随从为他打伞，眼睛凝视着远方，心潮澎湃。即使寒风吹乱了他的头发，雨水打湿了他的衣襟，他仍旧像磐石一样岿然不动。

看了良久，范仲淹对随从说道："取我的笔墨来！"随从将范仲淹让进船舱里，替他换下外套，并准备好了笔墨纸砚，他知道，知睦州范大人又要写诗了。没错，船舱外面的恶劣天气激起了范仲淹的诗兴，颠簸的大船像极了他的坎坷仕途，他需要将心中的愤懑写下来，用诗句来抒发自己本次被贬的复杂心情。

范仲淹端坐案头，随着船只的摇晃奋笔疾书，写下了《赴桐庐郡淮上遇风三首》："圣宋非强楚，清淮异汨罗。平生仗忠信，尽室任风波。舟楫颠危甚，蛟鼋出没多。斜阳幸无事，沽酒听渔歌。"这首诗所蕴藏的含义不言自明，范仲淹认为目前的大宋王朝不是战国时代的楚国，自己也不是屈原，自己一生凭着忠信立足，全家为此历尽风波也在所不辞。

范仲淹经历了这么多磨难，跟着他一起受苦的还有妻子李氏和三个儿子。那一年大儿子范纯祐年仅 10 岁，二子范纯仁 7 岁，三子范纯礼只有 3 岁。如今在这大船之内，遇见了大风大浪，一不小心就成了大鱼的美餐，全家担惊受怕，免不了对范仲淹有所抱怨。所以，他写道："妻子休相咎，劳生险自多。商人岂有罪，同我在风波。"为了告诫家人安不忘危，勇于面对困难，他又写道："一棹危于叶，旁观亦损神。他时在平地，无忽险中人。"

从这三首诗中我们就可以看出，范仲淹的忧患意识贯穿始终。虽然这是他第二次遭贬，但是并未放弃对朝廷的希望，自己和家人为此遭受磨难也在所不惜。那么，范仲淹这次被贬睦州，是因为什么呢？

原来，范仲淹于仁宗天圣六年（1028）被晏殊举荐为京都崇文馆秘阁校理，开始了他的京官生涯。虽然职位不高，却生活安定；俸禄不多，每年也能进账 30 万钱。只要继续经营人脉，结交朝廷百官，一定会飞黄腾达、步步高升。然而，仅仅过了一年的时间，就因为进谏反对仁宗皇帝率百官朝拜给太后祝寿而惹下了麻烦，范仲淹主动请求外放出京城，当了河中府通判。

从天圣七年（1029）到明道二年（1033），长达 5 年的时间里，范仲淹先是在河中府，随后改任陈州通判，最后被召进京城当了右司谏，这是御史台设置的官职，是专门给皇帝挑刺进谏的。范仲淹尽职尽责，没有尸位素餐，连续给仁宗皇帝上疏。先是在刘太后死后，强烈反对仁宗将自己的乳母杨氏立为太后。紧接着发生了轰动一时的郭皇后被废事件，范仲淹在谏官孔道辅的率领下，连续给仁宗叩门进谏，最终没有成功。范仲淹惹怒了当今圣上，再次被贬出京城，来到了他外出为官的第三站——睦州。

北宋名臣蔡襄为此在《范文正公赞》中写道："当年得从谏官列，天庭一露胸中奇。矢身受责甘如荠，沃然华宝相葳蕤。"真切表达了对范仲淹不畏权、不畏死、矢身受责的忧天下精神的崇敬之情。

睦州，就是如今的浙江省淳安县西南，在北宋时期属于两浙路。这里山清水秀，景色宜人，富春江从西南纵贯东北，辖区内的桐庐郡又是钟灵毓秀之地、潇洒文明之邦。在这里为官，胜过风沙朔漠的西北边陲，也胜过燠热难忍的岭南。

然而，范仲淹并不看重这些，在哪里为官，他都尽心尽力为百姓谋福。就在仁宗景祐元年（1034）的正月，46 岁的范仲淹带着一家老小，离开了东京汴梁，迤逦南下，跨山越水，朝着睦州出发。这次被贬谪，范仲淹虽然精神郁闷，但是仍然对朝廷念念不忘，他在《谪守睦州作》中写道："重父必重母，正邦先正家。一心回主意，十口向天涯。铜虎恩犹厚，鲈鱼味复佳。圣明何以报，没齿愿无邪。"这首诗与他在十年后写下的"居庙堂之高则忧其民，处江湖之远则忧其君"异曲同工。

到达睦州之后，范仲淹被眼前的美景所陶醉，暂时忘记了被贬的郁闷，在给老师晏殊写的信中，他将睦州大大夸奖了一番："郡之山川，接于新定，谁谓幽暇，满目奇胜。衢歙二水，合于城隅，一浊一清，如济如河。百里而东，遂为浙江。鱼钓相望，凫鹭交下。"最初的惊喜与朋友的酬答相继过去之后，范仲淹就将目光放在了州郡的教育之上，此时，距离他担任副宰相开启庆历新政还有整整10年。

睦州的教育状况与他料想的一样，州办学校一所没有，梦想苦读成才的士子们求学无门。而且由于缺乏教育，此地的民风非常糟糕，"二浙之俗，躁而无刚"，百姓们脾气暴躁不说，还特别软弱，不知礼为何物。怎么改变这种状况？范仲淹给出了答案："豪者如虎，示之以文；弱者如鼠，存之以仁。"但是上面的措施只是权宜之计，能解决一时的问题，并不能完全改变社会风气。要想彻底扭转民众缺乏教育而鲁莽无礼、豪强欺凌弱小、百姓互相攻讦的不良习俗，必须兴建学校、招揽儒生，让他们带头行动做表率，这才是最可行的办法。功在当代，利在千秋。

教育很重要，那么学校选在哪里呢？范仲淹亲自带领随从开始了学校选址工作，功夫不负有心人，最后终于在县城的西南选定了一座圣文宣王庙，也就是孔庙。在原址上增建学舍、开办学校，将孔庙与学堂合二为一，很快便招收了第一批儒生入学。范仲淹还专门将州郡中的饱学之士聘请到学校担任教师。自此，琅琅读书声传遍了睦州大地。范仲淹首次开启了睦州的教育活动，是最早的开拓者。

到了宝元元年（1038），知州胡楷在既有校舍基础上继续进行扩建。此后，范仲淹的学生张方平也来到睦州担任知州，他做了两件事情，奠定了睦州州学的规模：第一是向朝廷奏请州学的名额；第二是建立十余顷学田，以维持学校的基本开支。经过三任知州的努力，睦州的州学终于开始兴旺繁荣了。

其实，睦州并不是范仲淹首倡建设州学的地方，当年他中了进士之后，在担任广德军司理参军的时候，就已经开始了办学兴教的活动。根据宋人汪藻撰写的《广德军范文正公祠堂记》所载："初，广德人未知学，公得名士三人为之师，于是郡人之擢进士第者相继。"这应该是文献中记载的范仲淹最早的办学事迹。

在他于天圣年间担任监泰州西溪盐仓的时候，为了修建捍海大堤，被转运副使张纶奏请担任兴化县令。范仲淹继续大力推行教育，在兴化县南津里沧浪亭旁边修建学宫，自此，这里的民风大改，民众开始崇尚教育，而读书人也有名师指点。范仲淹不但在这里建设学校和沧浪亭，还留下了两句诗："笑解尘缨处，沧浪无限清。"

这次被贬睦州，范仲淹在这里只任职了半年时间，其中还有三个月时间是在上任的路途之中，便再次被迁官到苏州。但是，别小看这三个月，在这么短的时间里，范仲淹除了奠定了睦州的教育基础，还建立了钓台书院和龙山书院，同时修葺了严先生祠堂并撰写了一篇记文。

说起严先生祠堂，还有一则轶事。东汉初年，有一个儒生叫严光，字子陵，在少年时代，他就和汉光武帝刘秀一同游学，建立了深厚的友谊。多年以后，刘秀起兵打败新朝皇帝王莽，登基为帝，他的好友纷纷入朝为官，而严光却不见踪影。原来，严光不想沾当今皇帝的光，便隐名换姓，来到浙江杭州桐庐富春江畔当了隐士，每天以垂钓为乐。严光的行为像极了春秋时期的介子推。介子推在晋文公重耳落难之际，紧身奉随，甚至在缺少粮食的危急时刻，割下大腿的肉做成肉汤给主人充饥。但是晋文公即位以后，介子推便弃官回家，为此还和母亲一起被烧死在了山中。

严光不想做官，刘秀却思贤念旧，便派人拿着严光的画像到处寻访。经过艰苦寻找，有地方官员上报，在齐地有一男子披着羊裘在水泽中垂钓，很像皇帝想要找的人。刘秀怀疑是严光，便亲自出马，来到垂钓之处，一看果然是故人。三劝两劝，严光无奈之下上了车，来到了古都洛阳。当时，严光有一个朋友叫侯霸，在朝中担任司徒，他便派人前来问候严光。严光对这位朋友十分反感，便口授使者说："怀仁辅义天下悦，阿谀顺旨要领绝。"侯霸闻言很生气，便上谗言，将严光一通贬损。但是刘秀不为所动，还亲自到馆舍看望老友。皇帝来了，严光依旧躺在床上不理不睬。刘秀摸着严光的肚子说："子陵，你为何不肯助我坐天下啊？"严光刚开始闭目不答，过了好久才睁开眼睛，然后盯了刘秀很久才说道："士故有志，何至相迫乎？"刘秀上车叹息而去。过了几天，刘秀再次来拜访，与严光同住一屋，畅谈良久，几乎彻夜不眠。晚上睡觉，严光还将脚搭在了刘秀的肚子上面，汉光武帝也不以为意。严光在洛阳逗留几日之后，便想离开。刘秀坚持给了严光一个谏议大夫的官职，那意思很明白，“朕需要你这位朋友时不时给我上眼药，提醒我别做错事”。然而，严光不从，归隐富春山耕读垂钓，自得自乐。刘秀后来专门给严光写了一封信，说：“古大有为之君，必有不召之臣，朕何敢臣子陵哉。若绮里不少高皇，奈何子陵少朕也。箕山颍水之风，非朕所敢望。”汉光武帝是中国历史上少见的宽厚仁慈的君主，而严光也是自春秋以下少见的硬骨头，真的是视名利如粪土，二人上演了一场君臣和睦的好戏。

在宋代僧人文莹撰写的《湘山野录》中，记载了一则与范仲淹有关的事情，说的是范仲淹被贬睦州，经过严子陵祠堂，正好赶上这里的民众开展一年一度的祭神活动，百姓边祭祀，边歌唱《满江红》，“桐江好，烟漠漠。波似染，山如削。绕严陵滩畔，鹭飞鱼跃”。大家也希望范仲淹作一首词，但他说道：“我不善音律，那就写一首七绝送给神仙吧。”说完大笔一挥，写道：“汉包六合网英豪，一个冥鸿惜羽毛。世祖功臣三十六，云台争似钓台高。”这首诗深受当地百姓喜爱，自此传唱不休。诗中的云台，就是汉光武帝为开国元勋们建造的纪念馆，里面画影图形，供列着二十八位帮他打天下的将军，史称“云台二十八将”。而钓台，指的就是严子陵钓鱼台。

范仲淹的治所睦州，就有严子陵钓鱼台和严先生祠堂等古迹，范仲淹有一次造访这里，发现这两处古迹已经倾颓，淹没在一片荒草之中。为此，他发动民力，将严子陵钓鱼台与严先生祠堂整饬一新。为了表达对古人的仰慕之情，他还专门写了一篇《严先生祠堂记》以资纪念。由于本文篇幅短小，不妨兹录于下：

先生，汉光武之故人也。相尚以道。及帝握赤符，乘六龙，得圣人之时，臣妾亿兆，天下孰加焉？唯先生以节高之。既而动星象，归江湖，得圣人之清。泥涂轩冕，天下孰加焉？唯光武以礼下之。在《蛊》之上九，众方有为，而独不事王侯，高尚其事，先生以之。在《屯》之初九，阳德方亨，而能以贵下贱，大得民也，光武以之。盖先生之心出乎日月之上；光武之量包乎天地之外。微先生不能成光武之大，微光武岂能遂先生之高哉？而使贪夫廉，懦夫立，是大有功于名教也。仲淹来守是邦，始构堂而奠焉，乃复为其后者四家，以奉祠事。又从而歌曰：“云山苍苍，江水泱泱，先生之风，山高水长！”

这篇不足三百字的小文，别具一格，有很重的分量。后世很多解读之人往往将重点放在了范仲淹歌颂汉光武帝和严子陵的高风亮节上。一个是至尊君王，另一个是世间少有的高雅之士，但至尊君王也无法让世间高雅之士低头。当然，这类观点毫无问题，但是不全面，可以继续商榷。那么为何不全面？理由是，范仲淹这个提倡入仕报国之人，为何要写一篇文章赞美死活也不为国家出力的隐士呢？范仲淹与很多北宋的隐士都有过交往，与有些人还是特别好的朋友，互相拜访，写诗唱答。但是他从来没有像夸严子陵这样，将隐士拔高到此等高度。只谈本文歌颂严子陵和汉光武帝的高风亮节，是说服不了别人的。

其实，这篇文章表面上是在高度赞扬汉光武帝和严光之间“相尚以道”的情怀与风骨，其实是借助赞颂严光的高风亮节和汉光武帝礼贤下士的精神，隐秘而委婉地表达了对仁宗皇帝听信谗言的不满，同时对严光为了一己之私而不顾天下的做法提出了委婉的批评。

在乱世做隐士是无奈之举，在太平盛世还要做隐士就有沽名钓誉之嫌。当然，很多人是不理解范仲淹这种隐秘思想的，像梅尧臣那等文采飞扬之人，还误以为范仲淹屡次惹怒权贵是政治上的不成熟，何况其他人？

在本文中，范仲淹用了《周易》中的两个卦辞。重点是第一个“蛊”卦，寓意深刻。“蛊”卦的本意是“天下无事，久必生蛊”，意思是天下太平无事太久了，社会风气就会逐渐变坏。在这种情况下，有德的君子当然不会漠然视之，更不能“独不事王侯，高尚其事”，而应该以很强的责任感和忧患意识，投身到改革弊端、弘扬社会新风中去。如果每个人都像严光那样，身怀大才，却不报效国家，那么国家由谁来治理？由那些祸国殃民的奸臣吗？难道眼睁睁看着国家一步步滑向深渊而袖手旁观吗？国家一旦分崩离析，不管你如何高风亮节，都会受到冲击，甚至小命不保，“皮之不存，毛将焉附”？所以，这篇文章之所以独特，就是因为它隐含了范仲淹积极入仕改造世界，以及“忠信以道，诚厚为国”的教育思想，很有代表性。

范仲淹在睦州仅仅任职三个月，就被调往苏州，那里也是他的籍贯所在地。为何朝廷调动官员这么频繁？并且时间如此之短？一般而言，每名官员下放到地方当官之后，任职的时间都不长，短则几个月，多则两三年，这主要是防止官员在某地任职时间太久，会形成盘根错节的关系网，尾大不掉，形成难以治理的利益集团，威胁朝廷的统治。但是范仲淹本次调动如此之速，是因为苏州正在遭受大水灾，急需一个文武双全的治世人才，去拯救万民于水火，而范仲淹就是最佳人选。

苏州历史悠久，最早可以追溯到夏代，大禹治水之后划分九州，就将苏州地区归于扬州之域。到了商代，周文王的祖父周太王在位的时候，准备将王位传给一个儿子。而周太王有三个儿子，分别是泰伯、仲雍和季历，泰伯是老大，季历是西周文王的父亲。按照古代王位传长不传幼、传嫡不传庶的规定，泰伯是最佳人选。然而，泰伯知道父亲中意的是小儿子季历，便主动让位给弟弟，然后与仲雍迁徙到了南方，在吴地筑城而居，是为春秋时代吴国的始祖。吴国代代相传，数百年后，吴越争霸，吴王夫差亡国，其土地全部被越国吞并。到了秦代，苏州之地属于会稽郡，东汉顺帝永建四年(129)改会稽郡为吴郡，魏晋南北朝时期，吴郡与吴兴、丹阳两郡合称“三吴”。到了五代时期，苏州归属吴越国管辖，钱俶归宋之后，苏州便纳入了大宋版图。

到了苏州之后，范仲淹立刻走马上任，利用其掌握的水利知识，疏导五条大河，将积水导入大海，一劳永逸地解决了频繁的水患，让苏州真正成为鱼米之乡。宋代书学理论家朱长文在其著作《吴郡图经续记》说道：“本朝承平，民被德泽，垂髫之儿皆知翰墨，戴白之老不识戈矛。所利必兴，所害必去。原田腴沃，常获丰穰；境无剧盗，里无奸凶，可谓天下之乐土也。”

等水患消除，人民再次安居乐业，教育作为头等重要的大事便被提上了日程。在范仲淹知苏州之前，这里是没有官办学校的，有学问的读书人只有寥寥数人，可谓人才凋零。范仲淹深知兴学教育的重要性，便将其全部身心投入到这场利民惠民、泽被百世的工作中去了。

在苏州有一块风水宝地，号为“南园”。这块地最早是五代时期广陵王钱元璙选中的。他喜欢建造楼园林圃，看到此地风水很好，便疏通沼泽，屯土为山，挖湖建岛，种满异树名花，最后将这块不毛之地打造成了苏州的一处胜景。到了北宋初年，南园依旧是文人墨客流连忘返的地方。北宋知名的文学家王禹偁曾经写道："他年我若功成后，乞取南园作醉乡。"王禹偁对南园也是钟爱之至。

范仲淹来到苏州，首先走访了范氏祖宅与范门弟子，回顾了祖先创业之艰难，百感交集。因为此处气候宜人、景色秀丽、物产丰富，是一个绝佳的安度晚年之所，范仲淹便萌生了在苏州购买土地建造住宅的想法。经过选址，范仲淹一眼就看中了南园这块奇秀之地，便花重金买下，准备建房安家。在动工之前，按照惯例，也是为图个吉利，范仲淹请了一名堪舆先生来看风水。风水先生将南园的地理位置仔细研究一遍之后，说道："范公所购之地，风水好到了极点。请看，此地坐落在卧龙街上，街北为北寺塔龙尾，南园正好是龙头之位，乃姑苏城风水宝地。如能在此兴建家宅，子孙后代必将科举及第，公卿将相，荣华富贵，万世不竭。"

范仲淹听后说道："如果我在这里安家落户，只是我一家人得以富贵，还不如在此兴建学宫，让吴中子弟都来接受教育，大家共享富贵，那才是造福子孙、福荫后人的好事啊。"范仲淹除了将自己购买的南园之地无偿献出之外，还专门上奏朝廷，另划拨五顷土地以供建学宫之用。很快，一座宽敞宏伟的学堂便在南园之地兴建成功，而最初入学的苏州学子不过 20 多人。有人就对范仲淹说道："这座学校修建得有点太大了。"范仲淹答道："现在看是有点大，我担心的是不久的将来，这座学校太小不能满足教学需求啊！"事实证明了范仲淹的高瞻远瞩，苏州兴建州学，很快便名扬全国，并作为标杆学校向全国推广，不但吴中弟子纷纷赶来求学，连全国各地的读书人也为自己能够进入苏州学府求学而倍感荣耀。此后，宋、元、明、清，苏州地区登科者超过 100 多人，多数人都为官一方，做出了突出贡献，同时先后出了 43 名状元，范仲淹的功绩可谓大矣！

那么，是什么原因造就了这一切呢？范仲淹在广德军兴建学校，在泰州兴化县办学，在睦州也一样倡导教育，影响范围都有限，为何偏偏苏州的学校获得了这么高的名气呢？答案是，有一个水平很高的大儒被范仲淹聘来当老师了。他用独特的教育方式，不但为国家输送了很多治国良臣，还培养了一大批奋战在各行各业的治世良才。他就是后来被称为"安定先生"的北宋著名教育家胡瑗。

胡瑗，字翼之，泰州如皋县人。他少年聪慧，7 岁就开始写文章，13 岁就学通了“五经”,以当圣贤作为自己的理想。胡瑗的超人志向让邻居大为惊讶,大家就对他父亲说道:“这个孩子可不是一般人,将来必定名满天下,成为一代宗师。”然而,胡瑗家境贫寒,为了读书求学,便只身来到泰山学院刻苦攻读,与当时同样没有名气的孙明复(《宋元学案》中称之为“泰山先生”)、石守道(《宋元学案》中称之为“徂徕先生”)同窗。昼夜苦读,食不果腹,寝不解衣,这一学就是十年之久。每次收到家书,他只要见到信封上有“平安”二字,便不开封,直接扔进山谷之中,以免干扰学习。经过多年研读,终成一代大儒。然而胡瑗仕途坎坷,数次考进士而不中,便放弃了入仕为官之路,来到吴中地区讲授儒家经义,开门收徒,时年40岁。范仲淹建好苏州学府之后,到处寻找名师,闻听胡瑗之大名,敬而爱之,立刻写信请他来苏州学宫执教。胡瑗也早已仰慕范仲淹的大名,便欣然应允。

胡瑗执教苏州学宫,意义重大。他作为北宋著名的教育家之一,被后世尊称为“安定先生”,开创了风靡一时的“苏湖教学法”,提出了“明体达用”的教育理念,他的很多教育思想与范仲淹不谋而合。范仲淹提出的类似的教育思想比胡瑗早十年之久,而胡瑗是彻底将其发扬光大并产生了巨大影响的一代宗师。

胡瑗在任苏州府学任教期间,首先制定严格的规章制度,让学生未学知识,先学会自我约束。然而,吴中弟子少年意气,不太服管,屡屡违反校规。范仲淹闻听此事之后,就让他的儿子范纯仁拜胡瑗为师,跟着老师在苏州学宫学习。范纯仁严格遵守学校纪律,带了一个好头。在范纯仁的示范之下,其他学生都心悦诚服,以后便很少触犯学规了。

为了将其“明体达用”的教育思想深入贯彻到教学之中,胡瑗首次提出并创立了分斋教学的制度,这在中国教育史上是一个创举。所谓“分斋教学”,就和如今大学里分文理工科一样,即根据人才的培养方向和学生的个人兴趣,将教学内容分为“经义”和“治事”二斋,因材施教,为国家培养种类繁多的实用型人才。其中,经义斋主要学习“六经”的大义经旨;治事斋又分为治民、讲武、水利和历算等科。在治事斋里学习的学生每人选一个主科,同时加选一个副科。另外,苏州学宫还附设小学。这种前无古人的教学改革,既能让学生领悟圣人经典义理,又能学到实际应用的本领,可胜任行政、军事、水利等专门性工作。实践证明,这种教育内容和教学方法的改革是非常成功的，培养了一批学有专长的人才，直接促进了北宋文化和科技的大发展。

从苏州学府毕业的良臣能吏，主要有长于经义之学的孙觉、朱临、倪天隐等；长于政事的范纯仁、钱公辅等；长于文艺的钱藻、腾元发等；长于军事的苗授、卢秉等；还有长于水利的刘彝等。一时间人才济济，开创了北宋教育的繁荣局面。

到了庆历四年（1044），在范仲淹的倡导之下，仁宗皇帝下诏让全国各地州郡都要建立学校，自此官办学校遍地开花，府有府学、州有州学、县有县学，教育之风大盛。元代诗人郑元佑在《吴县儒学门铭》中说："天下郡县学莫盛于宋，然其始亦由于吴中，盖范文正以宅建学，延胡安定为师，文教自此兴焉。"而《苏州府志》也如此记载评价："吴郡有学，起范文正公；而学有教法，起胡安定。"范仲淹教育首创之功，自此影响了近千年。

范仲淹在苏州任职大约一年零四个月，就再次被调往京城知开封府，后来因为不断上疏揭露权相吕夷简的用人政策失当而得罪了此人，被以"朋党"之名贬出京城，同时被抄家。这一年是仁宗景祐三年（1036），范仲淹一家十口被贬到了比睦州和苏州更远的饶州（今江西鄱阳）。

因为得罪皇帝的深浅不同，所以官员被贬的地方距离京师的远近也不一样。像丁谓和寇准，还有内臣阎文应，都是被贬往了岭南等地，前两个死在了雷州，后一个死在了去往岭南的路上。后来神宗时期的苏东坡，则因为"乌台诗案"得罪了皇上，被关进监狱，差点小命不保。当时皇帝怒不可遏，执意要违背祖宗规矩杀掉苏轼，幸亏太后劝说神宗皇帝，苏轼这才侥幸逃脱一死，被贬到了海南。

范仲淹在政治上已经被打压得很厉害，睚眦必报的吕夷简，必欲除之而后快，只不过仁宗宅心仁厚，遵守不杀大臣的祖训，这才将其远远贬官了事。范仲淹此次被贬，遭受的打击也不小，他本来对仁宗寄予厚望，想干一番事业，却发现难度超出了他的想象，难免心情抑郁。在离开京都汴梁之时，已经是八月深秋季节，满目枯黄，眨眼纷纷落地，寒风起于天际，秋凉阵阵袭来。京城大街上行人稀少，楼上不见灯火通明。而走在这条御街上面的那个即将远行的人，却愁肠已断。睹景思情，百感交集，范仲淹挥笔写下《御街行·秋日怀旧》：

纷纷坠叶飘香砌，夜寂静，寒声碎。真珠帘卷玉楼空，天淡银河垂地。年年今夜，月华如练，长是人千里。　　愁肠已断无由醉，酒未到，先成泪。残灯明灭枕头敧，谙尽孤眠滋味。都来此事，眉间心上，无计相回避。

饶州虽然距离京师遥远，却是“山有林麓之利，泽有蒲鱼之饶”的鱼米之乡。在春秋时为楚之番邑，秦置番县，西汉改番阳县，东汉改鄱阳县，隋平陈后置饶州，中国第一大淡水湖鄱阳湖也在其境内，素有“七县之会饶州府，景秀江南鱼米乡”的美誉。然而，饶州虽好，但从京师到那里，需要跋涉千山万水，陆路交通特别不方便，需从开封走水路到饶州，沿途经过十几个州县，其间舟车劳顿，苦不堪言。身体好的人还能撑过艰难险途，身体欠佳的就会毙命于道。而范仲淹这次得罪的人权势太大，沿路各个州郡的官员谁也不敢接待他，这让整个行程更加艰难。范仲淹对此却淡然处之，依然襟怀坦荡，赋诗自勉：

三出专城鬓如丝，斋中潇洒胜禅师。
近疏歌酒缘多病，不负五山赖有诗。
半雨黄花秋赏健，一江明月夜归迟。
世间荣辱何须道，塞上衰翁也自知。

在饶州，由于水土不服，范仲淹罹患了肺病，这病此后十几年间一直阴魂不散，再未被治好，最后范仲淹也是因为肺病发作而去世的。一直跟着范仲淹颠沛流离的夫人李氏，在嫁给范仲淹后，并没有过几天好日子，更不可能享受荣华富贵，相反却时时担惊受怕。加上本次禁军抄家的打击，她身心俱疲，身体一下子就垮了下来，在饶州患了重病，不久便撒手人寰。她为范仲淹留下三儿两女，大的不过 13 岁，小的才四五岁。

范仲淹在 35 岁那年与李氏结为伉俪，情深意笃，举案齐眉。眨眼间 13 年过去了，如今范仲淹双鬓如霜，与妻子却阴阳两隔，给他的打击实在太大了。范仲淹终日以泪洗面，三天不食，七天不睡，整个人大病了一场。后来他追思爱妻，写下流传千古的词《苏幕遮·怀旧》：

碧云天，黄叶地，秋色连波，波上寒烟翠。山映斜阳天接水，芳草无情，更在斜阳外。　黯乡魂，追旅思，夜夜除非，好梦留人睡。明月楼高休独倚，酒入愁肠，化作相思泪。

李氏在饶州患病去世时，三儿两女都在身边，他们目睹了母亲去世的情景，可谓刻骨铭心，所以将吕夷简当成一生的仇人。虽然范仲淹此后还曾和吕夷简共事，为了朝廷大局并未流露出任何不满之意，然而他的二子范纯仁从未原谅吕夷简。在范仲淹去世之后，范纯仁请欧阳修撰写《范文正公神道碑》，里面有一句："及吕公复相，公亦再起被用，于是两公欢然，相约勠力平贼，天下之士皆以此多二公。"欧阳修这句话讲的是范仲淹担任参知政事之前，范吕握手言欢之事，引起范纯仁极大不满，后来他就自作主张删掉了相关内容，惹得文笔自负的欧阳修老大不高兴。

即使身居边远之乡，心怀思妻之苦，范仲淹仍旧将百姓的幸福摆在首要位置，在饶州任职的 18 个月，做出了很多开创性业绩，总结起来主要有以下几点：兴办教育、免征茶税、严明狱规、扶贫助弱等。范仲淹为政一方，让当地百姓感恩戴德，至今念念不忘、追思千载。

在饶州，想要建学校，首要之事是对学校进行选址。为此，范仲淹带着随从官员将饶州古城走访了一遍，最后登上了芝山之顶，俯瞰全城，说道："东湖以北的那块地方是建学校的极佳场所，不信请大家看，以饶州的东湖为砚台，以督军台（浮舟寺）为印星，以妙果塔为文笔，如果在那里修建学校，20 年内一定会有人考中状元。"范仲淹预言得很对，饶州果然出了一名状元彭汝砺，他的胞弟彭汝霖也一同考中了进士。

范仲淹没有等到学校建成，便于仁宗宝元元年（1038）的正月被调往了润州，时年 50 岁。范仲淹被调往润州，距离京师更近一步，这是他的好友、时任直史馆的叶清臣不断上奏朝廷的结果。虽然范仲淹没有亲眼看到饶州的学校建成，但他的首倡之功一直被后人铭记。此后，饶州教育之风深入人心，各路优秀人才络绎不绝，纷纷涌现。

后来江西有个叫吴孝宋的名人，在撰写的《余干县学记》中发了一番感慨："饶州冠带诗书甲于江南，民风好学重教，为父兄者以其子与弟不文为咎，为妻者以其子与夫不学为辱。"真实展现了饶州人重教好学的好风尚。

润州是如今的江苏镇江，在魏晋南北朝时也叫京口。范仲淹迁官至此，面对古都苍茫，想起前朝往事，便赋《京口即事》诗一首："突兀立孤城，诗中别有情。地深江底过，日大海心生。甘露楼台古，金山气象清。六朝人薄命，不见此升平。"展现了润州厚重的历史文化以及对如今太平盛世的赞颂。

来到润州之后，范仲淹继续兴办教育、扩建州学，奏请朝廷赐以学田、购置书籍，还写信聘请当时有名的学者李觏来此讲学，但是并未成行。不到一年时间，在宝元元年（1038）的十二月，范仲淹又从润州调往越州，也就是如今的浙江绍兴。在这里，范仲淹依旧大兴教育之风，再次给李觏写信，说道："此处山水甚佳，府学有学生 30 多人，正缺少教员，非常希望先生能过来讲学，你能来这里也是众望所归啊！我的儿子如今就在越州府学上学，请问先生能不能早点过来？我们准备秋天举办乡饮活动，殷切期盼先生的到来。"期盼之情洋溢笔端。李觏接到书信之后，很快便答应下来，然后收拾行囊，赶到了越州，开始了教学工作。

到了康定元年（1040），西夏元昊反宋，范仲淹被陕西经略安抚使韩琦举荐为陕西经略安抚副使，来到了延州前线，开始了数年的出将生涯。在这段战火纷飞的戎马岁月中，范仲淹依旧没有忘记兴办教育和培养人才。在延州，他建立州学，培养了狄青和种世衡等军事人才，还指点后来的大教育家张载攻读儒家经典，不要将大好岁月浪费在行伍之中，这个提议彻底改变了张载的人生道路，让张载成为与朱熹、程颐、程颢齐名的宋代教育大家。

新政失败后，庆历五年（1045）正月，57 岁高龄的范仲淹被排挤出了朝廷，到了邠州上任，同时还兼任陕西四路安抚使之职。范仲淹到了邠州之后，仅仅过了三天时间，就去拜谒夫子庙，了解邠州建学情况。当他看到邠州的州学规模太狭小，读书人几乎无所安身时，他立即做出改建州学的决策。新址选在州府的东南角，让兵马监押刘保、节度推官杨承用共同负责此项工程。经过一年的建设，宽敞宏伟的新州学建成了。“谈经于堂，藏书于库，长廊四回，室从而周，总一百四十楹。广厦高轩，处之显明。”

学校还在建设期间，范仲淹就于当年的十一月被调往邓州（今天的杭州）任职，同时除去了兼职的陕西四路安抚使，改为资政殿学士。当邠州的学校建好之后，当地的太常博士王稷便给老上级范仲淹去信告知，请他为这所学校写一篇记文，范仲淹欣然奋笔疾书，写下了教育史上著名的《邠州建学记》。这篇文章凝聚了范仲淹数十年来的教育思想之精华，不但是一篇美文，还是一篇很重要教育理论文章。

文章开篇便点明教育的重要性：“国家之患，莫大于乏人。人曷尝而乏哉？天地灵粹，赋予万物，非昔醇而今漓。吾观物有秀于类者，曾不减于古，岂人之秀而贤者独下于古欤？诚教有所未格，器有所未就而然也！”国家最大的祸患，便是缺少人才。人才何尝匮乏过呢？天地生万物，万物之中以人最为灵粹，并不存在古代才能之士多而今天少的情况。今天缺乏人才，是教育不发达直接导致的。

然后他笔锋一转，直接点出了如今人才缺乏的具体原因：“庠序可不兴乎？庠序者，俊乂所由出焉。三王有天下各数百年，并用此道以长养人材。材不乏而天下治，天下治而王室安，斯明著之效矣。”缺乏人才，是因为教育不发达，教育不发达，是因为不注重学校建设。而学校是什么地方？那是人才的生产工厂啊！在上古时代，三代帝王各享有天下数百年，就是因为建学校、育人才，人才不匮乏，天下才大治，天下大治了，朝廷才能安宁，这是很明白的道理啊！

在介绍并回顾完邠州建学的来龙去脉之后，范仲淹叹道：“吾党居后稷、公刘之区，被二帝三王之风，其吾君之大赐，吾道之盛节欤！敢不拳拳服膺，以树其德业哉？”邠州就是如今的陕西彬县、长武、旬邑、永寿四县地域范围，古代属于西周管辖的地盘，而西周的始祖是后稷和公刘。西周建立的典章制度，一直影响到了现在，变成了中华民族意识形态的一部分。“二帝”指的是唐尧和虞舜；“三王”分别是夏禹、商汤、周文王和周武王。在这个地方兴办学校，发展教育，那是继承了“二帝”“三王”兴学办教之风，怎么敢不尽心尽力，将先贤们的精神发扬光大呢？

在文章最后，范仲淹以《周易》的“小畜”卦和“兑”卦为例子，对学子们提出了要求：“予尝观《易》之大象，在小畜曰：‘君子以懿文德。’谓其道未通，则畜于文德，俟时而行矣。在兑曰：‘君子以朋友讲习。’谓相说之道，必利乎正，莫大于讲习也。”范仲淹告诫读书人，在自己尚未入仕通达之前，一定要刻苦攻读，不断提高自己，培养良好品德，积累知识，等待机会。一旦机会到来，就会“飞龙在天”。要想提高自己的见解和学识，最好的办法就是通过讲习手段，因此，在学校学习，与朋友切磋，才是成才之大道啊！

一直到仁宗皇祐元年（1049），范仲淹在知杭州期间，仍在继续开拓他矢志不渝的教育之路，即使身患重疾，仍然上疏朝廷扩建州学，以满足越来越多的读书需求。拳拳之心，可昭日月！范文正公倡导的教育理念，历经千年，一直被继承到了今天，成为我们宝贵的精神财富。

第四节　求贤若渴，举才荐能

范仲淹作为北宋知名的政治家和教育家，忧国忧民，认识到了缺乏良才是国家的大患，而最好的办法就是兴办教育培养人才，并不断发掘现有被埋没的人才。培育人才是一个漫长的过程，而发现被埋没的人才则需要精准的眼光与可靠的判断。因此，范仲淹站在利国利民的高度，竭尽全力举贤荐能。

他举荐的人才分为两大类：一类是实施教育的人才；另一类是可以现拿现用的经邦济世之才。他不遗余力举荐的教育人才最有名的有三个人，那就是后来名满天下的大教育家“安定先生”胡瑗、“泰山先生”孙明复和“盱江先生”李觏。而在他几十年的为官生涯中，举荐的经邦济世之才多达百名，几乎都得以委以重任，做出了一番成绩。

仁宗景祐三年(1036)，在范仲淹知饶州的住处，有一个年轻书生正略带拘谨地与他交谈着。这个年轻人 20 多岁，穿着朴素，风尘仆仆，落座之后，便恭敬地说道：“在下南城小民李觏，字泰伯，祖居饶州建昌军南城北街瑾睦坊，早闻范大人礼贤下士之名，也知道大人进谏不惧权贵，仰慕已久，一直未有机会获见。这次奔波了五百余里，只为能够见到知州一面。”

范仲淹说道：“我也早已耳闻李泰伯才名，今日相见，果然名不虚传。”

李觏脸色一红，叹道：“知州有所不知，如今我不敢妄称才名二字，一个科举落第的秀才，实在难以担当知州的美誉。”

范仲淹这才知道，今年刚满 27 岁的李泰伯竟然蹉跎科场，情不自禁长叹一口气：“我大宋目前采取的科举取士方式，其实是在毁灭人才啊。”而李觏在 20 岁出头时就已经才名在外了。他安慰李觏之后，两个人便就目前国家面临的各种问题畅所欲言，还就文学、哲学等进行了充分交流。虽然范仲淹比李觏大了足足 20 岁，但是两人很快便因志趣相投成了忘年交。通过李觏的言谈举止，范仲淹对这个年轻人越来越喜欢和佩服，因为李觏不是那种只会死读圣贤书的酸秀才，而是心怀治国大计，从此对他关爱有加，下决心在合适的时候，一定要将他举荐给朝廷。

李觏和范仲淹会面之后，就回到家乡，后来在范仲淹的邀请之下，来到越州学府讲学，但是没过多长时间就离开，再次回到故地。他著书立说的同时，继续参加科举考试，但是依旧名落孙山。从此他便绝了仕途之路，开馆讲学。

那么，李觏是何许人也，他为何如此受范仲淹的器重，而且后来范仲淹两次举荐其进入太学执教？

事实上，李觏绝非一般人物，他之所以名垂青史，被后人建立祠堂加以纪念，是因为他是北宋时期数一数二的教育大师，被学生尊称为“盱江先生”，跟随他学习的门徒有数百人，出自他门下的进士人数也很可观，其中最有名当属“唐宋八大家”之一的曾巩。

李觏自幼聪明好学，5 岁开始知声律、习字书，12 岁就能写文章。然而，在他 14 岁那年，父亲去世，母亲孤身一人“垦阅农事，夜治女功”，白天下地干活种植农桑，晚上还要做些女工补贴家用，可谓含辛茹苦。因此李觏的少年时代与范仲淹非常相似，都是出身贫寒之家。但是范仲淹毕竟有继父朱文瀚收留了他们母子二人，所以比起李觏要幸运很多。在母亲的日夜操劳之下，这个贫寒家庭才免于冻馁之苦。李觏为父亲服丧三年之后，在 17 岁那年始外出游学。20 岁以后，文章渐享盛名。

作为读书人，想要实现自身抱负，同时换来富贵和家庭衣食无忧，考取功名是唯一的出路。李觏也不能免俗，想通过科举登上仕途，干一番大事业，但是踌躇满志的他却在科举仕进的道路上一再受挫。早在景佑初年，他千里迢迢步行来到京城汴梁参加科举考试，结果名落孙山。他在京城逗留了一年之久，落魄不堪，忧愁不能自解。回到家乡后，他第二年再战，参加乡举，又榜上无名。到了庆历元年（1041），李觏放弃了进士科，参加了应茂才异制科考试，结果又未中。接连三次打击，让他心灰意冷，自叹“生处僻遐，不自进，孰进哉”，自此再也无意仕途，退居家中，奉养老母，潜心著述。他于庆历三年（1043）创办盱江书院。同年受郡守之请办学，开课授徒，慕名求学者常有数百人，名满天下。李觏博学通识，长于“六经”，对于儒家的《礼》颇有研究。他不拘泥于汉、唐诸儒的旧说，敢于抒发己见，推理经义，成为“盱江一时儒宗”。

由于李觏是研究《礼》的专家，且博学多识，属于难得的人才，因此范仲淹先后两次向朝廷举荐。一次是举荐李觏在太学执教，范仲淹在《奏为荐胡瑗、李觏充学官》中写道：“建昌军应茂才异等李觏，丘园之秀，实负文学，著《平土书》、《明堂图》，鸿儒硕学，见之钦爱，讲贯六经，莫不瞻通，求于多士，颇出伦辈；搜贤之日，可遗于草泽？”将李觏的本领大大夸奖了一番，也是名副其实。同时将朝廷不重视人才的行为委婉地进行了批评。

第二次是借助朝廷制定礼器的绝佳时机举荐李觏，在范仲淹写给朝廷的《荐李觏并录进礼论等状》中，替这位儒学大家打抱不平：“臣伏见建昌军草泽李觏，前应制科，首被召试，有司失之，遂退而隐，竭力养亲，不复干禄。乡曲俊异，从而师之。善讲论六经，辩博明达，释然见圣人之旨；著书立言，有孟轲扬雄之风仪，实无愧于天下之士。”范仲淹将李觏的才能比之于圣人孟轲与西汉的大儒扬雄，可谓关爱之至，推荐不遗余力。

经过范仲淹以及其他名臣的大力举荐，皇祐二年（1050），李觏40岁的时候被朝廷授将仕郎，在太学任助教。嘉祐二年（1057），用国子监奏，召为海门主簿、太学说书，后来卒于家中。

李觏与范仲淹在出身和治国理念上有很多共同之处，在教育思想方面二人默契颇多，所以他一直被范仲淹所看重。每次写信，范仲淹都雅称其“秀才仁弟”。而李觏不但是教育家，还是思想家，他提出的“平均地权”的思想，很具备现代改革精神，也比范仲淹在《答手诏条陈十事》中提出的“均公田”改革措施更上一层楼。然而，这种提法不可能为既得利益者所容，所以李觏即使经过范仲淹两次推荐，最后才勉强被统治集团所接受，授以太学直讲官职。

李觏一生穷困潦倒，但他贫而好学，一生积极进取，安于贫困之境，以著书育人为乐。他曾经写道："富贵浮云毕竟空，大都仁义最无穷。一千八百周时国，谁及颜回陋巷中。"

李觏虽然一生贫窘，但是他却对儒家学说的发展做出了贡献，提出了"君子不耻言利"的思想。他并不认为君子言利是什么可耻的事情，只要取之有道，未尝不可。当时李觏的著作在朝野风靡一时，为改革派所推崇，对王安石启发很大，王安石对他极为叹服。因此，李觏也是神宗熙宁变法的理论奠基者和思想启蒙者。

除了李觏之外，范仲淹孜孜不倦举荐的另一个教育家就是"安定先生"胡瑗。范仲淹在知苏州的时候，特地聘请胡瑗来苏州学府讲学。后来范仲淹的一生挚友滕子京任职湖州，继续聘请胡瑗担任教授。胡瑗将在苏州和湖州两地的教学方法加以总结，创造出名扬天下的"苏湖教法"，以后成了其他州郡府学的标准教学法。

由于胡瑗实施的"苏湖教法"与范仲淹很早以前就提出的培养国家经济之才的想法一脉相承，并且真真切切付诸实施。因此，范仲淹对胡瑗极为推崇，只要有合适机会，必定大力推荐。仁宗景祐二年（1035），朝廷准备制定雅乐，诏告天下，寻求懂音乐和乐器制造的能人。范仲淹此时身在朝中，官拜礼部员外郎和天章阁待制，正好主管朝廷礼乐工作，便借此机会向朝廷推荐了胡瑗。仁宗恩准，胡瑗便以布衣之身召对崇政殿，授以校书郎。等到雅乐制成，胡瑗再迁官大理寺丞。

范仲淹这次举荐影响巨大，在朝廷内外引起了轰动，因为胡瑗并无功名在身，属于草泽之士，这次没通过科举考试，就一跃成为正七品的大理寺丞，确实让人羡慕。许多考中进士的官员，在底层官位上磨勘多年也达不到这个位置，即使范仲淹本人也是在低级官位上蹉跎了十几年之久，才达到这个高度的。范仲淹为国举贤之美名不胫而走，很多满腹诗书、学问很深，却羁身科举跳不过龙门的读书人，都希望得到范仲淹的举荐，一时间投书拜谒之人络绎不绝。

仁宗康定元年（1040），由于西夏反宋，为了巩固边防，在陕西经略安抚使韩琦的举荐之下，朝廷让范仲淹担任陕西经略安抚副使，驻守延州。范仲淹到任之后立刻举荐胡瑗为丹州推官。朝廷命令下来，胡瑗便成为范仲淹幕府中的智囊人物，并提出了很多颇有价值的军事改革措施，比如他提出的"更陈法，治兵器，开废地为营田，募士人为兵，给钱使自市劲马，渐以代东兵之不任战者"。

范仲淹刚到陕西延州的时候，这里的边防一团糟糕，军法废弛，兵器损坏，将不知兵，兵不知将，与敌人遭遇，都是惨败而归，战斗力极弱。胡瑗提出的军事措施具有很强的针对性。后来胡瑗将担任丹州推官的经历写成一本《武学规矩》，总结了其军事思想，同时也是一本很好的州学教材。

仁宗庆历二年（1042），胡瑗以保宁（今属四川理县）节度推官的身份在湖州（浙江吴县）担任教授。而此次聘请胡瑗来湖州教学的人是范仲淹的好友滕子京，我们很多人是从千古名篇《岳阳楼记》中熟知这个名字的。当时滕子京任湖州太守，响应朝廷的办学号召，与当地人士共同捐款兴办学校。他首先上书朝廷请求在湖州办学。随后朝廷批准，赐名"州学"，同时划拨 5 亩土地兴建校舍。经过两个多月的建设，120 间新教舍如期竣工。州学建成之后，滕子京就聘请胡瑗前来主持，胡瑗欣然接受聘请，立即到湖州任教，一时间"四方之士云集受业"。

因为胡瑗在教育改革上做出了很大贡献，并且名声在外，范仲淹便再次举荐他担任太学教授。范仲淹在写给朝廷的奏状中夸赞胡瑗："志穷坟典，力行礼义，见在湖州郡学教授，聚徒百余人，不唯讲论经旨，著撰词业，而常教以孝弟，习以礼法，人人向善，闾里叹服。"奏状提交，朝廷很快批准，同时天子下诏，用行政命令将"苏湖教法"向全国进行推广。同时让胡瑗担任京师各王宫的教授，后又被任为太子中舍，并升殿中丞、大理评事兼任太常寺主簿等职，但胡瑗均没有接受这些官职。皇祐五年（1053），胡瑗被任为光禄寺丞、国子监直讲，成为京师太学的主讲教师。

胡瑗学识渊博，教学得法，深受学生欢迎，"士或不远数千里来就师之，皆中心悦服"。每当胡瑗上课，"太学至不能容"，只好把旁边的官舍借来做临时教室。当时礼部录用的官员，十之四五是胡瑗的学生，足见胡瑗在教育界的权威和影响力。嘉祐元年(1056),胡瑗升为太子中允、天章阁侍讲,做太子的老师,同时仍在太学任教,协助太学博士考教训导,并专掌学规的执行。胡瑗在太学任教7年,于仁宗嘉祐四年(1059)患了重病,以太常博士致仕。东归之日,前来送行的弟子百里不绝,时以为荣。

范仲淹第三个多次举荐的教育人才是"泰山先生"孙复。那么这个人有何等本事,被范仲淹如此看重?孙复,字明复,北宋晋州平阳(今山西临汾)人,宋太宗淳化三年(992)生,宋仁宗嘉祐二年(1057)卒,北宋教育家,很多知名人士和大臣出自他的门下,比如另一个教育家"徂徕先生"石介和北宋名臣文彦博就是他的高足。但是,在孙复名满天下之前,也不过一介贫寒书生,如果没有遇见范仲淹,他可能根本不会取得如此辉煌的成就,也许就穷苦一生、湮没无闻了。

孙复早年家境贫寒,穷得连老母亲都养不起,但是酷爱读书,有志于学。因为没有寄身养命的工作,他不得不到处借债度日,千辛万苦几乎跑遍了全国各大知名书院,求学孜孜不倦,但非常落魄不堪。直到有一天,他遇见了生命中的第一个贵人——范仲淹,他的命运被彻底改变了。

关于范仲淹与孙复第一次见面的情况,不见于正史记载,但是在宋人魏泰的《东轩笔录》中记载了一个小故事,我们不妨一看。

宋仁宗天圣五年(1027),39岁的范仲淹执教南都应天府书院,有一天,一个姓孙的落魄秀才找到了范仲淹,躬身求道:"早闻范公有慷慨施舍之名,孙某如今蹉跎三十六载,苦读圣贤书,想要求取功名,奈何屡试不第,至今不闻一名,穷困潦倒,家贫不能自养,愿借一千钱救急,他日必定加倍奉还。"范仲淹急人所难,就取了一千钱给他。

没想到,过了一年,这个孙秀才又找上门来,开口还是要借一千钱。范仲淹很奇怪,就问道:"孙先生作为读书人,为何这么急急慌慌地想得到这区区一千钱啊?"

孙秀才闻听此言,眼泪差点掉下来,满脸戚然,说道:"范公,我何曾想要这样啊,太有辱斯文了,可是我家贫不能奉养老母,实在是没有办法啊!如果我能够月得百钱，就心满意足了。”

范仲淹说道：“我看孙先生行为举止，也不像乞讨要钱的人啊，况且两年来你奔波劳顿，也不过得到了两千钱，而学业却被耽误了不少。这样吧，如果先生不嫌弃，我想给你在应天府书院谋一个教师职位，每月薪酬三千钱，你能就此安心求学吗？”

孙秀才闻言大喜过望，赶紧拜谢范仲淹，同时拜他为师，安心在应天府书院教书、求学。范仲淹便送给了孙复一套《春秋》，让他精心研读。在求学的这一年里，范仲淹对孙复指点很多，比如，孙复刚开始也犯了和很多读书人一样的毛病，读《春秋》等儒家经典只会背诵前人注释，而对于经典想要表达的主旨却不太注意研究。范仲淹便点拨他道：“孙先生求学劲头十足，但是学习的方法却不对路。如果方法不当，就会误入歧途，不但事倍功半，还会前功尽弃。研读经籍首先要明白其要旨，这是学习的纲，千万不能舍本逐末。圣人立言，是非之辩，就在《春秋》里面，读这部典籍，为的是明白是非曲直，只有分辨是非，才有助于行。而经籍之言，重在于行，不在死记硬背其个别字句。况且汉唐以来注释经典的文字汗牛充栋，我们即使穷其一生也不能完全背会，对于经籍讲的大道理反而弄不明白，这是俗儒才做的事情。足下一定要记住，治经必要明其义理，义理明白才能指导我们做事，千万不能再拘泥于那些注释文字了。”

范仲淹对于孙复的教导让他茅塞顿开，激动不已，从此他便加倍研读经典，并且有了很大收获。孙复最后与胡瑗、石介等一起被称为“宋初三先生”，这是与范仲淹的提携、教导密不可分的。这三个人都与范仲淹有过交集，胡瑗和孙复还多次被举荐，而石介作为孙复的学生，也与范仲淹交情深厚。他们都继承了范仲淹很多的教育思想与理念，并且勠力推行之，将北宋学风彻底扭转，开辟了宋学新天地。此后，诞生了王安石的“新学”、张载的“关学”、苏轼的“蜀学”，再到后来周敦颐、程颐、程颢、朱熹、陆九渊等教育大师们横空出世，宋代儒学发展到了高峰，无论有宋之前，还是以后，都不能望其项背，可谓群星璀璨、高山仰止。

孙复后来离开了应天府书院，也断绝了科举入仕的想法，便来到了泰山脚下，结庐读书，十年之后，声名鹊起。而此时，范仲淹在朝中听到了有人说泰山脚下有一位孙先生，对《春秋》颇有研究，求学者门庭若市。范仲淹派人打听之后才知道，这位孙先生就是十年前自己曾经资助的贫寒学生孙复。范仲淹为此感叹道："贫之为累亦大矣，倘因循索米至老，则虽人才如孙明复者，犹将汩没而不见也。"

在北宋王辟之所撰的《渑水燕谈录》中记载了一则关于孙复的小故事，可以窥见这位教育家当时的生活状况。孙复一心求学、教学和著书，在泰山脚下甘于贫穷生活，年已 50 岁，仍未成家，由于没有人照顾，刚刚 50 岁就已经须发皓白，形容枯槁。曾经担任宰相，如今已经在地方任职的李迪偶然见到了孙复，看到他这等落魄模样，感叹不已，说道："先生已经 50 岁了，还是一人独居，谁来照顾你的生活啊？如果先生一旦患病，那该怎么办？我有一个侄女，特别贤惠，可以嫁给先生，请问意下如何？"

孙复听后惊诧不已，赶紧摇头摆手，连说不可，坚决不答应。李迪说道："我的侄女如果不嫁给先生，可能就是一个普通官员的妻子，而先生德高天下，若能嫁过来，对她来说可是一件光宗耀祖、彰显门庭的好事啊！"

孙复答道："宰相的侄女不嫁给王公贵戚，却嫁给我这个寄身山中连一碗粗茶淡饭都不能保证的老朽。相国之贤，古无有也。我哪敢不从命啊！"

宰相李迪的侄女嫁过来之后，不但贤惠，还淡泊名利，对孙复也非常好。通过与李迪家族结亲，孙复的名声也是与日俱增，李丞相也博得爱惜贤人的好名声。当时朝廷谏院御史孔道辅是孔子的后裔，身兼龙图阁学士，为人刚直，进谏不避权贵，处事严谨认真，从不轻易赞赏别人，风闻孙复为人之后，颇为疑惑，就亲自来拜见。结果，他看到孙复的学生石介拿着老师的拐杖和鞋子在一旁侍候。老师坐下的时候，石介就侍立一旁，老师上下台阶和行礼的时候，他就在一旁搀扶，非常恭敬，丝毫不失师徒之礼。而石介和孔道辅一样在朝为官，任国子监直讲。孔道辅目睹此事之后赞叹不已，此后与孙复来往日密。

就在范仲淹知苏州期间，他不但邀请胡瑗来讲学，还同时邀请了孙复，只可惜孙复有事，未能成行。这在范仲淹写给他的《与孙明复书》中有所体现："正初奉邀东门之别，翌日大寒未起，舟人辄移，足下之来，固不可见。至桐庐，闻足下失意，愕乎其且忧矣。足下直方而孤，非求荣之人，尝言二代未葬，勉身以进也。足下未尝游浙中，或能枉驾，与吴中讲贯经籍，教育人才，是先生之为政，买山之图，其在中矣。”从中我们就可以看出来，范仲淹对孙复一直以“先生”相称，非常尊敬，并且在范仲淹被贬饶州时，孙复曾经到京师拜谒过范仲淹，可惜船已经开走，所以两个人没有见到面。

虽然孙复没有应邀到苏州讲学，但是范仲淹自始至终没有忘记向朝廷推荐孙复。仁宗庆历元年（1041），范仲淹时任陕西经略安抚副使，在戎马倥偬中，他再次进行举荐，在给朝廷的《举张问、孙复状》中说孙复“素负词业、经术，今退隐泰山，著书不仕，心通圣奥，迹在穷谷”，希望朝廷“赐召试，特加甄奖”。

到了庆历二年（1042），范仲淹和富弼再次举荐孙复到国子监担任直讲之职，朝廷恩准，并赐孙复五品服，召孙复为迩英殿祗候说书。但是孙复对经籍的解读方式让一些故步自封的官员很不满，认为是妖言惑众。其代表人物就是杨安国，他多次对仁宗说孙复讲的内容多与古人不合，不能重用。而后，孙复还莫名其妙与一宗谋反事件扯上了关系。徐州人孔直温谋反，在搜家的时候，发现了孙复的诗，孙复因此受牵连被贬官。过了很长时间，有翰林学士继续求情：“孙复行为世法，经为人师，不宜使佐州县。”仁宗皇帝再次让孙复当太学直讲，随后迁官殿中丞，66 岁时卒于家。

范仲淹除了举荐人才，还不断引导别人成才，最典型的一个例子，就是他在知延州期间，对张载的谆谆教导。提起张载这个名字，很多人都很陌生，然而这是一个非常了不起的人物。他是北宋著名思想家、教育家和哲学家，是宋代理学的奠基人。他曾经说过一句很有名的话，至今读来仍旧让人热血沸腾、心生仰慕：“为天地立心，为生民立命，为往圣继绝学，为万世开太平。”

张载，字子厚，北宋哲学家，理学创始人之一。他生于北宋真宗天禧四年（1020），卒于北宋神宗熙宁十年（1077），凤翔郿县（今陕西眉县）横渠镇人，世称“横渠先生”，封先贤，后奉祀孔庙，曾任著作佐郎、崇文院校书等职。

张载、胡瑗、李觏、孙复和范仲淹在少年时代都有一段相同的经历，就是幼年丧父，还有一个共同的优点，就是勤奋好学、手不释卷。张载从小天资聪明，10岁时跟随老师学习，品格就超出常人，“志气不群”。由于少年丧父，使他成熟较早，加上他的家乡就在宋夏交界处，他目睹了西夏兵对北宋西部边境的侵扰，双方打打和和，最后都是北宋王朝通过收买手段才熄灭战火，每年给西夏输送大量绢、银和茶叶等物资。这种通过收买手段化敌为友的措施，让张载深受刺激，非常不满，也激起了他的满腔救国豪情。由于环境的影响，张载少年时代就关心国家大事，喜欢谈论兵法。等到了仁宗康定年间，他听闻天下有名的范仲淹来到了陕西担任经略安抚副使，心中大喜过望，便只身一人跨山越水、风餐露宿赶到了范仲淹的驻地延州，向主持西北防务的范大人上书《边议九条》，陈述了自己的军事策略，那一年他才21岁。

《边议九条》主要包括以下内容：清野、固守、省戍、因民、讲实、择帅、择守、足用、警败。所谓“清野”，就是坚壁清野，让城外的老百姓自救，依山林、居险阻，不给敌人可乘之机；所谓“固守”，就是想方设法守住城池；所谓“省戍”，就是大力发展当地民兵乡勇，减少官方派遣戍卒；所谓“因民”，就是发动民间力量共同抗敌；所谓“讲实”，指的是如今边关守备空虚，将帅惧战，兵革不全，必须加以重视并解决；所谓“足用”，指出如今养兵的费用占了国家总收入的十之七八，必须想办法节省军费，国家财务才能丰沛；所谓“警败”，指的是将帅要明白战争胜败的道理和缘由，做到知己知彼、举一反三。

才21岁的张载就能提出这些策略，实在难能可贵，而且他的很多观点与范仲淹采用的抗敌策略不谋而合。范仲淹面见张载以后，也很喜欢这个朝气蓬勃、谈吐缜密的年轻人，对他的军事主张极为赞赏。然而，他话锋一转，却兜头给张载泼了一瓢凉水：“儒者自有名教可乐，何事于兵？”

范仲淹在这里提出了儒家尊崇的“名教”，那么什么是“名教”呢？按照现在的解释，名教就是名声和教化。儒家认为“圣人崇名教，而天下始劝”，而孔子作《春秋》，就是名教之书。范仲淹也专门写过一篇文章《近名论》来阐述儒家倡导的名教问题。范仲淹的意思是，儒家自有名声和教化之道让你学习钻研，会有很多收获，为何偏偏步入行伍？

张载本来兴冲冲而来，想为范大人出谋划策，却被告知研究儒学要比从军更好，这个反差实在太大，他当然不会很快就接受这个建议，便说道："我从小目睹西夏寇边，生灵涂炭，便立志从军报效国家，还打算联合焦寅（陕西永寿人）组织民团去夺回被西夏侵占的洮西失地，建功立业，博取功名。"

范仲淹劝道："建立战功、博取功名、保家卫国、捍卫大宋江山，当然是值得称赞的美事，然而我看你潜力巨大、才华横溢，将这些才华浪费在军事上，有点大材小用。还是希望你能够钻研儒学经典，参透圣人之道，建立不朽的功勋和名声。我送你一套《中庸》，你可以多加研读。"

张载答道："谨记教诲，不过我还想暂时跟随在您的身边，通过实践，学习并提高自己。"范仲淹听后也没有反对。

此后数年，张载跟随在范仲淹身边充当幕僚角色，不仅近距离了解和学习这位将帅如何将满腹才学用在军事战斗中，同时还刻苦攻读《中庸》等儒家经典。另外根据《张载集》的内容可以得知，除了提交给范仲淹的《边议九条》之外，张载还写过《与蔡帅边事画一》《泾原路经略司论边事状》《经略司画一》等三篇文章，可以证明张载跟随在范仲淹身边有一段时间，因为文中描述的事情，如果没有亲身经历，是不可能写出来的。

到了庆历二年（1042），范仲淹为防御西夏南侵，在庆阳府（今甘肃庆阳）城西北修筑大顺城，竣工时便请张载撰写了《庆州大顺城记》以资纪念。张载这篇雄文，气势雄伟，事无巨细地描述了范仲淹抢筑大顺城的经过，读来酣畅淋漓，堪称美文。

在离开宋夏战场之后，张载便回到家乡，全身心投入到学习之中。他刻苦攻读《中庸》，仍感到不满意，便继续博览佛学、道家之书，读来读去，又觉得这些书籍还不能实现自己的宏伟抱负，就又重新回到儒家学说上来。经过十多年的攻读，张载终于悟出了儒、佛、道既互相补充又互相联系的道理，逐渐建立起自己独特的学说体系，此后发展成了雄踞一方的"关学"。

张载经过多年苦读，在38岁那年参加科举考试，于宋仁宗嘉祐二年（1057）进士登第，刚开始担任祁州（今安国市）司法参军，后任云岩（今陕西宜川）令。神宗熙宁二年（1069）经吕公著举荐，为崇文院校书，后以病辞归，讲学关中。熙宁十年（1077）受吕大防之荐，同知太常礼院。不久以病归，途中病逝于临潼，时年58岁。

除了上述四位后来取得很大成就的教育家、思想家之外，范仲淹还举荐过很多有才能的饱学之士担任州学和太学的老师，在此不一一列举。这是范仲淹在教育领域举荐的人才，可见其眼光非同一般，求贤若渴之心让我辈心有戚戚。

范仲淹在为官的三十几年时间里，还举荐过大量的经邦济世人才，粗略统计近百名。在这些人才中，有三位很具备代表性，那就是滕子京、种世衡和狄青。其中滕子京和种世衡因为其所作所为还引起比较大的争议，至今仍旧是学术界讨论的对象。在关于范仲淹的一些传记书籍和研讨文章中，对滕子京和种世衡更是讳莫如深，好像一旦提及这两个人所谓的“污点”就会让范仲淹的光辉形象受到损害。而哗众取宠之人，在没有掌握详尽史料的前提下，仅仅根据只言片语就人云亦云、大放厥词，用今天的价值观去菲薄古人，这是不可取的。评价一个历史人物，还应遵循历史唯物主义观点，站在历史人物当时的环境中去做评价分析，这样才比较客观。

范仲淹求贤若渴，当然没错。范仲淹讲究忠信以道和诚厚为国，将德行放在为国家推荐人才的首位，也没错。然而人才有高下之分，本领有优劣之别，每个人的才能不同，德行也有高低，那么为他推荐的工作就不一样，所谓“量才而用”就是这个意思。在西汉时代，汉高祖刘邦不会因为陈平有“盗嫂”污名而嫌弃不用；在三国时代，曹操为了广揽英才更是发出“唯才是举”的命令。人才的德行当然是第一位的，但如果将天下所有的人才都以圣人的超高标准进行选拔，那将无才可用。所以，德行标准也有一个限度。

毋庸讳言，对于范仲淹而言，他是德行达到圣人标准并且非常有本事的人，这就是范公名垂青史的原因。范仲淹在修己安人方面严于律己，也希望用这种高标准、严要求去培养国家栋梁之材，而人才的培养是个漫长的过程，社会风气的扭转可能需要花费好几代人的心血，但是这件事情还必须要做，因为这是关系到国家兴亡、百姓幸福的大事。那么，在新的高标准人才培养出来之前，范仲淹该如何为国家选拔人才呢？当然是在现有人才中慧眼识珠了。不过，这些人才都不是按照范仲淹理想中的教育模式培养出来的，德行和才能都有瑕疵，那么能不能将他们一概否定呢？当然不能，否则国家将没有人才可用。因此，基于当时那样的历史条件，范仲淹才制定了他的另一个选才标准，“大德不亏，不拘小节”，还要有治国安民之才。只要满足这几个条件，他就要给朝廷推荐。而滕子京和种世衡，就是范仲淹这种人才选拔思想的实践结果。

那么滕子京是何许人也？我们因为《岳阳楼记》熟知了这个名字，而对他的事迹还需要稍做了解。

滕子京原名滕宗谅，子京是他的字，河南洛阳人，他和范仲淹都是在宋真宗大中祥符八年（1015）考中进士，建立了深厚的友谊，并维持了一生，所以，范仲淹在很多诗文中都称他为同年好友。滕子京第一次崭露头角是在他担任泰州军事推官期间。当时范仲淹担任泰州西溪盐仓监兼兴化县令，在转运副使张纶的带领下修建捍海大堤，他就荐举滕子京给张纶当了助手。在筑捍海堤堰中滕子京吃苦耐劳，显示出了非凡的才干，在一次海潮侵袭中，修堤的民众四散奔逃，场面失控，是滕子京亲自站在水里，迎风顶浪进行指挥，这才安稳住了民心，所以备受张纶称赞。滕子京后来迁官当涂（今安徽当涂县）、邵武（今福建邵武市）知县。范仲淹在升任京官后，赞其有才干，将其召入试学院，仁宗天圣年间又改任专管审核刑狱案件的大理寺丞。由于进谏刘太后还政宋仁宗，朝中很多官员被贬谪，而滕子京也于天圣九年（1031）由大理寺丞贬至闽北邵武县。在任职期间，他建学堂，恤孤寡，关注和改善民生，深受民众爱戴。史书上称他“复知邵武军州事，自任好施予，喜建学，为人尚气倜傥，清廉无余财”。

滕子京做得最出色的一件事，就是跟随范仲淹经略陕西之时，面对宋军大溃败安抚军民的事迹。康定元年（1040），西夏元昊大举兴兵侵宋，滕子京被朝廷升为刑部员外郎，职直集贤院，任泾州（今甘肃州泾川北）知州。庆历二年（1042）九月，元昊举兵进犯泾原，与宋将葛怀敏大战于定川寨。对于这次战役，早就有官员告诫葛怀敏不要贸然出兵，以免中了元昊的诱敌深入之计，但是葛怀敏不听，坚决进兵，结果在定川寨被西夏军包围，水源也被切断，葛怀敏力战而死，近万士兵被西夏军俘虏。葛怀敏战败，消息传到朝中，百官心惊肉跳，而最倒霉的是边界州县的军民，人心惶惶，惊惧不已。西夏军一路打到渭州，距滕子京所在的泾州只有百余里。面对群情汹汹的不安局面，滕子京再次展露了他临危不惧的本领。他首先动员数千百姓换上士兵衣服站在城楼之上，振奋军心；然后又招募勇敢的士兵，化装后深入到敌营附近，侦探敌军远近及兵力多寡，同时快马加鞭将警报告知临郡做好防备。西夏兵很快便来到了泾州城下，在这种危急时刻，范仲淹率 15000 人赶到此地，这才解了泾州之危。而滕子京张罗粮草，保证了战争后勤，一举将敌寇击退，立下了汗马功劳。战争结束后，滕子京花重金买牛买驴，设下酒宴，犒劳帮助他们的羌族首领和士兵们，又在佛寺里为在定川战争中死亡的士卒祭神祈祷，并安抚死者亲属。滕子京的这些安民行为取得了很好的成效，稳定了边疆。

由于表现出色，范仲淹便举荐滕子京来代替自己的职务。朝廷恩准，提升滕子京为天章阁待制，并调往庆州任职。然而，滕子京用公钱犒赏羌族部落首领与士兵，为他以后被谏臣弹劾埋下了伏笔。到了庆历新政期间，反对派为了攻击范仲淹，便以滕子京为突破口，大肆罗织罪名。礼部侍郎郑戬和御史梁坚上奏弹劾滕子京以前在泾州耗费公钱十六万贯。朝廷立即派遣特使前去检查巡视，特使到达之后，便对滕子京在泾州花公费的行为进行了核查，发现大部分钱都用来犒赏羌人部属。滕子京提前得知了消息，担心连累太多的人，便烧掉了相关资料。

范仲淹当时任参知政事，连续写了三封奏疏为滕子京辩诬，竭力进行挽救，并且用切实的数据证明滕子京在泾州犒赏羌族部落只花了三千钱左右，所谓“十六万贯”是滕子京在庆州任职期间正常的公务行为，都有详细出处。仁宗也认可这种说法，只将滕子京降一级，知虢州。但是新政反对派不依不饶，御史中丞王拱辰不断上奏，认为滕子京受惩罚太轻，最终，滕子京再次被贬到了岳州，这才有了重修岳阳楼的历史事件。

那么滕子京花公款犒赏边疆羌族部落有问题吗？站在如今的角度，会有人指责滕子京三公消费有点不合法。但是站在当时的历史环境下，滕子京的所作所为没有什么问题。首先，边疆将帅犒赏有功的少数民族部落，这是历史上传下来的通行做法。当御史弹劾滕子京之时，仁宗皇帝说了一句话："边帅以财利啖蕃部，此李牧故事，安可加罪！"这说明，滕子京的行为是战国时代赵国名将李牧首倡的，以后就变成了历朝历代的规矩，何错之有？因为王拱臣对滕子京不依不饶，胡乱猛咬，最终也惹怒了宋仁宗，他训斥王拱臣是借此事件沽名钓誉。由此可以看出来，滕子京的行为是被当时的最高统治者认可的。而滕子京之所以被贬，真实原因是做了庆历新政的替罪羊。如今很多人对滕子京花公费犒赏羌族部落的行为横加指责，用今人想法菲薄古人，确实不太合适。

滕子京"尚气，倜傥自任，好施与，及卒，无余财"，可见他也不是一个贪得无厌、横征暴敛、家财万贯之人。因此，不管当时还是后世，泼在他身上的污水，可以休矣！

范仲淹与滕子京交好，早在泰州任职期间便写诗酬答，字里行间对滕子京给予了很高的期望。范公在《书海陵滕从事文会堂》写道：

东南沧海郡，幕府清风堂。诗书对周礼，琴瑟亲义黄。君子独不乐，我朋来远方。言兰一相接，岂特十步香。德星一相聚，直有千载光。道味清可挹，文思高若翔。笙磬得同声，精色皆激扬。栽培尽桃李，栖止皆鸾皇。琢玉作镇圭，铸金为干将。猗哉滕子京，此意久而芳。

在范仲淹被贬饶州期间，二人依旧诗书唱答，在《酬滕子京同年》这首诗中，范仲淹表达了自己不因为贬谪而沉沦的乐观主义精神，并勉励滕子京坚持心中的大道：

谢家风雅若为酬，散吏方耽海上游。疏懒几忘传笔梦，寂寥仍有负薪忧。欲歌兰雪归真隐，敢向簪轩竞急流。如共茂先瞻气象，莫言神物在南州。

滕子京被贬谪巴陵郡之后，一度灰心丧气，抑郁满怀。范仲淹继续写诗给予鼓励，劝他放下官场的钩心斗角，过安静快乐的日子。在《和延安庞龙图寄岳阳滕同年》，范仲淹写道：

优游滕太守，郡枕洞庭边。几处云藏寺，千家月在船。疏鸿秋浦外，长笛晚楼前。旋拨醅头酒，新炮缩顶鳊。宦情须淡薄，诗意定连绵。迥是偷安地，仍当饱事年。祇应天下乐，无出日高眠。岂信忧边处，胡兵隔一川。

滕子京接受了范仲淹的劝诫，到巴陵郡后，再不计个人荣辱得失，以国事为重，勤政为民，扩建学校、修筑防洪堤、重修岳阳楼，两年时间政通人和、百废俱兴。在岳阳历任知州时，滕子京“治为天下第一”。重修岳阳楼之后，他给在邓州养病的范仲淹写信，请他作记，共襄这一盛事。随信还送了一幅《洞庭秋晚图》，供范仲淹写作时参考。经过长时间的酝酿构思之后，范仲淹挥起如椽大笔，满怀豪情，数十年宦海沉浮历历在目，忧天下之心至老不衰，写下了千古名篇《岳阳楼记》。

在滕子京去世之后，范仲淹亲自撰写了《天章阁待制滕君墓志铭》，悲叹道：“嗟嗟子京，天植其才。精爽高出，诚意一开。抗直谏曹，辩论弗催。主略远方，智谋横来。嗟嗟子京，为臣不易。名以召毁，才以速累。”确实很客观地评价了滕子京任气刚直、未尽其才的一生。

而范仲淹举荐的另一名杰出人才，就是为北宋王朝立下赫赫战功的种世衡。种世衡是谁？很多人非常陌生，但是如果问杨老令公杨继业是谁，大家都耳熟能详。其实作为北宋初中期的两位名将，杨继业和种世衡都为大宋长久治安立下了汗马功劳。不过，杨继业率领的杨家将是声名鹊起于宋太宗抗击契丹时期，而种世衡领导的种家军则扬名于仁宗抗击西夏期间。按照演义的说法，杨老令公家族满门忠烈，最后死得男丁凋零，只剩下十二寡妇出征。而种世衡的家族，历史记载其为国捐躯的就有数十人。那么，杨家和种家都是忠君爱国，为何杨家将妇孺皆知，而种家军却湮没无闻了呢？这还是民间勾栏瓦舍的说书人造成的，杨家将通过各种评书话本代代流传，其人物事迹距离真实历史已经非常遥远，然而那些有血有肉的鲜活人物满足了百姓对于英雄的渴望，因此流传千古。但是不知道何种原因，种家军的事迹一直没有通过通俗文学流传下去，最后沉睡在故纸堆中难见天日。

种世衡，字仲平，河南洛阳人，生于宋太宗雍熙二年（985），卒于宋仁宗庆历五年（1045）。其曾祖种存启，做过河南寿安县令；祖父种仁翊，当过京兆长安令，赠太常博士；父亲种昭衍，进士及第，官拜职方员外郎；叔父种放，字明逸，宋代大儒，隐居终南山，宋太宗多次召其为官，辞不就，后拜左司谏，直昭文馆，累迁工部侍郎。种世衡少年时代父亲就去世，之后他便跟随在叔父种放身边，侍奉左右，刻苦攻读，很受叔父喜爱。他没有参加科举考试，而是凭借种放担任工部侍郎的官职，以荫受官，做了“将作监主簿”，后来迁官“太子中舍”，此后在多个地方做小官。他疾恶如仇，不怕触怒权贵，后来担任通判，镇守环州和凤州，因为得罪了章献刘太后的亲戚王蒙正而被贬官，被流放窦州，后移居汝州。因其弟种世材送上一官职来替兄赎罪，朝廷这才任命种世衡为孟州司马。后来龙图阁直学士李纮以及宋绶、狄棐等大臣相继为他辩护，种世衡这才被任命为卫尉寺丞，历任随州监酒、同州签书、鄜州判官事。这是种世衡在展现其强悍军事才能之前，在官场蹉跎的岁月。而他一生的命运转折是从范仲淹慧眼识才开始的，从此他从众多官员与将军中脱颖而出，与大将狄青一起以军功名留青史。

根据《宋史·种世衡传》和范仲淹的《东染院使种君墓志铭》记载，种世衡最为人称道的功绩有以下几个方面：一是抢建青涧城，先发制人；二是安抚羌族为我所用；三是派遣间谍刺探西夏情报；四是用反间计除掉元昊的左膀右臂野利旺荣、野利遇乞兄弟。

宋对西部用兵，而守备不足，种世衡建议重建延州东北二百里已经废弃的宽州城，用来抵挡敌人的锋锐，不但可稳固延安形势，还可以图取银州、夏州的旧地。范仲淹同意他的建议，命他负责这项工程。在建城期间，西夏人多次出击，种世衡带领士兵一边战斗，一边筑城。等城池筑好以后，却没有水源，挖地凿井一百五十尺碰见了大石头，还是没有水。守卫的士兵们就有点担心，认为此城不可守。种世衡没有放弃，命令士兵继续凿穿石头，一畚碎石付酬一百钱。经过不懈的努力，终于凿穿数层岩石，泉水喷涌而出，军民欢呼雀跃。这种取水方法也传到了周边地区，解决了周边的缺水之苦。新城修完之后，仁宗皇帝就赐名青涧城。

宋仁宗庆历三年（1043）春，范仲淹巡视边境时，得知环州（今甘肃环县）的很多羌族部落，因为以前官员都不抚恤，大都偷偷与元昊暗通款曲，威胁北宋安全。当时种世衡刚修完青涧城，在羌族百姓中声望很高，范仲淹就奏请朝廷调种世衡做环州知州，来镇抚羌族。当时羌族部落有个酋长叫牛奴讹，性格非常倔强，以前从没有出来拜见过郡守。这次听说种世衡来了，竟跑到很远的地方去迎接。种世衡和他约定，第二天一定到他的帐幕去，慰劳部落百姓。

当天晚上，大雪纷飞，积雪足有三尺深，左右侍从说："牛奴讹凶狠狡诈，难以信任，况且道路险阻，不易行走。"

种世衡说："我正是以信义结交羌人，怎能错过约定的日期？"随后他冒着大雪前往羌族部落。

到达以后，牛奴讹大为吃惊："我世世代代住在这座山上，汉人的官吏没有敢到这里来的，你一点都不疑心呀！"于是率领全部落的人向种世衡行礼，全部落感动得口服心服。

当时羌族中最强大的部落是慕恩部落，谁能够将其收到麾下，谁就会占据先机。某夜，种世衡邀请酋长慕恩到军帐中饮宴，推杯换盏之际，种世衡唤出一名美丽的侍女出来劝酒，慕恩顿时兴致大增。酒过三巡，种世衡故意起身走到里间，从门缝暗中细细观察慕恩的一举一动。果不其然，慕恩乘种世衡离开之机，与侍女调情。这时，种世衡突然夺门而入，表现出很意外的样子。慕恩大惊失色，羞愧难当，赶紧伏地请罪。种世衡笑道："酋长想要她吗？"随即十分爽快地把侍女送给慕恩。从此，慕恩对种世衡忠心耿耿，以死力效。羌族中凡有二心者，种世衡便安排慕恩率军征讨，战无不胜，攻无不克。

种世衡后来升任内殿崇班、知青涧城事。他开垦营田两千顷，招募商人，借贷给本钱，使流通货物赢得利益，青涧城于是殷实无忧。他每次出行慰劳羌族部落，经常解下所佩的玉带送给他们。在与客人饮酒的时候，如果有人来报告敌情，种世衡就随手将桌上的酒具送给来人。种世衡通过恩威并重的手段，逐渐使沿边的羌族为宋所用，为稳定边防、加强民族团结做出了突出贡献。

但是，也是因为种世衡轻财好施，在安抚羌族部落时候用了不少公钱，因此被当时的朝廷官员和后人所诟病。那么有人想过没有，当时的北宋王朝不惜每年花费几十万岁币并且加官晋爵与契丹、西夏和好，难道种世衡花点公钱收买羌族为我所用就要被口诛笔伐吗？

种世衡在安抚好少数民族部落之后，多次派遣间谍深入西夏刺探情报，使用苦肉计和反间计，先后刺探到元昊的很多军事机密。同时离间他的两位将军野利旺荣、野利遇乞兄弟，并假元昊之手除之，为北宋王朝除去了两个心腹大患。

种世衡在陕西协助范仲淹御敌数年，可谓居功甚伟，但是由于北宋朝廷忌惮军人，所以他的官职一直不高。即使这样，还有朝廷官员故意隐瞒种世衡的军功不报，这个人就是北宋另一位名臣庞籍。种世衡去世以后，和他一同共事的庞籍官拜枢密使，主管国家军事用兵。种世衡的儿子种古上书朝廷为父亲讨说法，都被庞籍给压制了下去。等庞籍被罢掉了枢密使之职，种古继续上书申辩，朝廷派人查验，发现种古所说属实，这才为种世衡讨回了公道。

庞籍在历史上口碑不错，也很有才能，与范仲淹私人关系也很好，但是这件事情做得太不地道。《杨家将》里的白脸奸臣庞太师的原型就是庞籍。善良的百姓眼光雪亮，为民请命者，千百年来香火不绝；损民利己并且祸害忠良者，都一律打入了奸臣行列，代代唾骂不休。当然，庞籍因为这件事被彻底丑化，也有点冤枉他了。

范仲淹对种世衡的去世非常悲痛，为国家失去栋梁之材而哀叹不已，他在《祭知环州种染院文》中写道："君子忧边兮，尚有胡虏。伊余追念兮，心之酸苦。焉得边帅尽如君兮，守此西土。"

被范仲淹举荐的另一位知名大将就是家喻户晓的狄青，他是北宋年间唯一因为军功而不是进士及第官拜枢密使的人。

狄青，字汉臣，汾州西河（今山西）人，生于宋真宗大中祥符元年（1008），卒于宋仁宗嘉祐二年（1057）。他出身贫寒，参军入伍谋生，所以面有刺字，善骑射，有勇力，人称"面涅将军"。宋仁宗宝元元年（1038）为延州指挥使，勇而善谋。在宋夏战争中，当时前线的将士们畏惧西夏兵强，几乎没有斗志，屡次被敌军打败。为此，狄青行军打仗时经常亲自做先锋，他每战必披头散发，戴铜面具，冲锋陷阵，如入无人之境，作战4年，前后参与了大小25场战斗，中乱箭多达8次，立下了卓越的战功。

大臣尹洙任经略判官时，狄青以指使身份求见，尹洙与他谈论军事，很欣赏他，便推荐他给经略使韩琦、范仲淹，并说："这是良将之才。"二人见到狄青，一番交谈下来，也认为是个奇才，对他厚礼相待。范仲淹特地送他一套《左氏春秋》，对他说："将帅不知古今历史，就只有匹夫之勇。"狄青从此改变志趣，饱读诗书，终于精通秦汉以来将帅的兵法，很快便脱胎换骨、脱颖而出，因此愈加知名。

狄青在西夏战争中出生入死，以军功名满天下，并获得了仁宗的赏识，仁宗称他为自己的关羽和张飞。当他被提拔进朝中为官之后，脸上还留有刻字黑疤。宋仁宗曾劝狄青敷药除掉这些疤痕，狄青说道："陛下根据功劳提拔臣，而没过问臣的出身门户。臣之所以有今天，就是因这些疤痕，臣希望保留它，以此鼓励军队士兵。"仁宗闻听赞叹不已。

到了仁宗皇祐五年（1053），侬智高反叛，攻陷邕州，又攻破了沿江的9个州，包围广州城，岭外军民骚动不安。狄青主动请缨，于正月十五夜袭昆仑关。之前宋兵屡战屡败，损兵折将，贼兵气焰极其嚣张。狄青面对彪悍贼兵毫不畏惧，带领士兵出其不意进行猛攻，大败叛军，追击了50里，斩首数千级，生擒叛贼500多人，侬智高在夜间纵火烧城后逃走。这一仗让狄青的声望和军功达到了顶点，后官拜枢密使。

但是，狄青是以军功起家，在北宋那个扬文抑武的文化氛围中，他即使取得再大战功，也会被别人猜忌。毫不意外，在他担任枢密使的4年时间里，弹劾他的奏疏连续不断，其中以欧阳修弹劾狄青最为急切，无外乎"武夫当权，会重蹈五代覆辙"之类的理由。"众口铄金，积毁销骨"，大臣们连续不断的攻击，让一直谨慎小心的狄青身患恶疾，抑郁而终。他死后，仁宗皇帝追赠中书令，谥号"武襄"。

狄青的不公正遭遇，让后世很多人为其打抱不平，明代文学家王夫之说道："狄青以枢副之任，稍自掀举，苟异一切，而密席未温，嫌疑指斥，是以英流屏足巨室寒心。"南宋思想家叶适评价狄青："若狄青、岳飞辈，盖数十百年而一，有寥落相望，无复继者，则其为存亡安危所系。"

第五节　甘棠惠政，造福万民

范仲淹在《依韵酬吴安道学士见寄》写道：

圣君贤相正弥纶，谏诤臣微敢狗身。
但得葵心长向日，何妨驽足未离尘。
岂辞云水三千里，犹济疮痍十万民。
宴坐黄堂愧无恨，陇头元是带经人。

一句“岂辞云水三千里，犹济疮痍十万民”，让范仲淹忧国忧民的情怀，穿越千年风尘，在我们耳边回响。

范仲淹的一生大都为官一方，担任京官时间很少，这与他进谏切直、奋不顾身有关，他不以一心之戚而忘天下之忧，多次得罪太后、皇帝以及朝中弄权的重臣，半生漂泊，足迹遍布大半个中国。范仲淹为官一方虽然远离朝廷，却能用治国本领造福百姓，这也是当地黎民之福。因此，只要是范仲淹足迹所到之处，当地居民都会建立祠堂进行纪念，历经千年，至今不衰。

想来中国百姓，自古以来就遭受天灾人祸之苦，在兵荒马乱之际，不幸成为饿殍填沟渠；在太平岁月，照样饱受干旱、洪水、虫害、地震、霜雪、瘟疫等自然灾害之苦。在科技不发达的古代，即使是太平盛世，老百姓十年中有八年被灾荒蹂躏，偶尔遇到大熟之年，却被苛捐杂税折磨得欲哭无泪。苍生元元之苦，让人痛彻肺腑。

其实，在漫长的岁月里，老百姓的要求很简单，日出而作，日落而息，凿井而饮，耕田而食，饱食无忧，鼓腹而歌，这就足矣。然而，数千年来，老百姓连这点最基本的要求都无法得到满足。遇见贪官污吏，则被横征暴敛；遇见无能之辈，则悲号无以自救。好不容易遇见一位清官能吏，便敬若神明，顶礼膜拜，口碑传唱，世代不休。

范仲淹则是老百姓遇见的真正治世之能臣。在范仲淹的教育思想里，以民为本的观念根深蒂固，在这种几乎像本能一样的思想的指导下，他切切实实体察治下百姓的疾苦，竭尽全力为黎民谋福利。在他三十几年的官宦生涯中，惠民之政数不胜数，其中有五件大事，可以让我们一睹范公忧国忧民的情怀。

宋仁宗明道二年（1033）的七月，江淮和京东路的百姓先是遭受旱灾的摧残，紧接着蝗灾肆虐，灾情紧急，民不聊生。州县快马加鞭将加急救灾文书送到京城，担任右司谏的范仲淹立刻给皇帝上疏请求救灾。但是奏章递上后，仁宗皇帝却没有任何动静，更没有着急上火派遣官员去赈灾。范仲淹左等右等，依旧没有消息，便径直冒犯龙颜，质问仁宗："宫掖中半日不食，当如何？今数路艰食，安可置而不恤！"仁宗半晌不语，却也没有怪罪范仲淹，而是派遣他到江淮与京东路两地赈灾。

范仲淹接到任命之后，立刻动身，马不停蹄奔赴灾区，走访各个灾情严重的州县，接连打开义仓、广惠仓、常平仓等应急粮仓，开仓放赈。每当百姓遭遇饥荒年景，当地的佛寺道观就会香火大盛，而那些供奉着各种来路不明神仙鬼怪的淫祀，更是乌烟瘴气。佛寺道观在灾年还会给百姓施舍一点粥饭，而这些野神淫祀没有丝毫益处。范仲淹一边救灾，一边派人捣毁这些来路不明的淫祀，禁止百姓再去朝拜。为了给灾区百姓休养生息的时间，他上疏请求罢免庐州与舒州的折役茶钱和江东的丁口盐钱。

从八月到十二月，范仲淹奔波于各大灾区，终于控制住了灾情。在向朝廷交差的同时，他还特别带了一些灾区饥民吃的乌昧草呈给了仁宗皇帝，并在《封进草子乞抑奢侈》中奏道："当地的官员奏称，他们到灾区检查旱情，发现饥民吃一种叫乌昧的野草为生。他们将捕捉到的蝗虫晒干，拔去四肢和翅膀，掺杂着这种乌昧草煮食。这绝不是在欺骗陛下。微臣思来想去，东南等郡每年上供粮米六百万石，并且皇宫府库物帛都是来自民间。而百姓在饥年生存如此艰难，国家若不节俭，百姓生活如何能够复苏？建议陛下将乌昧草传至六宫和贵族外戚，抑制奢侈。”

随后，范仲淹继续上呈仁宗皇帝《陈八事疏》，再次劝诫朝廷要大力推行节俭，减轻万民的负担。其主要内容包括：

其一，希望朝廷将目前的费用支出与太祖、太宗时候的支出做对比，这样就知道如今奢侈到底有多严重。

其二，建议朝廷不要对高级官员毫无节制地滥赏，所谓散财容易聚财难，滥花的每一个铜板都是百姓的血汗，必须赏赐的，要建立相应的制度加以规范。况且燕云十六州至今仍在契丹手中，先皇勠力进取，积累财帛，就是为了实现收复失地的愿望。如今朝廷如此浪费，国库空虚，一旦有事，如何应付？

其三，作物生长有时限，而国家挥霍无度，进少出多，国家财政能不窘迫吗？老百姓除了正常上缴租税之外，还被官府强制低价摊派存粮，这与公开抢劫何异？况且京师的粮食每年都是靠其他州郡通过江淮转运，耗费了大量民力物力，两浙和东南数路每年运往京城的粮食高达二三百万石。即使在丰收年景，粮食价格也是居高不下，官府不但多花了钱，百姓还缺粮食，这是双输结局。

最触目惊心的是，千里转运粮食不但伤财，而且害人。当时范仲淹到淮南赈灾，路上遇见 6 个瘦弱的老兵。他们告诉范仲淹，刚开始出发的时候，有 30 个人，从潭州拉船到无为军，在转运的途中，半路死的死逃的逃，最后就剩下他们 6 人。而这些人还要徒步回到家乡，能否活着回去还是未知数。同样的情景，担任转运副使的张纶（曾经负责修建泰州捍海大堤）也曾经遇见过，他在担任江淮盐运官时，就看到不少漕卒因冻饿而死于道旁，感叹道：“这是自己没有尽到责任啊！”遂以“推奉钱市絮襦千数，衣其不能自存者”。

瞧瞧，这就是号称 42 年太平盛世的仁宗时代，底层军民的生活竟如此悲惨！那么如何解决这些问题呢？范仲淹提议道，要省用度、除冗兵、销蠹吏、减馈运、罢和籴（和籴，原指官府出资向百姓公平购买粮食，唐中期以后逐渐成为官府强加于百姓的抑配征购）、禁游惰、省工作，才能逐渐去除这些弊端。

其四，建议朝廷精简禁军。范仲淹为何要提这条建议呢？这是因为，北宋王朝最大的弊端就是既养了一群冗官，同时又养了一群冗兵。也许有人会问，养冗官可以理解，皇族贵戚必须要养着，因为他们手里没有一丁点权力，需要赐给荣华富贵搞平衡。而为了让底层读书人有出人头地的机会，就要多选拔进士，以免出现过多的像张元那类背叛国家投奔西夏的人。其实，北宋养一群差不多都是废物的士兵，也是这个道理。宋太祖赵匡胤的治国思路挺有意思，怕读书人闹事，就让他们尽量多做官；怕民间那些既不读书又血气方刚的年轻人闹事，就把他们招进军队，有吃有喝养活着。这一养不要紧，很多士兵一直到 70 岁才脱离军籍。在和平年代，这些军人既不打仗，也不搞生产，纯属寄生虫，这得费多少粮食衣物啊！这些人可都是面朝黄土背朝天的老百姓养着啊！范仲淹说道："一卒之费，岁不下百千，万人则百万缗矣，七十岁乃放停。"因此，解决这个问题，必须要精简禁军，让那些连枪都扛不动的士兵早早回家享受天伦。

其五，改革养军马制度。范仲淹指出，沿边市马，每年几百万缗，罢之则绝戎人，行之则困中国。自古以来骑兵未必为利，开元、天宝间，大唐王朝曾经牧马数十万匹，安禄山一造反，王师败于函谷，有什么用呢？并且骑兵之费，钱粮、刍粟、衣缣之类，每一指挥，每年的费用高达数万缗。而那些老弱者根本无法骑马，更何况打仗？所以，建议将西北的军马，可收到京师，豢养在民间，如果有需要，一呼可集。同时用重税禁止养江淮小马，这样每年可节省饲料数以亿万计，又是一大利民政策。

第六和第七条与官员选拔有关，不再赘述。第八条切切实实属于惠民政策。范仲淹劝诫朝廷，少修那些劳民伤财的佛寺道观。当年真宗皇帝几乎耗尽了国家财富修建玉清昭应宫，结果老天爷发怒，在一个电闪雷鸣的晚上，突然出现一个硕大的球状闪电，击中了这座奢华无比的宏伟宫殿，一时间火光四起，烟焰升腾，大火呼呼啦啦烧了一夜，竟将 3610 间房屋的一座琳宫玉宇，变成了一片瓦砾荒场，只剩得长生、崇寿两座小殿。而如今，仁宗皇帝不吸取教训，还在修真州长芦寺，光服役士兵的口粮就已经多达 4 万斛。而建筑寺庙、为佛像贴金，又要花费 30 万缗金钱。这些钱可是搜刮的百姓的民脂民膏啊，如果用之于民，可以减少横征暴敛；施之于士，可以增加俸禄；施之于兵，可以开拓疆域，可陛下偏偏将这些钱花在没有丝毫用处的东西之上。建议陛下今后一定要少动土木工程啊！

这个奏疏报上去之后，“帝嘉纳之”。仁宗皇帝认为范仲淹提的建议很好，至于如何实施，就没有下文了。

范仲淹上的《陈八事疏》，处处站在百姓的角度说话，将北宋王朝金玉其外、败絮其中的实质揭示得一清二楚。如果仁宗皇帝能够听取忠臣之言，大力提倡节俭，那么国家才有希望，百姓才能真正安居乐业。可惜的是，仁宗皇帝自己倒是非常节俭，御餐里有虫子，他挑出来继续吃，并在皇宫里面禁止绫罗绸缎和金银首饰。但是，光皇帝一个人节俭有何用处？除了被一群官员大拍皇帝仁慈马屁之外，起不到任何实质性作用。

朝中的很多大臣，都铆着劲比赛谁更奢侈；地方很多官员，一个赛一个贪渎。仁宗皇帝被元昊一顿猛揍，感觉到疼了，这才产生了壮士断腕的勇气，想锐意改革，却被周围的奸臣们一忽悠，立刻改变了主意。

宋仁宗景祐元年（1034），46岁的范仲淹在睦州上任仅仅三个月，便被一纸调令从睦州迁往了苏州。等一路风尘仆仆赶到苏州治所，范仲淹被眼前的情景给惊呆了。苏州城内水深过膝，沿街民庐大都泡在了污浊的洪水中，时不时还看到因为长期浸泡而不断倾颓的房屋轰然散架。灾民们三三两两聚在一起，徒劳地用盛水工具从家里向外舀水，而溺毙的百姓和牲畜漂浮在肮脏的水面之上，在盛夏季节发出阵阵令人作呕的臭气。衣衫褴褛的饥民蜷缩在苏州城地势较高的地方，满脸菜色。光着屁股的孩童，浑身脏兮兮地盯着行人，想要乞讨一些果腹的食物。站在苏州城最高处，放眼望去，都是一片汪洋，即将收割的水稻，早已经被洪水淹没，无影无踪。极目处水天一色，却不是怡人的美景，沟壑纵横的水乡已经被泛滥的波涛蹂躏得体无完肤了。

面对眼前千疮百孔的惨景，范仲淹悲伤地摇了摇头，说道：“自古苏杭就是人间天堂，却也经不住汛期的洪水泛滥。难道历任长官就没有采取过治水措施吗？”

随从的小吏答道：“知州有所不知，苏州地区罹患水害已久，历任长官都将治水作为头等大事去做，但是成效都不大。当年江淮转运副使张纶曾经下大力气疏通了五渠，导引太湖水入海，并且为了避免舟船倾覆，还专门开凿了芦西河加以解决，在高邮城北修筑河槽大堤200余里，用来泄洪。然而，还是没有从根本上解决问题。水患年年不期而至。”

范仲淹说道：“上古先贤早已经告诉我们，治水的要领在疏不在堵，苏州地域年年遭遇水害，还是因为没有找到问题的症结所在啊。为此，我们必须要下一番功夫进行考察走访，然后才能对症下药。”

范仲淹没有怠慢，立刻带上懂水利的官吏不辞辛劳，陆地乘车，水中乘舟，查验了辖区内几条主要的大河，对苏州的周边地形了然于心后，便开始实施浩大的治水工程。

那么苏州百姓为何经常遭遇水患折磨呢？这和此处特殊的地理条件有关。苏州西接太湖，东临大海，东北方向靠近长江。整个地区东、北、西三面地势略高，中间地势低，河流湖泊遍布，塘浦纵横，号称水乡泽国。周围昆山、常熟、长洲、吴县等地山峦起伏，环绕着太湖。而太湖之水在古代经由三江入海。都有哪三江呢？分别是东边的松江、东北方向的娄江和东南方向的东江。除了这三条主要排洪干道之外，还有大大小小的湖泊可以临时蓄水。到了北宋范仲淹所在的年代，娄江与东江早已经被泥沙淤积，太湖的水只能通过松江导泻入海，松江的排水泄洪能力有限，蓄水湖泊已超出了负荷，这才导致了水患不断。

水患问题的症结找到了，就要采取针对性措施，那就是必须将太湖的水疏导到海洋，才能一劳永逸地解决问题。为此，范仲淹亲自下水，领着官民一起，开始了苏州治水大会战。先后疏通了白茆、茜泾、浒浦、下张、七丫等五条河流，将太湖的水导入海洋。同时将相邻县的积水导入松江和长江。为了提高松江的排洪能力，范仲淹还提出整治松江盘龙汇河段，这里地形复杂，直线距离仅仅10里的河道，弯弯曲曲长达40里。这条河道的整治，未在范仲淹任期中完成，而是在后任知州的努力下实现的，极大地提高了松江的排洪能力。

范仲淹功绩显著，又让政敌吕夷简嫉恨不已，为了坏其好事，吕夷简强行将范仲淹调往了明州。范仲淹一走，治水便差点功亏一篑，幸亏当地官员进谏，百姓们也希望范仲淹将洪水治理完毕再离开，朝廷只好让范仲淹再次返回苏州，继续完成治水工作。

范仲淹在治水期间，专门向当朝宰相吕夷简写信汇报情况，并提出了治水措施。这个心机颇深的权臣却将范仲淹的奏疏交由众官员讨论，结果大多数都反对治水，提出的理由五花八门，就和当年张纶修建泰州捍海大堤之时遇见的情形一模一样。这群尸位素餐之徒，确实是成事不足、败事有余。吕夷简假惺惺地写信将范仲淹夸奖了一番，同时将反对意见一同告知。范仲淹一边治水，一边写信，他在《上吕相公书并呈中丞谘目》中，对自己的治水措施进行了详尽阐述，对反对派意见逐条进行了反驳。

反对派提出的意见，诸如“江水已高，不纳此流”“日有潮至，水安得下”“沙因潮至，数年复塞”“开浚之役，重劳民力”“力役之际，大费军食”“彼泽之田，动成渺弥”，不一而足。范仲淹逐条进行了解释：江河湖海为百谷之王，收纳百川之水，怎么可能不收纳苏州地域的洪水呢？只要疏通得当，导引有方，自会解决问题。大江大河有涨潮也有退潮，并且退潮的时间远远长于涨潮的时间，洪水怎么会排不出去呢？新开凿的河流，必须设置水闸，时常清理淤积的泥沙，则河不会阻塞，每年春天清理闸门外面，工程量减少很多，能有什么祸患呢？况且苏州之地，一旦水患，收成全无，饥民嗷嗷，瘟疫横行。那么到底是发动百姓出力治水好呢，还是等洪水来了等着饿死好呢？治水期间是要动员百姓和士兵出钱出力，需要耗费一些粮食，那么，与洪水治理好后收获的几十万石粮食相比，区区几千石口粮算得了什么呢？苏州地域本来水田居多，将洪水排干之后，就是良田，去年被水淹没的土地，在积水排除后，今年已经到了收获季节，怎么能说这些土地就不能耕种呢？

范仲淹解答的这些令人啼笑皆非的奇葩问题，让我们对仁宗年间那些官员的科技素养有了更深的了解。苏州一役，范仲淹大获全胜。从此之后，这块人间宝地终于消除了水患，成了真正的鱼米之乡，“苏、常、湖、秀，膏腴千里”，成了国家的大粮仓。而他的下一场惠民战役，是在饶州展开的。

宋仁宗景祐三年（1036），48岁的范仲淹因为得罪吕夷简而被禁军抄家，一家十口被贬往了饶州。经过漫长的跋山涉水，夫人李氏不堪折磨，在饶州身染重疾，不幸去世。范仲淹强忍着巨大悲痛，安葬了与自己相濡以沫 13 年的爱妻，便全身心投入到改善当地民生的工作中去了。那么，范公在饶州都有哪些令人称道的甘棠惠政呢？总结起来有以下几点：第一，修建城渠；第二，正肃民风；第三，严明狱规；第四，减免茶税；第五，资助书生。

在北宋时代，饶州城东依下东湖，西临滨州湖，北枕芝山，南襟鄱江，地势相对低洼，一旦大雨倾盆，势必造成内涝，如果湖水上涨，定成洪水之灾。范仲淹因为有苏州治水的宝贵经验，所以在体察民情期间，就发现了这个严重的问题。虽然饶州城面临的水患危害没有苏州那么厉害，但是如果不加以解决，也会对民众生活造成严重戕害。而此时，饶州城正洪水成灾，沿鄱江一带的护城大坝被洪水冲毁数处。水退之后，范仲淹发动民工进行修复。就在为大坝打地基之时，基坑渗水如注，屡砌屡塌。范仲淹就召集沿湖的百姓，询问治理对策，最终经验丰富的民间能工巧匠提出了应对措施，建议采取“河中淘金”的施工方法，即在基坑周围挖坑排水，再用糯米蒸熟后掺拌石灰砌石块。采取这种方法后，大坝的基础很快完成，非常坚固，被毁坏的大坝也快速竣工。由此，“金沙为媒，城基为证”成为当时的佳话。

面对外洪内涝、灾民饥困，范仲淹将个人得失抛在脑后，积极投身于救灾工作之中。他下令疏通内渠，并亲自到实地监工，将市内积水引出城外，经过民夫日夜赶工，新桥、大龙桥、小龙桥、永平门外的浮桥下的沟渠在一个月内全部疏通，使整个市容焕然一新。为防止灾后疾病发生，范仲淹告诫百姓不要随便饮用不洁净的河水，同时派人在城内打井数口，改变了市民吃河水的习惯。这些古井历经千年沧桑，保留到了今天，有些依旧在使用。当地百姓对范仲淹感激涕零，赞道：“吃水不忘范知州。”

古代饶州为赣北的水运交通枢纽，也是商贾云集之地。但当时饶州因为山高皇帝远，加上教育欠发达，社会风气不佳，商人逐利不顾廉耻，豪强凌辱百姓、欺行霸市。在饶州城东湖的西南岸一带，成了不法商人和地方豪强的赌博欢娱场所，平时禁止平民百姓进入。范仲淹在体察民情时，有百姓向他汇报了这个情况，他便下命令，将此地由南至北，按东西方向分成十块，并开通了九条巷弄。这样既方便了群众的往来，还将此地置于民众监督之下，狠狠打击了奸商豪强欺行霸市的歪风，改变了饶州城的社会风气。如今，饶州城仍流传着“九箭射东湖”的传说，传说中老百姓们将那些地痞豪强比喻成害人的白色巨蟒，被范仲淹九箭射死，表达了当地人们对千古伟人范文正公的歌颂和怀念。

治理地方，严明律法是必不可少的环节。只有法正，官才正；官正，民才正。因此，范仲淹在饶州做的第三件事情就是除冤狱、严律法。他在任职期间，广开知府大门，让百姓直接上堂申诉冤屈。此令一下，来到知府告状的百姓络绎不绝。范仲淹断狱才能无人能比，即使在汴梁开封府那个人人头疼的场所，他都应付自如，在饶州更是不在话下。很多积压多年的案件，他都亲自审阅，逐个断决。

有一天，饶州城的一名妇女牵着两个孩子跪拜在衙前喊冤。范仲淹上前询问究竟，那妇人悲伤地说：“请大人为我做主，我丈夫冤死在狱中，我要为丈夫申冤。”范仲淹安慰了那妇人之后，立即到监狱调查，通过实查得知，那妇人的丈夫确实是在狱中被严刑拷打而死，同时还了解到监狱中经常发生虐待囚犯直至死亡的事情。查明真相后，范仲淹既吃惊又愤怒，就严厉处罚了狱中看守官员，并妥善安置了那妇人。他还下令饶州各县，严禁狱中滥用刑罚和严刑逼供，杜绝狱中囚犯意外死亡的现象发生；要求手下官员办案要多做调查研究，慎重量刑；并为监狱制定严格的狱规，让官员们遵守。这样一来，不但杜绝了各类草菅人命的恶性事件，还整肃了违法乱纪的典狱官。对于案件审理，范仲淹也制定了相关流程和办法，不仅对案情审理有利，也使囚犯陈述案情事实越发清楚，结案较为迅速而合理。从此，很多案子均能得到较为公正的处理，百姓为此感恩戴德。

饶州也是著名的产茶之地，其中以浮梁县百姓种植的茶叶最有名，当地的茶叶交易也非常红火。我们在唐代白居易的《琵琶行》里，就已经听到过浮梁县的名字：“商人重利轻别离，前月浮梁买茶去。”如今的浮梁县，依旧是产茶大县。而在宋代，茶叶消费已成规模，同时茶叶作为重要商品用于对外贸易。早在宋太宗时代，就建立了“榷茶”法，官府对茶叶进行管制和专卖，并且课以重税。到了仁宗时期，茶叶更成了国家一项重要的税收来源，管制愈加严格。在范仲淹知饶州期间，他走访民间的时候，发现此地的茶税非常繁重，茶农苦不堪言。

有一天，范仲淹和随从一行人经过长途跋涉，来到饶州北部的一座小村庄，拜访曾在京师任侍郎现致仕回家的一位好友。当问及这里农民的生活状况时，好友说道："这里的百姓由于茶税过重，不堪重负，长此以往，民不聊生，有的百姓不堪折磨，已经背井离乡外出求生了。"原来，当地官府在收购茶叶之时，价格极不合理，低价买入，高价卖出，赚取巨额利润。因为利润惊人，各级官府不断对茶农盘剥，让当地百姓苦不堪言。浮梁一带是乌御茶的产地，每年都要进贡朝廷，因为搜刮太狠，老百姓不得不将刚长出的春芽采下，即使踏遍深山搜寻茶叶，也不能满足缴纳之数，为此，很多百姓都举家逃亡。闻听此言，范仲淹的心一下子沉了下来，他想起饶州所属德兴县冶场由于"出穴倾摧"，银矿根本不出银，而官府摊派需要上缴的白银数量丝毫没有减少，矿工纷纷逃离，冶场濒临荒废。如果再这么逼迫茶农，估计会引发很多的社会问题。等返回州署，范仲淹伏案提笔，怀着救黎民于水火的急迫心情，通宵达旦完成了申请减免贡茶税和暂免银矿贡课的奏折，并派人专送京城。朝廷经过研究，很快批准了奏免。从此以后，饶州无茶税，万民称颂。神宗熙宁年间，有一位进士从当地百姓口中听到了范仲淹的惠政事迹，提笔写诗一首："一章奏免乌御茶，惠及饶民几万家。遗老至今怀德政，为余谈此屡咨嗟。"

在民间，广泛流传着一句谚语："时来风送滕王阁，运去雷轰荐福碑。"其中后半句就与范仲淹在饶州的事迹有关。"时来风送滕王阁"不难理解，说的是一个人好运来了，挡也挡不住。这句话的典故出自初唐四杰之一的大诗人王勃。在唐高宗上元二年（675）重阳节，洪州都督阎伯屿携文武官员在滕王阁大摆筵宴，共庆重阳登高佳节。而此时，王勃正在奔赴交趾省探亲的途中，乘船路过马当（今彭泽县）遇阻，行程被耽误了。没想到，忽然顺风阵起，推送着船只快似流星，日行七百里到达了洪都新府，王勃恰好赶上阎都督九九重阳为滕王阁重修竣工而举办的盛宴，因为盛名在外，王勃毫无悬念地被邀入席，这才有机会在滕王阁写出名篇《滕王阁序》，一呈文采风流。此文一出，王勃天下闻名。后来这个典故被明代小说家冯梦龙改编成了话本，取名为《马当神风送滕王阁》，收录在《醒世恒言》中。

而"运去雷轰荐福碑"的故事，出自宋代一个叫惠洪的人编撰的笔记《冷斋夜话》，而饶州当地也一直流传着类似的传说，真实展现了范仲淹心怀"古仁人之心”的高尚情操,也体现了他关注民生、救助困苦的悯天下的情怀。范仲淹乐善好施之名广为流传,并且名副其实。他的好友欧阳修说他是“临财好施,意豁如也”;他的学生富弼说他“天性喜施与,人有急必济之”,此言不虚。

范仲淹在知饶州时,某天有一个穷书生求见。在与书生交谈中,范仲淹发现这名书生很有才气,且有报国之志,只是生活贫困,连饭都没有饱食过一餐。书生在身无分文的情况下,还想进京赶考。范仲淹非常同情他的处境,也很欣赏他的志向和才华,就想帮助这个人。思来想去,心中突然有了一个主意,他想起了饶州荐福寺有很多保存完好的历代碑刻,其中就有大书法家欧阳询的碑帖,非常珍贵,但寺院是不允许外人前去做拓片的。范仲淹便唤来一个胥吏,让他带着笔墨纸张陪着这个穷书生前往荐福寺,去拓印欧阳询的碑帖。据说拓印之后,拿到京师出售,每本可获千钱。穷书生和胥吏来到荐福寺,说明来意,寺僧答应第二天给他们拓印。不料夜间雷雨大作,一道闪电划过,雷声滚滚,欧阳询的书法碑帖竟然被炸了个粉碎。穷书生闻听这个噩耗之后,连声哀叹自己运气实在太坏了。范仲淹得知这个不幸消息,也为此叹惜良久,便拿出一些银两送给穷书生,让他赶紧进京赶考,切莫耽误了考试时间。穷书生含泪收下,拜谢而去。这就是“运去雷轰荐福碑”的典故。

宋仁宗皇祐二年(1050),已经62岁的范仲淹在杭州任上将近一年之久。一生跌宕起伏的范公,早已经过了耳顺之年,他的身体状况越来越差,在被贬饶州期间罹患的肺病,将他折磨得形容憔悴。杭州作为千古名都,也被誉为人间天堂。仁宗皇帝体贴老臣,将范仲淹安排在此地,也有让他安心养病之意。然而,新年刚过没多久,吴中地区就遭遇了罕见的大饥荒。根据相关史料可以推测出,从皇祐元年(1049)开始,到皇祐二年(1050)上半年,大宋很多地区都遭遇了旱灾,好几个月滴雨未下,饥荒蔓延了大半个中国,绝不仅仅是吴中地区受灾,很可能只是吴中地区饥荒很严重罢了。

根据《续资治通鉴长编》记载:“皇祐二年春正月,癸卯,以岁饥,罢上元观灯。”“三月,甲午,遣官祈雨。”“三月,乙亥,分遣朝臣诣天下名山大川祠庙祈雨。”由此可知,仁宗皇帝因为天下大饥,连春节期间的元宵节灯会都不举办了,并在三月份连续两次派遣官员到各地祈雨,可见当时的旱情有多么严重。而吴中地区更是赤地千里，禾苗干枯，人畜渴死，陈尸于道。面对如此严重的灾情，朝廷下令，两浙地区灾民如果无法养活自己的孩子，就可以让殷实人家收养，但是以后不能再要回。

而范仲淹知杭州，管辖的范围就是浙西地区，而吴中地区，也就是今天的吴县，在北宋时代属于浙西管辖。范仲淹为官几十年，救灾赈灾已经是家常便饭，面对吴中的灾情，他立刻启动应急机制，打开国家粮仓，同时让灾区的富户商贾捐钱捐物，用来赈济灾民。但是，这些措施只是一时的应急之策，如果灾民数量少，完全可以解决问题。只是吴中地区受灾范围很大，光靠被动救助方案是解决不了问题的。

既然被动救灾措施只能维持一时，那只有开动脑筋采取主动救灾的措施了。而这个措施一旦实施，将会救活数十万灾民，可谓居功甚伟。这个措施一旦实施，就开创了主动救灾的先河，让其他官员脑洞大开，连连称妙，以后就成了救灾惯例。而这个措施的制定，也真实反映了范仲淹不但懂政治，还懂文学，不但懂工程建设，还对经济研究得如此之深。

那么，范仲淹采取的主动救灾措施是什么呢？无他，就是让吴中百姓使劲玩、可劲玩，玩得越开心越好。北宋大科学家沈括在他的名著《梦溪笔谈》里面，对具体措施有过详细记载：由于吴中百姓喜欢比赛舟船，并且爱做佛事，范仲淹就鼓励民间多举办赛事，他每日带着随从出游，宴饮于西湖上。从春天到夏天，城中居民大规模结对出游，尽情游山逛水。范仲淹又召集各寺院住持僧人，告谕他们说：“灾荒年间民工工价最低廉，寺院可以趁此时机大力兴建土木工程。”于是各个寺院抓住这难得的时机，招揽流民过来做工，只给极少的工钱，提供一日三餐即可，很多饥饿的灾民蜂拥而至，寺庙的兴建工程干得如火如荼。而官府也借机翻修仓库和官吏住舍，每天雇役 1000 多人。

而民众出游，就带动了商业的复苏，在比赛龙舟的现场，各种小贩将琳琅满目的商品摆了出来任人选购，而游人们则吃喝玩乐购物，开心得不亦乐乎。主动救灾政策一实施，效果立现，而被动救灾措施也不能耽误。由于杭州地区赈灾的粮食不够，商人们就开始哄抬物价，并且不断囤积货物，想发国难财。范仲淹一不做二不休，立刻想出了应对措施，他让胥吏在两浙地区以及附近灾情比较轻的州县张榜宣告：如今杭州地区的米价每斗一百八十文，想赚钱赶紧来！大肆宣传这里物价腾飞。那些外地的商人们一看有利可图，就将大量的粮食运往了吴中灾区。等无数的粮食输送进来之后，市场杠杆就开始起作用了，居高不下的粮价立刻回落到了正常水平，不但解决了缺粮之苦，还顺手狠狠打击了那些妄图屯粮发财的奸商们。这一招可谓高明之极！

吴中地区的百姓们就这么可劲折腾了好几个月，奇迹竟然发生了。在蔓延大半个中国的饥荒中，其他州郡的官员累得精疲力竭、灰头土脸，治下的百姓还是死亡枕藉；而天天游宴、喝酒、吟诗、作赋，优哉游哉的范知州，他下辖的浙西地区，竟然再没有饿死一个人。

但是刚开始时，对经济一窍不通的朝廷官员根本无法理解范仲淹的举动。那些肩负皇帝使命，在各大州郡监察地方官员的循吏们，将一封封弹劾奏疏上报朝廷："杭州知州范仲淹不体恤荒政，嬉戏游乐而无节制，寺庙、官府、私家大兴土木，伤耗民间财力，请皇上将其罢黜！"

范仲淹不慌不忙，自己草拟奏章向朝廷解释自己的行为，告诉仁宗皇帝和那些鼠目寸光的大臣们，杭州之所以饮宴和兴造房舍的缘由，就是要调发有余的钱财来救济贫民。那些从事贸易、饮食行业的人，工匠，民夫仰仗官府、私家养活的人，每天大概可达几万人。救济灾荒的措施，没有比这一做法更好的了。

朝中百官此时才回过味来，连连称赞此法甚妙，便开始大力推行到全国。在饥荒年份打开司农寺粮仓的粮食赈济灾民，募集民间财力为地方兴利，作为一条法令强制实施。这种措施，既赈救了饥荒，又趁荒年替民间兴利，可谓一举多得。那么，这种主动救灾措施是什么呢？其实就是我们非常熟悉的"以工代赈"救灾法。

在北宋之前，有无官员想出过这类方法不得而知，但是在北宋，范仲淹确确实实是想出该办法的第一人，不只一本宋人笔记上记载了此事，此事也作为范文正公的一项恢宏业绩流传至今。

宋仁宗皇祐三年（1051），在杭州任上只待了一年多的范仲淹拖着病体，再次奔赴青州（今山东青州市），去接任即将离开的富弼。富弼治理青州长达四年时间，而从去年开始，此处和杭州一样，也在闹大饥荒，光从河北地区涌来的灾民就达 30 万人。可见皇祐二年（1050）那场饥荒确确实实蔓延到大宋很多地区。富弼属于政治型人才，治国很有一套，治理地方更是小菜一碟。他面对蜂拥而至的数十万灾民，采取了一系列措施来赈灾，主要包括：广征庐舍，安置灾民；筹募义粮，分赈流民；招募流民，充实军队。经过努力，灾情得到了极大缓解，救活灾民上百万人。

而范仲淹来继任的时候，青州的灾情并未完全消除，缺衣少食还是常态。即便如此，青州地区百姓的赋税一点都没减少。不但没减少，以前为害百姓甚苦的长途转运缴纳公粮的措施依旧没有改变。这项令人怨声载道的政策叫"支移"。那么这项害人的政策到底坏在哪里？北宋朝廷规定，青州的百姓缴纳公粮的时候，要自己拉着车、载着粮去往 300 公里远的博州市（今山东聊城），因为那里是一个国家定点缴纳赋税的地方。可想而知，即使是在交通发达的今天，300 公里也是一段很远的距离，而在那个没有柏油路、汽车，全凭畜力和人力拉车的年代，百姓缴这一趟公粮该有多么辛苦！往往一家老少往返一趟，少则十数日，多则一个月。不但长途跋涉、风餐露宿，还特别耽误农时，让百姓们叫苦不迭。

范仲淹到任之后的第一件事就是体察民情，老百姓们就将这项"支移"恶政造成的不便向知州大人申诉了一番。范仲淹见多识广，也早就对"支移"政策颇有微词，但是实施了几十年的办法，也不可能说取消就取消，只能采取应对措施了。范仲淹很快想出了一个办法，可以解决百姓长途输运之苦。他给博州知州修书一封，希望可以派人在博州当地购买粮食，用来交纳青州的公粮。博州知州同意了。范仲淹便派遣手下到博州，沿街张贴告示，告诉附近居民，官府愿意用高出当地粮价一倍的价格购买粮食。同时，也张榜告诉青州的百姓，希望大家按照正常年份的粮价，将该缴纳的公粮折成钱款交给官府，就可以不用长途转运缴纳公粮了。百姓闻听，大喜过望，很快就将钱款交齐。范仲淹派人带着钱款赶到博州，那里已经汇集了很多粮商，提供的粮食足够缴纳整个青州百姓的公粮。并且由于粮食涌入，粮价很快下跌，官府将青州的公粮交完之后，还剩下数千缗的钱款，就按照比例分发给了百姓，而这种情况在以前从来没有过。以前官府缴纳完公粮之后，钱款也有剩余，称之为“羡余”，官员都是将钱财如数上交给朝廷，以博取皇帝好感，为自己升官发财铺路。而范仲淹却将这些钱如数还给百姓，当然感动了整个青州城。当地百姓感恩戴德，为范仲淹塑像、建立生祠以资纪念。以上事迹，在宋人范镇撰写的《东斋记事》里面有相关记载。

范仲淹的惠民政策数不胜数，每到一方总会被万人纪念，这就是民心的力量。让我们用他的几句诗结束本节吧：“身甘一枝巢，心苦千仞翔。志意苟天命，富贵非我望。寸怀如春风，思与天下芳。”壮哉，范文正公！

第六节　审时度势，稳固边疆

范仲淹的词《渔家傲·秋思》，是一首有口皆碑的佳作，这是他在宋夏战场睹物生情写成的名篇：

塞下秋来风景异，衡阳雁去无留意。四面边声连角起，千嶂里，长烟落日孤城闭。　　浊酒一杯家万里，燕然未勒归无计。羌管悠悠霜满地。人不寐，将军白发征夫泪。

秋意浓浓，遥望天边，雁阵数行，哀鸣而去。崇山峻岭，号角声声。长烟落日，孤城伫立。一杯浊酒，两行清泪。华发戍卒，思念家乡。这首词苍凉悲壮，向我们展开了一幅生动的边关画卷。

范仲淹名垂千古，有多种原因。他以高尚的情操砥砺了北宋士人之风，让世风日下的北宋王朝为之精神一振；他实施了大量的甘棠惠政，让地方百姓念念不忘；他以贫苦出身，通过个人奋斗实现了人生目标，是刻苦励志的典型；他一生清廉，家无余财，让后辈汗颜；他在宋夏战场长达三年时间，披肝沥胆，审时度势，凭借着熟读的兵书，在国家危难之际力挽狂澜，稳固了边疆；他入朝担任参知政事，开启了庆历新政，达到了他一生辉煌的顶点。

研究范仲淹的教育思想，不能忽略他举足轻重的军事思想。本书中所阐述的教育思想，所包含的范围要广得多，绝非狭义的办学教书育人那么简单。当然，范仲淹曾经亲自在应天府书院教书育人，那是典型的教育工作，但是，他一生创造的辉煌业绩，他的清白高雅人格，不也在千年间激励着千千万万的人吗？让他们披肝沥胆，勇于寻求真理，勇于捍卫真理，为了真理不惜献身，这难道不是一种教育行为吗？当然是！范仲淹这种以身作则的教育，比老师带领学生苦读书本要重要得多，也鲜活得多！因此，范仲淹产生的任何有益的思想，都可以纳入其教育思想范围。而他的军事思想，早在他为官之初就已经逐渐成形，他在很多文章里有过详细阐述，而宋夏突然爆发的战争，将其推向前台。面对来势汹汹的西夏军队，他多年积累的军事思想和军事理论有了实战的机会。通过三年的实战，证明了他思想的前瞻性，也证明了忧患意识是保证下至一个人、上至一个国家稳定发展的重要前提。

要阐述范仲淹在边疆做出的巨大成就，就需要回顾一下北宋“强干弱枝”“文官治国”的理念，才能够明白为何在战争之初宋军会节节败退、溃不成军。与此形成鲜明对照的是，范仲淹通过稳扎稳打的军事措施，逐步扭转了颓势，最后逼迫西夏元昊议和。只有这样，我们才能真正明白范仲淹的伟大和过人之处，他绝非浪得虚名。

宋太祖赵匡胤制定“扬文抑武”治国政策的原因，可以追溯到唐代。大唐享国近 300 年，有三分之二的时间被各地军阀折腾得死去活来，最后还是亡于武夫之手。后梁太祖听从亲信李振的建议，于唐哀帝天祐二年（905）六月，在滑州白马驿（今河南滑县境）一夕杀尽左仆射裴枢、清海军节度使独孤损、右仆射崔远、吏部尚书陆扆、工部尚书王溥、兵部侍郎王赞等大臣 30 余人，投尸于河，随后在 907 年又将唐哀帝李柷废掉，唐帝国灭亡。此后便进入乱哄哄的五代十国时期。而五代十国时期武夫的骄横跋扈更是给了赵匡胤极深的印象，而他自己又是通过武官夺权，所以对军人非常忌惮。

北宋建国后，在“杯酒释兵权”之前，那些将军们跋扈的劲头一点都没改。有一个姓王的将军，竟敢在一个晚上大摇大摆闯进宰相的家里，将老人吓得一下子就从床上跳了起来，赶紧问将军有何贵干。这位跋扈将军说，没事，就是想找宰相喝酒聊天。其实，他是明目张胆来索贿的。这件事情发生后，让宋太祖更加厌恶军人，下决心消减节度使兵权。最终，北宋王朝采取了一系列措施，将各个州郡的人权、军权和财权全部收到中央，加强了中央集权统治。派遣到地方的文官更换频繁，我们在范仲淹的身上就能看得清清楚楚；而武官也是走马灯一样更换，就是要“将不知兵，兵不知将”“兵无常帅，帅无常师”，以免武官做大之后成为祸害。

随后，宋太祖又改革了兵制，将士兵分为禁兵、厢兵、乡兵和藩兵四种。其中禁兵是皇帝的护卫队，俗称“东兵”；厢兵是各个州郡的镇兵；乡兵是从当地百姓里招募或者由民兵组成的地方武装；而藩兵则是由依附的外族部落的士兵组成的外籍兵团，用来协助守卫边疆。在这四类军队中，以禁兵作战能力最强，训练也最有素，是全国最精锐的部队，《水浒传》中，王进和林冲就曾经做过八十万禁军的教头。而厢兵相比之下就差了一大截，主要原因：一是厢兵远在地方，顶头上司更换频繁，那些临时派遣的将军谁也不会下大力气去整肃和训练军队；二是参加厢兵的成员复杂，素质良莠不齐，地痞流氓、破落地主、灾区流民、贫苦百姓都可以加入厢兵混口饭吃，谈不上什么战斗力。而乡兵和藩兵只有少数地区才设置，并非常备武装。

在军事管理上，以前那些侍卫司正副都指挥使、殿前司正副都检点都是禁兵中掌握实权的人物，而宋太祖摆了一场宴席，就将这些人全部解职，殿前司、侍卫军马司、侍卫步军司成为禁军最高统兵指挥机构，统称为“三衙”。但是，“三衙”的权力很小，只管禁军的统制、训练、藩卫、戍守、迁补和赏罚，而真正能够调动军队的是枢密院，枢密院的长官就是枢密使，也就是狄青曾经担任的官职。但是，枢密使之职一般不会授予武将，狄青是唯一的特例。也就是说，文官不但担任朝廷中枢和地方长官，还兼管军队的调遣，那些将军们的军权几乎被剥夺得一干二净。所以，在北宋不但当兵憋屈，因为会像牲口一样在脸上刻字，而且将帅们的日子也好不到哪里去。

那么问题来了，这样的军队如何去打仗？那些文官即使饱读诗书，研读过兵法，但是并没有实战经验，一旦打起仗来，前线指挥的将军们一点主动权都没有，这仗该怎么打？别担心，至少在太祖时代不用担心，因为赵匡胤是从死人堆里爬出来的，实战经验丰富，可以提前为将军们画好作战图，何时进攻、何时防守、用兵多少、行进路线，都在图上标得清清楚楚，将军们不用动脑子，只要照办就行了。

这种作战策略，在太祖时代无往不胜，因为赵匡胤是个军事天才。但是，在太宗时期，可就不那么好用了，因为赵匡义的水平比他哥哥差太远了。于是问题就严重了，太宗闭门造车，制定的作战图好使吗？非常不好使！因为战场局势瞬息万变，将军们拿着一张根本不对路的作战图怎么可能打胜仗？太宗雍熙三年(986)，大宋军队先后在岐沟关、陈家谷和君子馆被契丹打得惨败，丧师数十万。从此之后，北宋对契丹长达十几年的攻势结束，大宋军队对契丹产生了深层次的恐惧心理，从此一蹶不振。以后北宋完全处于防御状态，再与契丹军队交锋，宋军几乎每战必败。

从宋真宗与契丹订立澶渊之盟的景德元年(1004)，到西夏元昊正式入侵北宋的宋仁宗康定元年(1040)，长达36年的时间里，宋军几乎没有打过仗。长时间的和平岁月，早已经让北宋王朝从上到下忘记了危险，大家都沉浸在太平盛世的虚幻之中。脑袋清醒、具备忧患意识的人屈指可数，范仲淹是其中最具代表性的一位。大宋王朝军备废弛、军心涣散、军容不整，军队战斗力直线下降。那些根本就提不起来的厢兵自不必说，号称全国精锐的禁军的表现更是让人大摇其头。根据相关史料记载，东京汴梁的禁军缺少训练，“生于无事，而饱于衣食”。在太祖时代，禁军领月粮，城东的士兵去城西领，反之亦然，然后自己再背回来。到了仁宗时期，这些游手好闲的禁军，都是雇人将月粮送到身边，自己都懒得动一动。京城的禁军，没事就在大街上嬉游晃荡，有的还做小买卖，举止投足根本就没有士兵的样子。那些南方调来的禁军，大言不惭地说自己根本不会打仗，见到敌人就吓得要尿裤子。而陕西边陲的骑兵，很多人甚至不会披甲上马，即使勉强骑上马，弯弓射箭，射出去的箭只距离马头20米便掉落在地，更遑论冲锋陷阵了。还有很多边陲士兵因为营养不良，身体羸弱，连盔甲的重量都无法承受，在行军途中很多人擅自卸甲掩埋，然后当了逃兵，最后被抓，全部就地处决。欧阳修对这种令人痛心的反常现象有过中肯的评价：自宋辽订立澶渊之盟以后，“上下安于无事，武备废而不修”，数十年过去之后，导致“将愚不识干戈，兵骄不知战阵”。可谓一针见血。

别看禁军和厢军表现得如此令人大跌眼镜，但军人的数量却年年增长。请看一组数据，宋太祖建立宋朝之初，全国军人共计22万人；十几年之后，暴增到37.8万人；又过了20多年，军人增长到66.6万人；20多年以后，军人达到了91.2万人；到了宋仁宗庆历年间，与西夏开战的时候，全国军队总人数达到了惊人的125.9万人！是宋初军队总人数的5.7倍，却接连打败仗。

大宋军队的表现如此不堪，那么当年跟着太祖太宗出生入死、立下汗马功劳的将军们的后人呢？别提了，大多数都是纸上谈兵之辈，毫无作战经验，有些甚至连兵书都不读。但是，宋仁宗自我感觉特别良好，他不但对自己国家的部队如此不堪一击毫不知情，而且还天真地认为将军的后代就一定会打仗。这是什么逻辑啊！

因此，范仲淹在给宰相王曾的《上执政书》中呼吁道："昔之战者，耄然已老；今之壮者，嚣而未战。闻名之将，往往衰落；岂无晚辈，未闻边功。此必庙堂之所思也。"通过后来与西夏对决的结果来看，庙堂上的肉食之辈并没有思考这事。仁宗皇帝这种心理，朝中很多大臣同样也有，都自大得不得了，坐井观天，鼠目寸光，并且毫无忧患意识。导致的严重后果就是宋军在与西夏对阵的过程中，不断惨败。甚至在没有正式打仗之前，就在仁宗宝元元年（1038），元昊悍然称帝，消息传到东京汴梁，满朝文武竟然目瞪口呆，全体傻眼了。一连好几天，什么应对措施都没有想出来。仁宗一怒之下，将枢密院陈执中等四名领导者全部就地免职，赶出了东京。

这就是范仲淹在经略陕西之前，大宋王朝面临的重重危机，可谓惊心动魄。范仲淹作为百官中极少数头脑清醒的人，忧患意识非常强烈，很早就开始思考国家安危问题，并不断提出解决措施。早在宋仁宗天圣三年（1025），37 岁的范仲淹就在《奏上时务书》中提出了治理国家要遵循"文经武纬"之道，"防之于未萌，治之于未乱"，如果国家不注重国防建设，那么从东京汴梁到边疆，一马平川，无山河阻碍。一旦那些异族不讲信用，撕毁合约，故意挑衅，带领军队一路南下，根本无险可挡，数日之内，铁骑就可深入到大宋腹地。而边关缺乏名将，敌人一来，上至将军下至士兵，皆两股战栗，望风而逃。或者勉强能够守住城池，却不敢出兵战斗；或者硬着头皮迎战，一败涂地。如果事情发展到这种程度，难道陛下想重演一次大驾临幸澶渊城的情景吗？范仲淹提出这个振聋发聩的警告的时候，距离西夏铁骑蹂躏边关还有 15 年，距离北宋灭亡还有 102 年。

宋仁宗景祐三年（1036）五月，时年 48 岁的范仲淹权知开封府，他饱含着忧患之心，再次给朝廷上了一份奏疏《论西京事宜札子》，这个札子非常重要，以非常高的战略眼光审视了东京汴梁面临的地域危机，并提出了防备措施。所谓西京，指的是古都洛阳，那里也算是虎踞龙盘之地，自古以来，很多朝代将那里作为首都，是一处战略要地，且地理位置要比汴梁好得多。早在太祖时代，就有大臣建议迁都到洛阳，因为当时北宋王朝将主要精力放在了开拓疆土上面，迁都的事情就被搁置了下来。几十年后，由于疏于管理，洛阳城繁华不再，守备空虚，仓廪不足。因此，范仲淹就建议将洛阳当成第二个汴梁去经营，厉兵秣马，做好充足准备，一旦汴梁有事，就可以暂居洛阳，实施反击。奏疏报到朝廷，宰相吕夷简兜头给范仲淹浇了一盆冷水："此仲淹迂阔之见，务名无实。"说范仲淹提的这个建议只是空谈，借此邀名罢了。此时，距离西夏铁骑蹂躏边关还有 4 年，距离北宋灭亡还有 91 年。

宋仁宗庆历二年（1042），54 岁的范仲淹率领军民在陕西边关抵抗西夏入侵，在军务繁忙、旧病复发的情况下，他依然在考虑国防建设，连续两次给朝廷上奏《乞修京城札子》，建议尽快加固汴梁城池，做好军事储备，以防不测。那么，范仲淹为何如此心急火燎地连续两次建议朝廷营建东京汴梁呢？这是因为朝中有大臣出了一个主意，要求仁宗皇帝派人营建大名府，也就是北宋时期的"北京"，以此来预防契丹的不测之祸。北宋时期，东京是汴梁（今河南开封），西京是洛阳，南京是应天府（今河南商丘），"北京"是大名府（今河北邯郸大名县）。但是，范仲淹并不支持营建大名府的行为，那是因为，大名府作为陪都非常不合适。那里地处平原，无险可守，一旦敌兵南下，很快就会杀到城下。即使皇帝想避难到大名，那里处于敌人南下途中，根本就不可能实现。他强烈建议加固汴梁城，并且驳斥了一些朝廷官员胡诌营建汴梁会让皇帝没面子的说法。范仲淹举了很多因为城池不完备而被敌人攻陷后亡国的例子，反问道："此皆无备而亡，何言其体哉？臣但忧国家之患，而不暇顾其体也！"如果认为修葺城池就是丢了面子，那么丢这个面子比丧失城池到处逃命，哪个更合适？

在第二封《乞修京城札子》中，范仲淹重点提醒仁宗皇帝，如今不管是朝中，还是边疆，有很多名不副实的吹牛大王。在开战之前，个个都是英雄好汉，指天画地发誓，一定要血洒战场，结果一到临敌，英雄变成了狗熊，十个将士中会撒丫子跑掉九个，恨不得爹娘给自己多生两条腿。国家靠这种吹牛皮的人护卫边疆，能好得了吗？但是，这类人很会说甜言蜜语，很会迷惑人。范仲淹就担心，仁宗皇帝没经验，会被这些误国之徒蒙蔽。因此，与其听这些将士夸夸其谈，不如扎扎实实做好基础工作，加高加厚京都城墙，深挖壕沟，加强防卫，虽然属于被动防卫措施，听上去确实有点没面子，但是这可是防患于未然的百年大计啊！

奏疏报上去，毫不意外，继续杳无音信。一直到钦宗靖康年间（1126—1127），汴梁城依然如故，国家终至败亡。范仲淹提出这项修武备的军事措施时，西夏和北宋的战争已经打了两年时间，此时距离北宋亡国还有 85 年。

宋仁宗宝元元年（1038），党项族元昊称帝，建立大夏王朝，以背叛大宋王朝的贡生张元为中书令，开始策划入侵北宋的军事行动。消息传到朝中，仁宗皇帝大怒，立刻取消了以前封给元昊的各种爵位，下诏让陕西、河东地区中断与西夏的商业贸易，并且公开悬赏，如果谁能捉到元昊的密探，赏钱十万；如果谁能生擒元昊这个逆贼，加官晋爵，让他担任定难节度使。

其实元昊在称帝之前，其军队早已经开始不断骚扰北宋边界。很多朝臣上书请皇帝对其采取一些抑制措施，朝廷却不闻不问，终于养虎为患，北宋和西夏迎来了命中注定的一战。从宋仁宗康定元年（1040）开始，一直到宋徽宗政和四年（1114），宋夏之间发生的大规模战争一共有五次，西夏成为北宋王朝近百年来货真价实的心腹大患。

如果我们想要全面了解范仲淹在国家危急时刻，以 52 岁高龄奔赴边疆如何做出一番事业，如果我们想要深刻领会范仲淹在宋夏战场采取的一系列军事措施，就需要将第一次宋夏战争的脉络做一个简要回顾。

元昊称帝后，仁宗皇帝让百官讨论如何应对元昊的挑衅，以宰相张士逊为代表的官员建议出兵征讨；以谏官吴育为代表的官员则建议安抚为上。最终仁宗皇帝采纳了出兵征讨的建议，并派遣夏竦担任陕西经略安抚使，知永兴军（辖今陕甘各一部，豫西一小部）；让范雍知延州（今陕西延安）。

元昊在大规模发动侵宋战争前，也是做了长时间谋划的，最后选择延州作为突破口。而延州知州范雍是典型的文官，和平年代治理地方非常有本事，但对军事却一窍不通。元昊在攻打延州之前，先写信麻痹范雍，以“议和”名义让他上当，然后亲率十万大军，猛攻延州的外围，采取各种阴谋诡计，打败了守军李士彬部，攻占了延州以北的金明寨，对延州形成了包围之势。范雍惊慌失措，连续写信求援。驻守在庆州（今甘肃庆阳）的刘平和石元孙率领部队赶来解围，在三川口中了埋伏，宋军与元昊军队拼死力战，战死无数，刘平和石元孙双双被俘。

战败的消息传到东京，朝野震动。仁宗立刻罢免宰相张士逊，重新启用吕夷简为相，并紧急调遣在四川赈灾的韩琦担任陕西经略安抚副使。韩琦到任之后，立刻举荐范仲淹一起经略陕西。韩琦与范仲淹也是多年的老朋友，虽然韩比范小十几岁，但是二人志趣相投。韩琦认为范仲淹具有经天纬地之才，在国家危难之际，就不要再计较“朋党”之论，并以全族的性命为范仲淹作保，郑重提出，他这次举荐完全是为了国家，而不是朋友私情。

而此时，枢密院的主管也全部换人，由晏殊担任枢密使，他提出了一项极为重要的军事改革措施，那就是取消成事不足、败事有余的内臣监军制度，给予边关将士以充分的指挥权。这项措施的实施，为范仲淹在边关大显身手提供了保障。否则很难想象，每次排兵布阵，元帅和将军身边总是有一个不懂军事的内臣指手画脚、处处掣肘，要是能打胜仗才见鬼了。

仁宗康定元年（1040）五月，范仲淹临危受命，以天章阁待制和陕西经略安抚副使的身份，代替范雍驻守人心惶惶的延州，开始了全新的军事改革，提出了“积极性防御”的御敌之策。经过艰苦努力，延州地区很快站稳了脚跟。关于范仲淹在此地的军事思想和采取的军事改革措施，我们稍后详谈。

同年五月，西夏占领延州附近寨门寨，俘获寨主高延德。随后，再攻陷安远寨。八月份西夏大军强攻金明寨不果，九月份开始攻打三川寨（今宁夏原州区），守军将领杨宝吉战死。夏军随之围攻定川堡，宋军战死五千，乾沟、乾河、赵福三寨相继沦陷。一时间，战场上空阴云密布。

北宋频频挨打，朝中继续议兵。到底是采取进攻之策，还是防守之策？仁宗皇帝无知者无畏，在主战派朝臣的忽悠下，同意了五路大军深入西夏腹地主动进攻的计划。可悲的是，不同意贸然进攻的朝臣屈指可数，仅仅范仲淹和杜衍两人比较坚决。其余的朝臣都是墙头草，没主意，支持哪个意见的人数多，他们就倒向哪方。比如陕西经略安抚使夏竦，刚开始他的军事思想与范仲淹是一致的，都是主张积极防御，没想到，眼看风头转变，夏竦立刻变成了铁杆的进攻派。在这种意见相差悬殊的情况下，范仲淹孤身言危，确实需要十足的勇气和百倍的自信。

与他一同担任安抚副使的韩琦，也属于坚决的进攻派。当然，韩琦也有自己行军打仗的一套理论，并且在出兵之前，已经做了详细部署，如果将军任福按照他的计划行事，不贪功冒进，就不会中了元昊的埋伏，那么很可能此次主动进攻的计划会成功。再者，本次大宋准备组织二十万的兵力，而西夏仅有五万兵力，以四对一，很多人认为胜算还是很大的。但是他们忘了，战场形势瞬息万变，存在很多不可知因素，人多并不一定能打胜仗。在准备如此仓促的条件下就出兵，纯属侥幸心理。胜了，并不意味着大宋就兵强马壮；败了，那才是合情合理。韩琦因为无法说服范仲淹出兵，便动员经略安抚判官尹洙去游说，范仲淹不为所动，坚持自己的意见。尹洙磨破了嘴皮子，逗留了 20 多天，徒劳无功，叹道："韩公曾经说过，用兵当置胜负于度外。范公太过小心谨慎，在这方面就不如韩公了。"范仲淹反驳道："大军所动，万民所悬，岂能置胜负于度外？"由于朝廷责难范仲淹，他便写信辩解："去年秋天，朝廷曾经派遣朱观等六路军马掩袭西夏军队，耗费粮草无数，结果连敌人影子都没看到，一宿而还。近来朝廷有密诏，再次派遣王仲宝等人主动进攻，差点吃了败仗。如果继续坚持主动进攻的政策，我大宋军队还会吃大亏的。臣与夏竦、韩琦皆一心速望平定。但战者危事，如果出现差池，则平定之间，转延岁月。所以再三坚持己见，并非不协同作战。"为了给仁宗皇帝吃一颗定心丸，范仲淹再次申明，待其余四路大军进攻之际，留下延州这路兵马以作接应，同时用来招抚军队。一旦其余军队出师不利，至少延州还能留点本钱。

仁宗庆历元年（1041）二月，元昊听取谋臣张元的计策，以渭州为突破口，谋取关中地区。元昊再次率领十万大军大举南下攻宋，把主力埋伏在好水川口，另一部分攻打怀远（今宁夏西吉东部），声称要攻打渭州（今甘肃平凉），设置陷阱，诱宋军深入。韩琦以任福为总指挥，桑怿为先锋，朱观和武英断后，集结军队发动主动进攻。韩琦告诫他们合并西进之后，绕至敌后，倚靠附近的城寨作为粮草供应，这些城寨相聚 40 多里，接应方便；千万不要涉远进攻，只要埋伏在附近，断决夏兵的后路，便可一举歼灭之。并且多次重申，如果将官不听节制，擅自行动，不管功劳多大，一定给予严惩。然而，韩琦的告诫成了耳旁风，任福打了几次小胜仗之后，便产生了轻敌之心，被敌人引诱，一路追到了好水川，在这里宋军迎来了命中第二个劫数。元昊早已经安排了千军万马在这里以逸待劳，宋军长途跋涉、供给不足，陷入了重重包围，只好背水一战，包括任福在内的十几名大将全部战死。最终，宋军惨败，阵亡一万多人，几乎全军覆没。

宋军第二次大败的消息传到朝中，吕夷简吓得急火攻心、心惊胆战，心想皇帝若得知这消息，自己绝对会被罢免。为了保住相位，他压住军情不报，并且只要看到谁提交宋军战败的消息，一律给予严厉打击。吕夷简就这样欺瞒了仁宗很长时间。直到有一天，仁宗正在化成殿里办事，忽然听到院子里一个扫地的老翁仰天悲叹："可惜了这些死去的将军们！"仁宗听到后感到很奇怪，就问他："老人家为何在这里独自唉声叹气？"这名老者说道："陛下难道不知道宋军再次吃了败仗？好水川一战，死了上万人啊！"仁宗大惊："你是怎么得知这个消息的？"老者走上前来，将藏在腰带里的书信呈上，老泪纵横："因为我的女婿就在这次战役中阵亡了，这是家人送来的急信。"仁宗这才震惊当场，知道自己被宰臣给蒙蔽了，不禁勃然大怒。因为连续两次惨败，让朝廷不得不改变轻敌心理，并逐步采取了范仲淹坚持的积极防御政策，这才变被动为主动，扭转了战局。

在好水川，虽然元昊打败宋军，但是自己也损失惨重。修整了半年之后，元昊再次出击，但是他的声东击西的计策早已经被宋将烂熟于心，再也不会上当了，所以这几次出兵都被宋军打败。仁宗庆历二年（1042），元昊再次出兵十万进攻防守薄弱的渭州，合围镇戎军。泾原路都部署王沿派遣大将葛怀敏率兵万余合围西夏军。本来，如果宋军将领吸取好水川惨败的教训，以防御为主，坚守城池，时间一久，元昊粮草不济，肯定会撤兵。但葛怀敏贪功心切，不听劝阻，分兵出击，再次被西夏军队分兵包围，葛怀敏被迫退入定川寨，在突围途中，葛怀敏等 15 名将士阵亡，宋军九千余人几乎全军覆灭。幸运的是，宋军经过三年多的磨炼，将士积累了很多带兵打仗的经验，各路人马对前来寇犯渭州的西夏军给予迎头痛击，元昊入侵关中的计划失败。从此以后，西夏主动进攻的次数也来越少，宋夏边疆慢慢恢复了稳定，元昊被迫求和。

从仁宗康定元年(1040)到庆历四年(1044),范仲淹在陕西三年多的时间里,贯彻积极防御的军事理念,强力推动军事改革。粗略统计,范仲淹在这三年里写了200多篇奏疏,事无巨细,面面俱到,能够清晰地看出其军事思想的发展脉络。

他坚持的积极防御政策,包含两方面含义:一是审时度势,知彼知己,扬长避短,以守为攻;二是在稳固城寨,充实后勤,在训练将士的前提下,建设统一战线,联合羌族部落,选择敌人的薄弱环节进行攻击,做到步步为营。绝不能在不了解敌人的情况下,轻敌冒进,也不能不顾实际情况浮夸邀功,这都是取败之道。

范仲淹一到延州,做的第一件事情就是到各地巡察。经历兵灾之后的延州满目疮痍:金明寨已经被敌人焚毁,附近36寨原来有数万兵马,早已被扫荡殆尽,后来虽然招募了藩部300余户进行充实,却不足为用;延州以北的军事重地,东西400余里,被敌寇抢劫焚烧一空。而延州的兵马号称有两万六千,却多年未训,兵不知战,将帅无谋。当问他们如果敌人数路进攻,该如何应对时,这些将帅只会说两个字:“出兵!”至于出兵以后如何打仗,一概不知。在这种情况下,朝廷却意气风发高喊进攻,不是很可笑吗?能够先把防御做好,就非常了不起了。

范仲淹积极防御的军事思想,在他写给朝廷的《上攻守二策状》中体现得淋漓尽致。他首先分析了敌我双方的优劣势,说道:“如果各路大军征讨元昊,则兵分将寡,气不完盛。大军深入沙漠腹地,风沙迷茫,不辨南北,后勤补养,很容易被敌人抄掠。而元昊的巢穴在黄河以北,如果没有汉代卫青、霍去病那样的名将,根本不能远袭。”

范仲淹指出,当敌人入寇,朝廷就下旨,让将帅们出兵牵制。然而,敌人狡猾,熟悉当地地势,将帅茫然轻进,不知所图,根本无法发挥牵制的作用。而那些被动防御之策,则提出敌人“来则御之,去则勿追”。这种思想也不可取。为什么?因为如今守边的士兵,都不是当地人,很多都是从内地调来的东兵,不喜欢长久戍边。并且此处没有士兵的营田,所有的粮草都需要从外地千里馈运过来,长此以往,“久戍则军情以殆,远馈则民力将竭”,终成祸患。

那么，冒进不行，被动防御也不行，什么办法可行呢？范仲淹分别给予了解答。

首先是“议攻”，建议选取军事要害之地，切断敌人遥相呼应的通道，构筑城寨，驻军把守，以据其地。然后坚壁清野以困敌兵，发动士兵屯田，增加补给。在征讨敌人的过程中，一定要联合附近羌族部落为我所用，运输军粮可用小车，可适应崎岖山道，每攻取一个城寨，就稳固之，然后将战线逐渐朝西夏境内推进。

其次是“议守”，宋军在边陲地区与西夏军相比，除了人数多之外，没有其他任何优势。西夏军居住在大漠之外、黄河以北，倚远而险，并不容易攻取。元昊建官治兵，不给俸禄，每次举兵侵犯宋界，都是抄掠无度，攫取财物作为官禄和军资。他们属于典型的游牧民族，军队居无定所，呼啸而来，奔腾而去，聚散快捷，行动迅速。而大宋的士兵都是戍边的内地人，一旦来此荒芜之地，多少年不见更替，士兵们思念家乡，毫无斗志。一年四季的衣物粮食，都是千里馈运过来，让转运的百姓苦不堪言，并且徒耗浪费惊人，经常是每馈运一百石粮食，在路上就消耗掉一半。在这种情况下，谈何主动进攻呢？

自古以来，汉民与外族作战，都是两败俱伤，最终还是采取了和亲政策。当年汉高祖开国之初，谋士与猛将无人能比，以精兵强将四十万人与匈奴对决，还被围困在平城，差点龙体不保，最后和亲。匈奴单于写信给吕后，要求堂堂大汉一国之母做他的小老婆，吕后虽然生气，也不敢翻脸，还是以和为贵。汉武帝倾全国之力，花了多年时间，才将匈奴赶到了西域之外，却弄得民不聊生，西汉国力衰落，也是由此开始的。

反观如今大宋面临的情况，契丹建国时间比大宋还早43年，军事力量强大，国力也处于最强盛的时期，而西夏刚刚建国，国力处于上升时期。这两个王朝的军事力量比北宋强得太多。大宋和他们相比，唯一的优势就是物产丰富，国土面积大，可周旋的空间宽广。除此之外，乏善可陈。北宋王朝在强敌环伺的情况下，苦心经营，委曲求全，多方腾挪，能够坚持百余年的国祚，已经勉为其难了。

在这种残酷的现实面前，北宋朝臣侈谈进攻纯属自高自大、自取其辱。那么范仲淹在研究敌我双方的优劣势之后，采取的军事措施是什么呢？总结起来就是：修城寨，置营田，饬军队，募乡勇，选名将，抚羌人。

其一，修建城寨。范仲淹代替范雍镇守延州之后，便将在战略要地修筑城寨作为首要军务。刚到延州，他就派兵夺回被西夏占领的城寨，招募弓箭手，给地居之。庆历元年（1041）的上半年，他六次上奏，建议加强战备，以保证有“经久之利，而无仓促之患”。城寨稳固后，派遣正规军驻守，附近的藩部便会主动赶来依附。朝廷同意这个建议之后，范仲淹便先后修复了金明寨、承平寨等 12 座城寨，挫败了元昊的二次入侵，使得保安军至延州的军事防务大大增强。

为了加强延州的防卫，他听取种世衡的建议，修筑青涧城，不但站稳了脚跟，还成为一处重要的军事据点。庆历元年（1041）的九月，范仲淹知庆州，采用进攻政策，夺取金汤寨、白豹寨和后桥寨等战略要地，并且随之在后桥寨构筑了著名的大顺城。根据清代的《庆阳府志》记载，在范仲淹担任庆州知州期间，先后修建了 29 座城寨，它们成了北宋王朝得以对抗西夏的重要军事基地。在庆历二年（1042），范仲淹继续向朝廷提议，修建细腰城和葫芦寨，这样可以切断西夏与环州和庆州以西、镇戎以东的明珠、灭藏及康奴三个羌族部落的联系通道，以免他们互相勾结，对北宋不利。等细腰城和葫芦寨修完，明珠等三个藩部与西夏的联系彻底断绝，不得不乖乖赶来归附。

其二，营建屯田。范仲淹这个措施主要是针对千里馈运粮草这个弊政而提出来的。远途运输物资不但劳民伤财，也成了国家财务的沉重负担。而由于后勤保障不利，加上军官克扣军粮、中饱私囊，边关将士们的伙食很差，士兵们经常饿得面黄肌瘦，有的甚至连盔甲都没法穿，连战马都无法骑，还谈什么打仗保卫边疆？而营建屯田，自古以来就是一项重要的军事措施。西汉赵充国营建屯田，衣食自足，很快便稳固了军心，在与匈奴的战争中取得了胜利。在三国时代，魏武帝曹操采用屯田政策，做到了军资充足，这才积蓄了力量，三分天下有其一。所以，范仲淹提议大力营建屯田，让士兵们做到自给自足，“兵获羡余，中粜于官。人乐其勤，公收其利。则转输之患，久可休矣”。同时，建议有条件的士兵全家搬到戍边之地，营田劳作，收获粮食大部分归个人家庭所有。久而久之，士兵们将会重田力、习地势，与父母妻子共同守卫家园。

其三,整饬军队。在范仲淹军事改革之前,边关将士们的作战能力实在太差。除了疏于训练、游惰无度之外,还有一个很重要的原因造成了这种状况,那就是兵分三六九等,每次打仗之时,根据官阶大小,逐次出兵。先派遣老弱病残士兵出战当炮灰,随后其余部队跟上。可想而知,这种出兵方式的唯一后果就是惨败而归。范仲淹叹道:“将不择人,以官为先后,取败之道也!”范仲淹到任之后,便开始检阅延州部队,淘汰老弱病残,选取精兵18000名,分成6个作战部队,每队3000人,由6位都监统帅。精兵之后,便开战军事训练,没用多长时间,范仲淹治下的这支军队便军容整肃,面貌焕然一新。

其四,招募乡勇。乡勇其实就是乡兵,也就是如今的民兵,人员都是从当地百姓中招募,属于临时性的武装力量。在宋夏战争中,这些土生土长的乡勇发挥了比正规军更大的作用。原因很简单,外寇入侵,家园被毁,每一个热血青年都会同仇敌忾,拼命保卫家园。另外,他们熟悉当地地形,经常给敌人出其不意的攻击。因此,西夏兵不怕大宋的正规军,却畏惧这些乡勇,认为他们的战斗力比宋军高出了好几个档次。这些乡勇,人人善射,范仲淹就招募他们当弓箭手,加以训练之后,在战争中发挥了巨大作用。

其五,选名将。士兵打仗,将官的表率作用非常重要。出谋划策,更需要文武全才的将官运筹帷幄。在范仲淹守边的这几年中,他不断发掘和提拔优秀将领,让他们在战争中经受血火洗礼,从而培养了大批的将才,最典型的就是他的左膀右臂种世衡和狄青。种世衡善于安抚,谋略超群,且侠肝义胆,创立的种家军,为大宋立下了汗马功劳。狄青善于冲锋陷阵,在战争初期,为了破除士兵的畏惧心理,他亲冒矢石,头戴铜面具,冲锋陷阵犹入无人之境,西夏军称之为“狄天使”。最后狄青通过屡立战功,当上了枢密使。其余各级将官,范仲淹也人尽其才,不断向朝廷推荐,为他们打开一条报国扬名之路。可以说,北宋中后期名将辈出,是与范仲淹的努力分不开的。

其六,招纳藩部。在边关地区,世代生活着很多土著少数民族部落,其中人数最多、力量最强大的就是羌族。范仲淹充分实施统一战线政策,安抚招纳当地的藩部,与宋军一起构建成坚不可摧的防御体系。在延州,他就派遣种世衡招纳羌族,取得了很好的战果。在担任庆州知州期间,范仲淹亲自到达羌族部落,与首领坦诚相见,并立下规约,调解部落之间的仇杀,让这些不可小觑的力量变成了实实在在的战斗力。

范仲淹少年时代立下的报国志向,在宋夏战场上得以实现。他审时度势,坚持真理,即使千军万马泰山压顶,依旧岿然不动。在人单力孤的艰难时刻,他仍然斗志昂扬,不以毁誉悲戚为念,有条不紊地推行自己的军事策略。朝廷因为军功,不断给他加官晋爵,他连续五次上疏拒绝。朝廷因为军事失利而迁怒于他,罢官免职,他坦然接受,毫不在意。他稳中求胜,不邀虚名,终于扭转了大宋军队在战争初期被动挨打的不利局面。通过三年多的苦心经营,宋夏战场得以平息了战火,重新恢复了安宁。范仲淹悲天悯人的情怀与卓越的军事思想,令我辈千古仰望!

第七节 庆历新政，新旧交锋

我们很多人对王安石在宋神宗熙宁年间实施的变法非常熟悉。王安石性格执拗，在宋神宗的全力支持下，采取铁腕政策，强力推行变法，不管合适与否，一刀切地推行，结果闹得朝野上下一片怨言。王安石的很多挚友，都与他反目成仇，比如司马光和苏轼，本来他们开始是支持变法的，最终却成了坚定的反对者。熙宁变法中的很多改革措施在惠及民众的同时，确实能增加国家收入。不过那些推行新法的执行者，却把经念歪了，还借助变法的时机，为自己谋取私利，结果，王安石手下的得力干将全部被打入了《奸臣传》，只有王安石一人得以保存清白名节至今。

王安石不但是著名的改革家，还是名重一时的宋学中的“新学”开创者、文学家和政治家。那么，王安石的这些改革思想是从哪里获取的呢？每一个人开创一番事业，都要在前人奠基的基础上进行，王安石的这次熙宁变法可谓声震九州、开天辟地，提出了很多当时朝廷百官闻所未闻的改革措施，以至于得不到绝大多数人的理解，为变法失败埋下了隐患。

实际上，对王安石一生影响最大的人物就是范仲淹，也许他自己并没有承认，也许他表面承认而内心并不服气。为何这么说呢？因为他竟然在范仲淹去世24年后，也就是宋神宗熙宁九年(1076)，在与皇帝议政之时说了下面这番话：“仲淹天资明爽，但多暇日，故出人不远。其好广名誉，结游士以为党助，甚坏风俗。”

范仲淹因为忧国忧民、仗义执言，一生仕途坎坷，三次被贬，为国计民生殚精竭虑，身患重病还在边关抗击敌寇三年时间。因为患肺病和眩晕症，范仲淹经常夜不能寐，但他以惊人的毅力坚持了下来，稳固了边疆，却被王安石称之为

“但多暇日”。

范仲淹去世之后，谥号文正，被同辈之人高山仰止，敬仰之情溢于笔端，却被王安石称之为“故出人不远”。

因为触怒刘太后和吕夷简这种典型的腐败分子而被污为朋党，因为结交志同道合的游人作诗酬和，却被王安石诬蔑为“结游士以为党助，甚坏风俗”。

范仲淹因为进谏论事奋不顾身，甚至连命都敢搭上，被苟且无良之徒污为“邀名”，他不得不写了一篇《近名论》进行反击，以堵宵小之口，王安石却说范仲淹“好广名誉”。

公道自在人心，范仲淹的人格高大，不是某个人就能污蔑抹杀干净的。而在范仲淹刚去世不久，王安石可是亲口说过下面这句话：“（范公）一世之师，由初讫终，名节无暇。”如果与上面那番话做个对照，让人别有一番滋味在心头。

《续资治通鉴长编》的作者南宋人李焘在本条史料后面加了一段话：“此一段无所照据，假神宗论答之语，实寓安石之私，以范仲淹好名，败坏风俗，岂不惑后世？并删去。今复存之，后世亦安可惑也？”

李焘的意思很明显，这条史料属于孤证，没有其他相关史料可作参照，很可能是假借与神宗对答的方式，寄托了王安石的个人想法，说范仲淹好名，败坏风俗，这不是要迷惑后世之人吗？本来想删掉，但还是留了下来，难道后世之人那么容易被迷惑吗？

王安石生于宋真宗天禧五年（1021），在宋仁宗庆历二年（1042）进士及第，时年 21 岁，也是数一数二的青年才俊。仁宗皇祐二年（1050），29 岁的王安石在鄞县任职三年期满，回临川老家探亲，路过杭州的时候，听说 62 岁的范仲淹就在杭州任知州，便专门拜访了这位久闻其名、不见其人的偶像级人物。二人见面之后，落座畅谈，欢欣之至。而两年之后，64 岁的范文正公便病逝徐州，因此，这次杭州会面，是两位北宋最著名的政治家的唯一一次见面。

王安石虽然之前没见过范仲淹，但是对他的事迹耳熟能详，范仲淹高尚的人格、以天下为己任的胸怀应该深深感染了他，并激励着他刻苦攻读、积极进取。最重要的是，在范仲淹主导新政改革的庆历三年（1043），王安石刚进士及第，亲身经历了新政实施，耳闻目睹了范仲淹等一派革新人物被反对派以“朋党”之污名逐出了京师。范仲淹的改革思想，肯定对年轻的王安石影响很大，让他在年富力强的青年时期，便开始思考变法救国之路。不管他多年后出于什么目的和心理说出了那番鬼话，但在他年轻之时，说他没受范仲淹的影响是很难服人的。

宋夏战争，虽然在范仲淹等一帮文官武将的努力下最终打了个平手，但是也让仁宗皇帝第一次明白了自己治理下的庞大帝国竟然如此不堪。我们不难理解仁宗皇帝所遭受的沉重打击，因此在战争还没有完全结束时，仁宗就在庆历三年（1043）将范仲淹和韩琦提拔为枢密副使，开始委以重任，而夏竦担任枢密使。范仲淹被提拔为枢密副使之后，他的学生、资政殿学士兼翰林侍读学士富弼特别高兴，向仁宗说道：“伏闻近降勅命，韩琦、范仲淹并授枢密副使。仰认圣意，只从公论，不听谗毁，擢用孤远，天下之人，皆谓朝廷进用大臣常如此日，则太平不难致矣。”

当时，担任宰相的是晏殊，参知政事是贾昌朝，谏官是欧阳修和余靖。由于夏竦本人性格奸猾，与吕夷简类似，终日曲意逢迎，而不以国事为重，被欧阳修和余靖连续不断地弹劾，最终被罢免并贬出京城，到亳州任职。欧阳修极力举荐还在边关的范仲淹，希望仁宗让他参知政事，必定大有作为。他在奏疏中写道：“如仲淹者，素有大才，天下之人皆许其有宰辅之业。盖枢府只掌兵戎，中书乃是天下根本，万事孰不物治。伏望陛下且令韩琦佐枢府，移仲淹中书，使得参预大政。”

仁宗皇帝这才听从欧阳修的建议，将范仲淹从枢密副使调任中书，以副宰相的身份参与国事。如今，掌管核心权力的大臣完全换血，革新派几乎全部登上了舞台。杜衍担任枢密使，他是范仲淹的坚定支持者；晏殊、章得象共同担任平章事，也就是宰相之职；贾昌朝、富弼、韩琦和范仲淹共同参知政事；欧阳修、蔡襄、王素、余靖同为谏官。这些人很多都是范仲淹的好友甚至老师，大都志趣相投、方向一致，只待仁宗皇帝一声令下，便可以施展拳脚、大展宏图了。

但是，事情没那么简单。首先，范仲淹在接到参知政事的任命之后，当然为自己能有机会实现抱负而高兴，因此，他到任之后做的第一件事情，就是去和已经退休致仕的政敌吕夷简缓和关系。吕夷简人不在其位，态度比以前好了很多，说了一番无关痛痒的话，无非就是加以勉励而已。范仲淹如今已经55岁，性格应该变化了不少，对于如何搞好官场各方面的平衡，也有了新的体会。他深知，在官场支持自己做事的人没有几个，但是看热闹和暗中坏事的人数不清。既然现在担任了副宰相，想干一番事业，就要处理好多方面的复杂关系，而他主动与吕夷简和好，就是出于这个目的。

但是不久，范仲淹听到了几件事情，让他心头一沉，本来踌躇满志的心理蒙上了一层阴影，预感到大事不妙。第一件事情，就是"宋初三先生"之一的"徂徕先生"石介，当时担任太子中允和国子监直讲，典型的狂狷之士，在夏竦被贬出京师、范仲淹担任参知政事之后，大为高兴，就说道："此盛事也，歌颂吾赋，其可已乎？"才思泉涌，笔走龙蛇，写下一篇《庆历盛德诗》，广为传唱，将范仲淹为首的革新派大大褒扬了一番，而将夏竦等人可劲贬损。他在诗中写道："皇帝圣明，忠邪辨别。举擢俊良，扫除妖魃。众贤之进，如茅斯拔。大奸之去，如距斯脱。"石介将夏竦比作大奸，彻底惹怒了蜗居亳州的夏竦。夏竦读了此诗之后，恨得咬牙切齿，必欲生吞活剥石介而后快。后来，他报复石介的手段之狠、之阴险，也是空前绝后的。所以此诗一出，天下哗然，石介的老师孙复连连叹道："守道，你这是在给自己惹祸啊！"而范仲淹看完这首诗后，连声说道："石守道这是要坏我们的大事啊！"事实证明，范仲淹的预感是非常正确的。

第二件让范仲淹忐忑不安的事情是，他得知自己担任参知政事不是皇帝主动提出来的，而是作为谏官的欧阳修给皇帝提议的。他感到非常吃惊，问仁宗道："谏官竟然能够举荐宰相？"并坚决不接受任命。一直僵持到庆历三年（1043）的八月份，这才正式担任此职。

范仲淹如此吃惊是有原因的。谏官的身份是什么？一是监督和约束中书宰相的行为，让他们别徇私枉法；二是给皇帝提一些诸如保重龙体安康、体谅百姓辛苦、节省宫中费用等不痛不痒的建议。谏官给皇帝举荐宰相，这是破天荒头一次，竟然被大文豪欧阳修做到了。这件事情如此诡异，让范仲淹不得不多打几个问号。

最让他莫名其妙的是第三件事情，在他担任参知政事没多久，仁宗皇帝竟然破了祖宗几十年的规矩，在朝廷议事完毕之后，单独留下范仲淹一人，询问起治国改革良策来了，二人畅谈了很久。仁宗皇帝的这个反常的行为，让范仲淹心里又敲起了小鼓。原因为何？这是因为宋太祖赵匡胤为了避免自己的后继子孙专门宠信某位大臣，而造成权臣大权独揽，最后架空皇帝造成灾难，因此制定了皇帝不允许单独召见朝臣的祖训。而仁宗皇帝偏偏就违反了祖训，单独召见了范仲淹，还询问治国改革良策，很反常不是？

第四件事情，仁宗皇帝打了范仲淹一个措手不及。仁宗皇帝召见完范仲淹等人之后，立刻下了一份手诏，让他在极短的时间里拿出一份改革方案。我们都知道，实施改革哪有那么容易。今天心血来潮："我要改革！"明天就伸手要账："快把改革方案给朕！"改革需要精心谋划，需要有先有后，需要稳扎稳打，需要潜移默化，需要大刀阔斧，需要长远规划，需要有足够耐心，需要做好数年或者十数年才能看到效果的心理准备。唯一忌讳的事情就是不能急躁！而仁宗皇帝偏偏这么急躁。很反常，对吧？以至于范仲淹忧心忡忡，私下对朋友说道："上用我至矣，然事有后先。且革弊于久安，非朝夕可能也。"说得很有道理啊，改革不是一朝一夕之功，但是仁宗皇帝为何这么急促呢？答案也许在后面就会知道。

接到皇帝亲自写的手诏，范仲淹也只能拼了，一个晚上弄完奏章根本不可能，只能连续加班加点。后面连续几天，仁宗皇帝跟催命鬼似的，天天催促："快把改革方案给朕！"终于，在花了数个不眠之夜后，范仲淹拖着极度疲惫的身体，将新政方案提交给了仁宗皇帝，这就是有名的《答手诏条陈十事》（简称《十事疏》），全文 7620 字，是一篇很长的锦绣文章。

文章一开头，范仲淹就写道："伏奉手诏：'兮来用韩琦、范仲淹、富弼，皆是中外人望，不次拔擢。韩琦暂往陕西，范仲淹、富弼皆在两地，所宜尽心为国家，诸事建明，不得顾避。兼章得象等同心忧国，足得商量。如有当世急务可以施行者，并须条例闻奏，副朕拔耀之意’者。臣智不逮人，术不通古，岂足以奉大对。然臣蒙陛下不次之擢，预闻国事，又诏意丁宁，臣战汗惶怖，曾不获让……”

这份《十事疏》将新政方案总结为十条，分别是明黜陟、抑侥幸、精贡举、择官长、均公田、厚农桑、修武备、减徭役、覃恩信、重命令，是以整顿吏治为中心的改革主张。这十条改革内容可以分一下类，第一类就是针对官员采取的措施：明黜陟、抑侥幸、精贡举、择官长、均公田，占比例最大；第二类是针对国计民生采取的措施：厚农桑、修武备、减徭役，是直接关系到老百姓切身利益的；第三类是针对朝廷和皇帝本人提出的建议：覃恩信、重命令，并无实质性内容。

这十条措施，很多是范仲淹几十年来思想的精华，但是并非所有的改革措施都是他的原创。因为当时的朝中大臣，很多人都持有和范仲淹同样的观点，都逐渐认清了北宋王朝面临的深层次的社会危机，这才振臂高呼，想通过从里到外的改革，来让国家获得复兴。而范仲淹的过人之处就在于，他在很多人对危机看得还不是特别清晰，也没有具体的思路之时，就开始以极深刻的忧患意识思考救国之策了。

因此，《十事疏》中列举的改革措施，是集中了朝中股肱之臣众多思想的结晶，是集体的智慧，范仲淹将其总结归纳，作为新政的指导性纲领。如果按照现在的眼光看，其中的很多措施还不完备，需要加以细化。最重要的是，还要充分考虑改革期间的各种负面因素以及产生的后果和影响，做好应对措施。改革，千万不能只顾头而不顾尾，改了前面，结果留下一堆无法解决的烂摊子，那就适得其反了。

不幸的是，庆历新政恰恰就是在这方面没有做好充分准备，对铺天盖地袭来的反面意见和负面影响应对不够，被奸人钻了空子、抓住了把柄。本来很好的改革，最终惨淡收场，十分可惜！

根据《续资治通鉴长编》的史料记载，除了“覃恩信”和“重命令”没有以诏书下达的方式实施之外，其余八项改革措施，全部以诏书的形式公告天下，由此开启了新政改革历程。据统计，最先下诏实施的措施是“择官长”，时间是庆历三年（1043）十月十二日；第二个实施的措施是“明黜陟”，时间是庆历三年十月二十八日；第三个颁布的措施是“抑侥幸”，时间是庆历三年十一月十九日；第四个发布的改革命令是“均公田”，时间是庆历三年十一月二十八日；第五个颁布的措施是“精贡举”，时间是庆历四年（1044）三月十三日；第六个颁布的措施是“减徭役”，时间是庆历四年五月二十八日。“修武备”和“厚农桑”都属于朝廷日常必须要做的政务，也就不需要下诏颁布于天下了。

对于十条改革措施，其中的厚农桑、修武备、减徭役、精贡举、择官长等相关内容，在本书第二章有过充分的论述，就不在本章赘述了。下面重点阐述一下排名第一和第二的“明黜陟”和“抑侥幸”，这才是《十事疏》中的重中之重，是真正有分量的改革措施，也是直接触动既得利益集团的两把刀子。

“明黜陟”，就是改革官员的升迁罢黜制度。这是针对北宋王朝庸官、冗官、贪官数量太多的弊端采取的措施。要想弄明白这项措施为何排在第一位，就要回顾一下北宋王朝文官制度中两项特别受人诟病的不合理制度：一是磨勘制度；二是荫官制度。磨勘制度，是北宋官员的一种升迁制度，文官满三年升迁一级，武官满五年升迁一次。这种制度初看之下并无问题，其实，关键一点是，北宋官员升迁仅凭为官资历，而不是凭借政绩。即使你干得再好，也不会越级提拔；你干得很差，到年头就会自动升职。想想看，这种制度下，谁还会拼死拼活干实事？官员大都是尸位素餐，吃喝玩乐，混吃等死。这些官员不但自己不干实事，对于像范仲淹这类以天下百姓幸福为己任的官员，一旦干点实事造福一方，还大加嘲讽挖苦，嫉妒得要死。如果仅仅是嫉妒也就罢了，这些庸官还想尽办法不断排挤、阻挠、打击和陷害干实事的官员。然而，这些官员虽然“愚暗鄙猥”、碌碌无为，却能坐等三年一迁，只要活的时间够长，就能身居公卿之高位。而这些不干事只拿钱的肥差，都被京城官宦子弟长期霸占，他们虚费国家俸禄，依仗权势欺压百姓，还不恪守本职。长此以往，“人人因循，不复奋励”。可以想见，北宋王朝的官场风气恶劣到了什么地步！

那么如何解决这个问题？范仲淹提出，今后两府的大臣，如果没有大功大善的政绩，不能特加爵命。对于这些没有特殊政绩的官员，取消超规格官职级别，只按照目前担任的本官提供相应待遇。对于地方各级官员，不再按照资历升迁，而是看政绩的大小。如果有特殊才能和做出了特殊的政绩，可以不按照磨勘制度，而进行破格提拔。对于在朝廷中任职的京官，则采取非常严格的磨勘制度加以淘汰。如果这些官宦子弟，愿意承担较为繁重的行政工作，则实施三年磨勘制度；如果愿意在京城听受差遣，则实施五年磨勘制度。激励京城权贵子弟外出担任地方官，体会当官的艰难，体验百姓的疾苦，幡然悔悟者，或许会变成好官。对于其他的“内有事状猥滥，并老疾愚昧之人，不堪理民者”，另行处理。

实际上，这项制度推行的难度超出了想象，虽然仁宗以诏书的形式将该项措施公告天下，但是在新政实施的 8 个月时间里，几乎没有任何进展。这是因为，其一，范仲淹这条新政的核心直指北宋王朝的制度建设。而制度是一个王朝的执政的基础，动摇制度就相当于动摇执政之基，所以不可能推行下去。其二，这条新政得罪了绝大多数官员和权贵子弟。这些人已经结成同盟，掌握着极强的反对力量，有令不行，能奈我何？事实上，这些反对力量不但不执行新政，还联合起来要阴谋搞掉了实施新政的人。还有一个重要的原因造成了京官子弟不愿意到地方任职的情况，那就是宋太祖将地方的各项权力全部收到中央，包括财权。地方官员都是派遣制，三年一换，除了州郡最低限度的开销，其余赋税全部收缴到中央。京官子弟在京城饱食终日、无所事事惯了，谁还会乐意到毫无油水也无权力的地方去任职？

新政颁布期间，朝廷中有官员竟然继续进谏，还是老生常谈，要求皇帝改变官员的磨勘制度，要以才取人、以政绩取人等。这就足以说明，“明黜陟”这条改革措施在社会上没有形成任何影响，甚至没有影响到朝廷的官员，颁布的诏书就跟废纸一样，不得不说这是很悲哀的事情。

所谓“抑侥幸”，主要将矛头直指造成大宋王朝冗官泛滥的荫官制度。“荫官”指的是凭上代功勋而不通过科举考试获得的官职，这是为了表明皇帝没有忘记老臣的功绩，而做出的收买人心的补偿行为。荫官制度并非北宋朝廷的独创，而是自古就有，最早可追溯到东汉时期，只不过北宋王朝将其发挥到了登峰造极的地步，已经泛滥成灾。在太祖太宗时代，荫官的数量还很有限；为荫官泛滥负直接责任的是真宗皇帝；到了仁宗时期，变本加厉，荫官成了公害，徒耗国库，给天下百姓带来了沉重的赋税负担。荫官泛滥到什么程度?凡是中上级官员,便可以为本家子孙、兄弟、亲戚、朋友、门客甚至医生无条件补官。一个在朝中担任学士以上的官员,20 年中, 就可以让其子孙 20 多人担任京官。凡是遇见皇帝祭祖、祭天、过节等重大庆祝活动,皇帝还会特意赏官,以致发展到连襁褓中的婴儿都有官衔。我们用一组数据来说明真宗、仁宗年间官员的增加数量,与范仲淹同时代的名臣包拯在一份奏疏中曾经提到,从真宗景德年间到仁宗皇祐初年,在半个世纪的时间里,中央官吏增加了一倍多,地方官吏增加了三倍有余。

针对这种情况,范仲淹等人建议减少荫官子弟、限制荫官范围,提出各类中上层官员,必须在职年满两年以上,才可以恩荫子弟。这样可以让官员"不为苟且之政,兼抑躁动之心","不与孤寒争路,避免轻忽郡县",从而减少老百姓的负担。

除了荫官制度之外,"抑侥幸"还将矛头指向了新科进士。在北宋时代,朝廷为了广纳天下贤才,使他们能够进入秘阁博览群书,继续充实知识,做皇帝的智囊,以备大用。到了仁宗时期,一些新科进士,进入馆阁太过容易,往往任职刚满一年,不管水平高低直接就被提拔进馆阁,这样的人如果学识很差、水平不够,即使身居秘阁,当皇帝的智囊,出的也是馊主意,百害而无一利。而朝廷中两府和中书省、门下省的子弟亲戚获得恩荫者,不管贤肖与否,也进入馆阁担任职务,纯属滥竽充数。因此,范仲淹等人建议,进士前三名及第者,还要继续参加考试,分为五等,第一、第二等再由皇帝召试,成绩优异者提拔进馆阁。两府、两省官员的荫官子弟,一律不准进入馆阁,并委托御史台查验后进行弹劾。如果馆阁缺员,则要求大臣们联名举荐,经过皇帝考察后再授予官职。

这条"抑侥幸"措施一出,直接影响了京官子弟的切身利益,引起了他们的强烈反对。那些人将范仲淹、富弼等改革官员看作这辈子最大的仇敌,恨得咬牙切齿,广泛罗织罪名,必欲除之而后快。

改革之难,在范仲淹这次倡导的新政上面体现得淋漓尽致。改革必须触动庞大的既得利益集团,也必须得罪他们,才能让国家革除积弊、凤凰涅槃。历数几千年来改革成功的实例,都是帝王带头全力以赴推行的。春秋时代的管仲改革、战国时代的商鞅变法、赵武灵王的胡服骑射、北魏孝文帝的迁都改革,都取得了成功。当然，像商鞅后来被既得利益集团杀掉，也是在改革成功之后，至少死得其所。

然而，中华民族发展到后期，改革却变得越来越艰难。北宋时代的第一场改革，就以范仲淹被逐出朝廷、改革派全部被贬斥剿杀得一干二净而偃旗息鼓。这次改革如此短命，仅仅维持了 8 个月，突然上马，又突然消失，充满了不可思议的谜团，让后人困惑不已。那么，就让我们掀开历史的迷雾，深入分析一下庆历新政背后隐藏的真相。

新政改革之策刚实施不久，反对派便开始了疯狂的绝地反攻。如今在朝中担任重要岗位的除了晏殊、章得象和贾昌朝之外，其余的人都是范仲淹新政的坚定支持者。晏殊属于官场老油条，左右逢源，谨慎存身，谁也不得罪，谈不上是能臣。章得象更是庸才一个，在新政实施期间，不闻不问，毫无作为。当张方平问他对此次新政的看法时，他说道："我就像看着一群无知的顽童跳跃玩游戏，没法禁止，等他们撞墙之后就会止步的。而如今他们刚刚迈步，势头正猛呢！"章得象属于典型的明哲保身骑墙派。而贾昌朝在新政后期，摇身一变成了攻击范仲淹最起劲的一位，变脸之快，连变色龙也自愧弗如。

现在，执政的改革派中只剩下范仲淹、杜衍、韩琦、富弼、欧阳修、王素、余靖、蔡襄等寥寥数人。这些人虽然人单势孤，但是掌握着实实在在的大权，并且在朝野中的声望极高，反对派们想要轻易撼动他们也不容易。那么，他们采取何种方法才能达到目的呢？只有一种方法最有效，即以朋党名义将他们一网打尽！事实证明，仁宗皇帝虽然平庸无能，但是对于朋党，却始终怀有百倍的警惕，反对派这一招屡试不爽，再次击中了仁宗皇帝内心最隐秘的地方。

其实，庆历三年（1043）十月，在新政实施期间，欧阳修担心仁宗被奸臣蛊惑半途而废，就曾上疏专门给皇帝打预防针："然臣所虑者，仲淹等所言必须先绝侥幸因循姑息之事，方能救今世之积弊。如此等事，皆外招小人之怨怒，不免浮议之纷纭，而奸邪未去之人，须时有谗沮，若稍听之，则事不成矣。"然而，这一针打得并不管用，仁宗还是起了疑心，而一旦皇帝起了疑心，范仲淹等人的政治生涯也就要暂时终结了。

那么，首先用“朋党”做武器攻击新政的是哪位呢？就是被罢免枢密使之职、贬官到亳州的夏竦。夏竦被一竿子打到了亳州，心中愤怒已极，写了一篇万言书来为自己辩护，结果再次被御史台弹劾，弄得灰头土脸。接连的打击，加上个人名声被毁，夏竦迁怒于范仲淹等革新派，并开始了疯狂的报复行动。他不断上疏给皇帝，称范仲淹等人是“朋党”，认为这些人身负大名，一同在朝，如果结成小集团，哪里还有皇帝陛下的好果子吃？这群人抓住了仁宗的命根子，便无休无止地持续攻击改革派。夏竦等反对派由此开启了规模浩大、牵连甚广的“庆历朋党”之争，也同时开启了此后数十年间接连不断的“新旧党争”“元祐党争”的先河，不但白白浪费了很多股肱大臣的才华和精力，也将北宋王朝折腾了一个底朝天，大伤其元气，为亡国埋下了隐患。仁宗皇帝一辈子就害怕朋党颠覆皇权，结果反而是由皇帝和佞臣不断挑起的党争葬送了北宋大好河山！教训可谓惨痛。

夏竦在朝廷外面用“朋党”做武器向新政猛烈开火，那些朝中的既得利益集团也开始罗织罪名痛下杀手，出力最多的就是御史中丞王拱辰。这个王拱辰可不是简单人物，他是仁宗天圣八年(1030)的新科状元，也是北宋时期有名的诗人。另外，王拱辰和欧阳修是连襟，都是资政殿学士、户部侍郎薛奎的女婿，但是两个人的政治理念和行事风格截然不同。欧阳修是革新派；王拱辰是反对派，并且攻击新政不遗余力。在此之前，王拱辰还死命咬住滕子京不放，想陷他于重罪，以致被仁宗斥之为沽名钓誉。看来，有才能的人要是没有操守，比街头流氓更可怕。

王拱辰在以“朋党”名义开始弹劾行动之前，曾专门去游说韩琦，希望他能置身事外。宋人笔记中活灵活现描述了王拱辰的丑态，他一边劝说韩琦，一边像猴子一样跳来跳去，告诉韩琦，要像这样才能跳出朋党之外，明哲保身，然而韩琦不为所动。

王拱辰作为马前卒首先从苏舜钦身上开刀，并由此开启了一系列的打击报复行动。那么，他为何偏偏要找苏舜钦的麻烦呢？因为苏舜钦本人的来头也不小。苏舜钦，字子美，他的祖父苏易简在宋太宗时任参知政事，父亲苏耆官至工部郎中、河东转运使。而苏舜钦也是北宋顶尖的大诗人之一，与另一位诗人梅尧臣合称“苏梅”。苏舜钦出身于官宦世家，却耻于被荫官，主动参加进士科考试，一举中第，年轻时候就成为北宋古文运动的先驱之一，提倡古文写作，要比后来的“唐宋八大家”欧阳修、王安石、苏轼、曾巩等人早得多。除此之外，苏舜钦还有一个很重要的身份——枢密使杜衍的女婿。他还是范仲淹的挚友，是宣传和支持新政的得力干将。因此，王拱辰拿苏舜钦开刀是醉翁之意不在酒，目标直指另一个革新派人物杜衍。

王拱辰弹劾苏舜钦的罪名是，苏在进奏院祭神时，用卖废纸之钱宴请宾客，还请了妓女来陪酒，和妓女杂坐在一起的还有工部员外郎、直龙图阁兼天章阁侍讲、史馆检讨王洙。

庆历四年（1044）五月，反对派攻击的炮火越来越厉害，朋党论更是甚嚣尘上，弹劾奏章犹如雪片飞到仁宗案头。即使欧阳修为此专门写了一篇《朋党论》，解释了不是所有的朋党都祸害国家，想以此说服仁宗，但是丝毫不管用。担任参知政事的范仲淹感觉到了巨大压力，赶紧上疏辞职，后罢知邠州，而同为参知政事的枢密副使富弼则罢知郓州。庆历新政的两个核心人物先后被罢免，标志着新政已经彻底失败。而担任枢密使的杜衍，后来又担任宰相，结果被同在中书的陈执中诬陷，只在相位上待了120天，便于庆历四年（1044）的六月致仕回家。陈执中顺理成章地当上了宰相。

由于王拱辰的不断弹劾，庆历四年（1044）十一月，监进奏院右班殿直的刘巽和大理评事集贤校理苏舜钦被除名，苏舜钦后被贬官苏州，不久改为湖州刺史，在庆历八年（1048）去世，享年40岁。王洙也当不成皇帝的老师了，被就地免职。除了苏舜钦和王洙之外，一同被处理、降职或者赶出京城的还有：太常博士兼集贤校理刁约、殿中丞兼集贤校理江休复、殿中丞兼集贤校理王益柔、太常博士周延隽、太常丞兼集贤校理章岷、著作郎兼直集贤院同修起居注吕臻、殿中丞周延让、校书郎兼馆阁校勘宋敏求、将作监丞徐绶等人。王拱辰对自己的辉煌战果颇为自豪，大言不惭地说道：“这些人都被我一网打尽了！”

革新派一下子被除名这么多人，韩琦挺身而出劝谏仁宗皇帝：“昨天听说宦官拿着文符，大肆搜捕馆阁的人，朝野上下一片惊骇。苏舜钦等人只不过喝酒过量才犯了这点小错误，怎么能够让有司治罪呢？陛下圣德向来仁厚，为何要这么干？”仁宗皇帝自知理亏，面有愧色，但是依然故我。

范仲淹和富弼被贬之后，反对派仍旧不依不饶，继续罗织罪名，想致他们于死地，甚至还造谣富弼与契丹勾结，犯了叛国大罪。如果任由这些人继续胡说八道，富弼即使有十个脑袋，也会保不住的，因为叛国是死罪，不管你是不是文臣，非杀不可！在这种危急时刻，枢密副使韩琦再次挺身而出，为富弼和范仲淹辩诬，结果仁宗根本不听。韩琦心里忐忑不安，恳求补一个地方官，离开朝廷这是非之地。仁宗皇帝没客气，随之罢去了韩琦枢密副使的职位，加资政殿学士，让他知扬州。

韩琦被罢免之后，担任谏官的欧阳修也舍身上疏，言辞激烈，进谏不已，为被贬的革新派据理力争。他的行为引起了反对派的切齿痛恨，反对派便纷纷将炮口转向了欧阳修，大肆罗织罪名，想置他于不义。反对派为了将革新派及其支持者全部清洗掉，各种损招、阴招无所不用其极，多下流的招数都敢用。这次他们罗织了一个“欧阳修与妹夫的女儿私通”的罪名。要知道，欧阳修美名在外，并且廉洁奉公，他身为谏官，在庆历新政中属于置身事外的人，反对派们无法用朋党罪名扳倒他，思来想去，这帮人便从名誉上面做文章。欧阳修妹夫的女儿（不是其妹所生）张氏，嫁人之后与小奴私通，被告到了开封府，不幸的是，开封府的主管是杨日严，而欧阳修曾经因为谴责杨日严的贪渎行为而得罪了此人。杨日严便授意手下编造欧阳修与张氏私通的罪名，想一举扳倒他。幸运的是，处理这件事情的两名官员良心未泯，没敢这么做，而是编造了一个欧阳修用张氏的钱购买宅第的罪名。最终，欧阳修被弹劾贬官到安徽滁州，在那里，他写下了著名的《醉翁亭记》。

而夏竦后来再次入主朝廷中枢后，便开始了对石介的猛烈报复，虽然石介早已于庆历五年（1045）去世，但是夏竦却造谣说石介是诈死，早已经逃往了契丹，要求剖开石介的棺材以检验真假。夏竦这种报复手段可谓阴毒之极。剖棺验尸对一个正常去世的人是最大的不敬，夏竦坚持这么干，真是恨石介到了极点。面对石介遗体不保的危险，很多人站出来为石介讨还清白，最终还是由几百人签字画押，证明亲眼看到石介确确实实去世并下葬了，这件风波才最终平息了下来。

虎头蛇尾、异常短命的庆历新政就这样无疾而终，甚至在社会上没有掀起太大波澜。新政失败的原因很复杂，那么，就让我们分析一下到底是哪些原因导致了新政的流产。

第一个原因就与仁宗皇帝有关。新政从开始实施到落魄收场，仁宗皇帝是左右这件事情的核心人物。后世很多研究者都认为庆历新政是由仁宗发端，但是实施过程中遭到了既得利益集团的猛烈反扑，这才归于失败。不但后世这么认为，连当时的人都持这种观点，修撰《宋史》的元代丞相脱脱也不例外，他在范仲淹传记里写道："及按察使出，多所举劾，人心不悦。自任子之恩薄，磨勘之法密，侥幸者不便，于是谤毁稍行，而朋党之论浸闻上矣。"

实际上，不管既得利益集团多么猖狂，攻击多么狠，只要仁宗皇帝坚决支持改革，成功的概率是很高的，像齐桓公支持管仲、秦孝公支持商鞅就是典型的例子。即使是 20 多年后的熙宁变法，也是得到了皇帝的大力支持，虽然推行过程中出现了很多问题，但是那些改革措施确实发挥了作用，实实在在让国库充盈了起来。神宗死后，变法被废除，那是因为没有了皇帝支持。而仁宗皇帝自始至终采取虚与委蛇的态度，行事风格特别不正常。先是仓促提议改革，不给范仲淹等人充分的准备时间；在新政推行过程中，也是事不关己，高高挂起。新政实行了没几个月，仁宗凭着一些捕风捉影的朋党指控，就陆续罢免了几乎所有的改革派官员，这难道是锐意改革进取的皇帝所该干的事情吗？当韩琦指责他为何因为那些芝麻大的事情罢免官员的时候，他面有愧色，这就充分说明他心里跟明镜似的，知道自己在做什么。因此，只有一个理由可以解释仁宗的行为，即他根本就没有改革的意愿，他提拔范仲淹等人进入中枢，完全是在做样子，是在堵欧阳修等谏官之口，也是堵悠悠天下人之口。因为范仲淹在边关取得了那么大的功绩，人气爆棚，众望所归，天下的百姓都翘首期盼范仲淹能够在朝中做出一番大事业，为大宋王朝带来新气象，而仁宗只给了范仲淹一个枢密副使之职，这怎么能行？谏官不断上疏，天下拭目以待，仁宗皇帝在这双重的压力下，难道就不需要表示一下帝王之雅量吗？即使他从内心深处不喜欢范仲淹，因为这个人当谏官之时不止一次得罪他，他也要有所表示。好吧，那就让范仲淹任参知政事，但绝不会让他干得那么舒服。所以，随后一系列反常现象上演，范仲淹等人被折腾得七荤八素，最后承受不住压力，纷纷辞职逃到地方避难。如今，仁宗一箭双雕，既堵住了众人之口，又再次贬斥了范仲淹，而任何人都说不出反驳的理由。当然，上述这些分析只是一家之言，但是只有这么分析，才能解释新政期间的反常现象。

宋人魏泰的笔记《碧云騢》和正史《续资治通鉴长编》中有两条史料可以作为佐证。前者记载仁宗皇帝让范仲淹以密札形式将新政的改革方案提交给他，仁宗看完后，冷冷一笑："都是一些老生常谈罢了。"而在《宋史·仁宗本纪》中，则对范仲淹的庆历新政只字未提。

还有一个事实可以作为上述分析的另一个佐证。那就是仁宗在位期间，担任宰相的人和担任谏官的人都不是一个战壕里的战友，很多时候，双方意见相左，谏官可以随意弹劾宰相，而不用承担任何风险。这么做的目的就是为了避免谏官和宰相沆瀣一气，对皇帝本人不利。但是，在新政开始的时候，仁宗却一反常态，安排的宰相是晏殊和贾昌朝，副宰相是范仲淹、韩琦和富弼，谏官是欧阳修和余靖，除了晏殊和贾昌朝之外，其余的人都是支持新政改革的人，这么安排也有点不正常。很快，过了没几个月，仁宗在谏官里安排了与新政唱反调的王拱辰，经过他的手，改革派被收拾得七零八落，而仁宗皇帝却不发一言，只作壁上观。

第二个原因就是新政改革触及了北宋王朝的政治制度。改革派们还没学会游泳，就一个猛子扎进了深水区，不出事才怪呢！选官和荫官虽然存在诸多问题，但是这是北宋王朝得以正常运转的根基，庞大的利益集团已经形成，除非有壮士断腕的决绝，彻底更新既有的政治制度，才有可能解决这些痼疾，否则只是痴心妄想。而在当时那种条件下，改革派们也没那么大的觉悟，根本无法办到。与之对比，20 多年后的王安石变法，则根本未触及政治制度，只是一场经济改革，最主要的目的就是充实国库，所以推行起来容易得多。我们对照王安石的改革措施，就可以一目了然，"青苗、保甲、募役、均税、市易、均输、裁兵、农田水利"，都和官员的任免和选拔没有任何关系。可以推测，范仲淹庆历新政的失败，也让王安石吸取了教训。

第三个原因，新政上马极为仓促，没有长远规划，没有分步实施的措施，很多内容还停留在概念层面，执行起来非常困难，而且对改革可能产生的负面影响估计不足，对后续承接没有可行的方案。比如，“择官长”这个措施很不错，淘汰了一大批庸官和蠢官，但是，这些人淘汰之后怎么安排？直接把人家赶回家？让人家从天堂掉进地狱，家族老小几十口上街要饭？这明显不可行，也不人性化。

第四个原因，那些既得利益集团疯狂反扑、撕咬改革派，这也是表面原因。说实话，把别人逼得都活不下去了，他们能不狗急跳墙吗？

综上所述，范仲淹主导的庆历新政是北宋忧国忧民的顶尖人才实行改革的一次尝试，即使存在诸多缺点，也不能抹杀其积极一面。这场新政改革意义重大，也是范仲淹几十年来思考总结的治国纲领的一次实践。它让我们知道了，即使在平庸无能的皇帝的统治下，也有那么多的能人志士，在为国家的未来奔走呼号，在为民族的兴衰摇旗呐喊，在为百姓的幸福鞠躬尽瘁，在为国家的兴旺发达呕心沥血！

第八节　文质相救，宋学开山

范仲淹有一首小诗，和他的《岳阳楼记》一样有名，该诗的名字叫《江上渔者》：

江上往来人，但爱鲈鱼美。
君看一叶舟，出没风波里。

短短20个字，勾勒出了一幅天水苍茫、孤舟一叶的画面，也蕴含着范仲淹以民生为念的崇高思想。这首小诗没有华丽言辞，没有生硬说教，不会让人读起来犹如雾里看花，更没有冷涩拗口的感觉，简单明白，寓意深远，给人无限的遐想空间。

让我们再来欣赏一首对仗工整的西昆体诗：

紫雾函灯蘂，彤霞逼绮寮。
吴宫何薄命，楚梦不终朝。
半被曾羞问，邻墙却悔招。
莫移风雨怨，更嘱鹊为桥。

这首诗的作者就是宋真宗年间的知制诰杨亿（974—1020）。杨亿，字大年，从小就是神童，长大进士及第后，才名盖天下，特别崇拜晚唐诗人李商隐的朦胧诗，他据此独创的“西昆体”风靡北宋30多年。杨亿本人性格耿直，正义感很强。根据史书记载，杨亿拟定好的制诰书，连真宗皇帝批阅提意见，他都无法忍受，竟然以辞官来要挟皇帝。真宗皇帝想要立出身低微的刘美人当皇后，让杨亿草拟诏书，他坚决不同意，而真宗皇帝竟然对他无可奈何。可以想见，杨亿是一个多么厉害的文学达人。

上面列举的这首诗，选自《西昆酬唱集》。这本诗集是杨亿、刘筠、钱惟演等顶尖才子在秘阁修撰《册府元龟》之时的酬唱答和之作，被当时的学子们奉为至宝，模仿者成千上万，甚至影响到了科举考试。当年进士科考试诗赋，采用的就是这种西昆体诗。我们可以想象那是怎样的一种情景，很多胸无点墨，或者有点才华的读书人，都搜肠刮肚创作这类诗歌，或者摇头晃脑，或者捻断胡须，或者走九宫步，或者撞南墙。水平高的没准儿能憋出几句来；水平低的如果实在做不出来，还有一个办法，那就找来唐代李商隐的诗集，东抄一句，西摘一字，像缝补百衲衣一样，连缀成这类诗歌。那么，这么创作出来的诗歌，还能叫诗歌吗？当然不能，只是词语的堆砌罢了！由于北宋读书人抄袭李商隐的诗集实在是肆无忌惮、没羞没臊，以至于在一次宴会之上，有一个演滑稽戏的优伶打扮成李商隐的模样，穿着一件满是窟窿的衣服上了场，调侃道："求求天下读书人放我一马吧，我的衣服现在快被你们剪光啦！"

实话实说，我们现在有几个人能读懂上面杨亿的那首诗呢？估计十个人里面有九个读不懂，另外一个号称读懂的也是装模作样罢了，实际上根本就不懂。而这种几乎没有人能读懂的诗歌，竟然在北宋王朝流行了30多年！真正的优秀诗歌，是语言既美妙又通俗易懂的。

让我们再来欣赏一首苏轼的词《江城子·乙卯正月二十日夜记梦》：

十年生死两茫茫。不思量，自难忘。千里孤坟，无处话凄凉。纵使相逢应不识，尘满面，鬓如霜。　夜来幽梦忽还乡。小轩窗，正梳妆。相顾无言，唯有泪千行。料得年年肠断处，明月夜，短松冈。

这是苏轼感人至深的一首悼念亡妻的词，从头至尾，我们也没有看到华丽的语言，有的只是无限辛酸的怀念、阴阳两隔的怅惘、斯人已去的悲怆、对镜垂泪的苍凉。并且这首词不能长时间品读，欣赏的时间越长，越能体会到深入骨髓的悲痛。这就是文字和艺术的力量。

我们再来欣赏一首与苏轼同时代的著名词人秦观（1049—1100）的《水龙吟》：

> 小楼连苑横空，下窥绣毂雕鞍骤。朱帘半卷，单衣初试，清明时候。破暖轻风，弄晴微雨，欲无还有。卖花声过尽，斜阳院落，红成阵，飞鸳甃。　玉佩丁东别后，怅佳期、参差难又。名韁利锁，天还知道，和天也瘦。花下重门，柳边深巷，不堪回首。念多情，但有当时皓月，向人依旧。

这首词也非常有名，读来确实美不胜收。但是，如果大家不看注释，能明白“下窥绣毂雕鞍骤”是什么意思吗？估计很多人不会明白。但是为何我们读苏轼的诗词就没有这种障碍呢？这就是文学大家和普通词人的区别。秦观写词很好，但他也无法和苏轼相比。苏轼那是何等人物？他是唐宋古文运动的扛大旗者，是北宋古文运动的领袖，是唐宋八大家中最有才华的一个。所以，当青年秦观写完这首词让苏轼指正的时候，苏轼毫不客气地指出：“下窥绣毂雕鞍骤？干吗写得这么复杂？不就是马车经过窗户下面吗？”这一番话，让秦观羞愧不已。而我们今天的人创作古诗词的时候，大多数人都是干巴巴的词语堆砌，读来倒是挺工整，可惜枯燥无味，毫无意境可言。而诗词没有意境，就相当于丢失了灵魂，让人不堪卒读。

我列举上面这四个例子，并没有贬斥杨亿和秦观的意思。杨亿是北宋时代数一数二的天才级文学人物，我们读不懂他写的诗，是因为没有达到他的高度，而他写的诗也不是给我等俗人欣赏的。因此，千年以后，我们至今仍旧在朗读范仲淹的《江上渔者》，却很少有人知道杨亿是何方神圣，这就是传播中的选择的力量。同样，苏轼的大名无人不知无人不晓，而秦观的名字，除了酷爱宋词的人，还有几个人知晓？

通过这两首诗和两首词的对照分析，就引出了今天“文质相救”的话题。而“文质相救”，是范仲淹文学思想的核心部分。早在仁宗天圣三年（1025），37 岁的范仲淹在写给刘太后和仁宗皇帝的《奏上时务书》中，就对“文质相救”的思想进行了阐述，他说道：“臣闻国之文章，应于风化，风化厚薄，见乎文章。是故观虞夏之书，足以明帝王之道；览南朝之文，足以知衰靡之化。故圣人之理天下也，文弊则救之以质，质弊则救之以文。质弊而不救，则晦而不彰；文弊而不救，则华而将落。”这段话的大意是，文章是与社会风气紧密联系在一起的，从流行文章中，就可以看出社会风气的好坏。因此，当我们看虞舜和夏禹时代的文章，就会明白上古帝王治理天下的道理；当我们阅览南朝的文章，就能知道国家衰落的征兆早已经出现。古代圣人治理天下，当文章只剩下华丽的文采而空无一物的时候，就要用内容来补救文采；当文章只剩下内容，而文字却让人不堪卒读的时候，就要用文采来补救内容。如果文章只有内容而叙述却佶屈聱牙，那么别人就无法明白所要表达的内容；如果文章只剩下华丽的语言却空无一物，那么这类文章与废纸无异。

范仲淹在很多文章中多次表达“文质相救”的思想。拿这种思想作为标杆，再对照上面的四首诗词，我们就会发现，杨亿的西昆体诗歌和秦观的《水龙吟》就是典型的“文弊”，读起来文采飞扬，但是或者空无一物，或者让人看不懂诗词所要表达的意思。而范仲淹的诗歌和苏轼的诗词，就文质最佳，既能让人欣赏诗歌的美，还能体会到作者所要表达的深刻思想。所以说，文章有高下之分，区分文章高下的关键就是“文”和“质”。文质相合的文章，才是上品。

那么为何范仲淹三番五次阐述他的“文质相救”的思想呢？这就继续引出下一个话题，那就是北宋初年兴起的古文复兴运动。而古文复兴运动并非从北宋才开始的，其历史可以一直追溯到初唐时期。当时初唐著名诗人陈子昂有感于六朝时期的骈文大都空洞无物，且文风柔靡颓废，除了对仗工整之外，对表达自由思想毫无帮助，便发起了古文复兴运动，但是并没有多少影响。在整个唐代，大部分时间还是骈文处于文学的垄断地位，几乎没有古文的生存空间。到了中唐时期，萧颖士和李华继续接过陈子昂的接力棒，并最终将古文复兴运动传到了韩愈和柳宗元手里。通过这两位文学大家的努力，古文复兴运动终于结下了硕果，古文打败了骈文，开始主导文学领域。韩愈的《师说》、柳宗元的《永州八记》，都是一流的古文，流传至今。

可惜的是，当古文运动即将成气候的时候，大唐亡国了，历史进入了混乱的五代十国时期。在这 50 多年里，武夫飞扬跋扈，文人性命朝夕不保，还何谈继承古文运动？在那种严酷的环境下，文人们为了生存不惜放弃尊严，苟且于乱世，整天战战兢兢，所以五代时期的文章大都无骨，且文风卑弱，这就是范仲淹所说的“国之文章，应于风化，风化厚薄，见乎文章”表达的社会意义。因此，欣欣向荣的古文运动被迫中止。

宋太祖建国之后，五代颓废卑弱的文风被带到了北宋，对重建社会风气非常不利。在这种情况下，有一些人重新拾起了韩愈和柳宗元古文运动的大旗，他们都是北宋太祖太宗年间的超一流的文学大师，分别是柳开、高锡、梁周翰、范杲以及王禹偁，其中以柳开（948—1001）和王禹偁（954—1001）最为有名。柳开自称是柳宗元的后人，他给自己改名叫柳开，就是认为自己重新开启了被世人遗忘的古文运动，是开风气之先的大功臣。实际上，他的狂傲可以理解，因为他确实是宋代古文运动的先行者。柳开在文学创作上主张尊韩愈和柳宗元，倡导韩愈提出的儒家“道统”学说，提出文章要平易古朴。但是，柳开的文章实在太平易古朴了，写得晦涩难懂，毫无文采可言，也就是范仲淹所说的“质弊”，所以柳开的文学成就并不高，而他的复兴古文运动最后也走上了歧途，但这并不影响其首倡之功。

随后，另一个与杨亿差不多同时代名叫王禹偁的人，继续推动古文运动朝前发展。王禹偁和杨亿一样，也是名满天下的文学大家，他是衔接唐代李白、杜甫、韩愈、白居易与北宋欧阳修、苏轼的关键人物，堪称伟大。他对北宋古文运动的贡献要远高于柳开。他提出的文学创作主张是“文以传道”和“易道易晓”，这和俗称的“文以载道”意思相同，并且要求写的文章要语言流畅、通俗易懂。

关于王禹偁提倡写文章要通俗易懂，还有一则轶事，看完后就会让我们明白，柳开提倡的古文写作已经“质弊”到何种程度，并且由于他名气很大，影响了整个文坛的风气。当时有一名书生洋洋洒洒写了一篇雄文，专门拜访王禹偁，请求他指点一二。王大人花了好几天时间，才硬着头皮看完这篇文章，竟然没有读懂文章到底想表达什么意思。他对那名书生说：“写文章是让别人看的，你写的东西别人根本看不懂，这种文章有何意义？”王禹偁说得很对，直接就指出了当时流行的“柳开体”文章存在的致命缺点。然而，那名书生却很不以为然，仍然坚持说自己的文章是一流的。他为何这么固执己见？因为他的文章是完完全全模仿柳开的风格写成的。柳开的名气那么大，王大人竟然说我的文章不好，这怎么能让人服气？

王禹偁提倡的写文章要通俗易懂的理念，在北宋初年并没有引起多大反响，因为此时正是杨亿的西昆体诗歌垄断整个文坛的时候。杨亿位高权重、才名盖世，他巨大的影响力让整个北宋文坛完全淹没在华丽无物的无病呻吟上了。在这种万众一心抬头仰望杨亿、低头模仿西昆体的氛围中，有一个人却反其道而行之，继续接过了柳开和王禹偁等人的古文运动的接力棒，孤身力挺，不屈不挠，与言之无物的西昆体展开了针锋相对的斗争，这个人就是穆修。穆修（979—1032），字伯长，郓州汶阳（今山东汶上）人，与真宗年间担任宰相的丁谓是布衣之交，然而他自负才名，对丁谓的为人颇为不屑，得罪了这个奸人。穆修极力反对五代的衰靡文风和杨亿的西昆体，提倡古文写作，一时间名声大振。当穆修的才名传到真宗皇帝的耳朵里时，真宗质问宰相丁谓，为何让这等人才遗失在草泽？丁谓趁机进谗言，大说朋友的坏话，因此堵住了穆修的仕途之路。后来，穆修在真宗大中祥符元年（1008）考中进士，被委以泰州司理参军。他不愿意同流合污，因此仕途坎坷，一辈子蹉跎在司理参军的九品官职之上。穆修特别推崇韩愈和柳宗元的古文，并亲自校正和刻印两位大家的文集，在东京汴梁的相国寺售卖。后来北宋著名诗人苏舜钦和散文家尹洙都拜穆修为师，将古文运动继承了下来。然而，穆修、苏舜钦和尹洙等人，人微言轻，无力改变这种不良的文风，所以只有等一个高人横空出世才行。

这就是范仲淹提倡“文质相救”的历史背景，在他看来，杨亿的西昆体是不符合“文质相合”的作文之道的，在进士科考试中采用这种文体，只会误国误人。范仲淹在写给宰相王曾的万言《上执政书》中，就对科举考试中流行的以辞赋取士的做法提出了批评：“今士林之间，患不稽古，委先王之典，宗叔世之文。词多织秽，士惟偷浅。言不及道，心无存诚。暨于入官，鲜于致化。”范仲淹对西昆体辞赋批评得相当严厉。他指出，现在的读书人不懂得通过考察古人的事迹来辨别是非，名义上借助上古贤王的典籍，却推崇流行于末世的衰靡文风。他们用词杂乱烦琐，而文章的立意浅薄；满纸胡言乱语，心中毫无诚意。这样的人如果当了官，怎么可能让社会风气变好呢？

因此，当范仲淹任参知政事之后，在提出的十条新政措施中，第三条就是“精贡举”，提出“国家专以辞赋取进士，以墨义取诸科，士皆舍大方而趋小道，虽济济盈庭，求有才有识者十无一二。况天下危困，乏人如此，将何以救”，然后提出具体解决措施：“进士先策论而后诗赋；诸科墨义之外，更通经旨。使人不专辞藻，必明理道，则天下讲学必兴，浮薄知劝，最为至要。”科举不再仅凭着辞赋和墨义取士，而是增加策论考试，让读书人不要将全部精力专注于华丽辞藻，让那些浅薄之士迷途知返，彻底革除这种弊端。然而，新政很快失败，范仲淹的计划落空。虽然范仲淹反对仅仅凭着辞赋取士的做法，也对西昆体颇有微词，但是他对杨亿的才名还是很推崇的。同时，范仲淹的志向不在于写文章，而是经邦济世，因此，他在整个古文运动倡导的改变文风的行动中只是起到了助力作用。

而欧阳修才是彻底扭转这种不良文风的关键人物。欧阳修早就对杨亿的西昆体辞赋霸占科举考场深恶痛绝，因此当他掌管权柄之后，便想方设法革除这种歪风。在一次担任进士科考试的主考官时，欧阳修做了一件令人目瞪口呆的事情，那就是让采用西昆体答卷的考生全部落第！这下子算是捅了马蜂窝，那些考生没日没夜练习西昆体，终于能够做出一些稍微像点样子的诗赋，志在必得，没承想竹篮打水一场空，这些人差点气疯了。尤其是那些在社会上小有名气的西昆体诗人，也在落第行列，怎么能不生气呢？他们群情激奋，围住考场讨说法。等欧阳修一现身，这些人立刻冲了上去，大肆辱骂欧阳修，甚至还想动手。幸亏禁兵及时赶到，否则欧阳修真的会受皮肉之苦。

然而，毕竟现在掌握话语权的是欧阳修，考生们再不乐意，也必须按照欧公的想法备考。在欧阳修的雷厉风行之下，横行了几十年的西昆体终于销声匿迹，古文运动取得了决定性的胜利。此后再经过苏洵、苏轼、苏辙父子以及王安石和曾巩打扫战场，北宋古文运动这才彻底结束。古文运动革新了文风，北宋文坛迎来了朝气蓬勃的新气象。

北宋古文运动承担着两个职责：一是改革文风，倡导古文；二是复兴儒学，开辟宋学。在倡导古文、改革文风的运动中，范仲淹是作为配角出场的，但是在复兴儒学、开辟宋学的运动中，范仲淹是不折不扣的领军人物，是宋学的开山泰斗。

钱穆先生在他的著作《中国近三百年学术史》中说道：“言宋学之兴，必推本于安定、泰山。盖至是而师道立，学者兴，乃为宋学先河。”其中安定就是北宋的大教育家胡瑗，人称“安定先生”；泰山指的是孙复，人称“泰山先生”；而孙复的学生石介，世称“徂徕先生”。三人合称“宋初三先生”，都是当时名重一时的教育家、宋学的奠基人。钱穆认为从胡瑗和孙复开始，被人遗忘很久的师道才真正确立起来，尊师重道才成了后世的优良传统。

宋学具备很多重要的特点。第一是敢于议政的精神。这是宋代知识分子人格独立、思想自由、言论自由和具备批判精神的外在表现。第二是疑古精神。就是对古代儒家典籍不盲从，不拘泥于历代注释，敢于提出怀疑意见，表达新的想法，提出新的思想。第三是创造和开拓精神。解放思想，说前人所未能说，百花齐放，百家争鸣。第四是经邦济世精神。学术研究不脱离现实，要为现实社会服务，用知识去解决社会存在的问题。第五是内求反省的精神。君子慎独，洁身自好，“苟日新，日日新，又日新”，加强自身修养，实现“内圣外王”的最高境界。第六是兼容并包精神。吸取一切有益的思想，转变成自己的理念。不但将儒、道、释诸学说为我所用，还包容异己的学说，在互相学习中取长补短，不断进步。可以说，宋学精神，就是以后中华民族精神的核心。

那么，为何说范仲淹是宋学的开山泰斗呢？其实这么评价他一点都不夸张。首先，“宋初三先生”都与范仲淹有很深的渊源。胡瑗是范仲淹一手举荐到朝廷的，在太学中担任教授；在范仲淹于应天府书院任教之时，孙复就是他的学生，范仲淹亲自指导他研究《春秋》；而石介是孙复的学生，是范仲淹的再传弟子。其次，思想的传承。胡瑗虽然没有直接接受范仲淹的言传身教，但是胡瑗倡导的“分斋教学”，也就是被朝廷大力推行的“苏湖教法”，其核心思想就是“经邦济世，明体达用”，范仲淹早就在很多文章中详细阐述过这类思想。以范仲淹的威名，他的文章和思想，也会对胡瑗产生很大的影响。而宋学中另一位至关重要的人物——哲学家和教育家张载，则在 21 岁那年，亲自在范仲淹帐下做事，聆听前辈的教诲。

上面总结的宋学六大精神，每一种都是范仲淹教育思想的重要组成部分，我们在第二章已经详细分析并阐述过。范仲淹舍命进谏，奋不顾身，议论朝政，无人敢比；范仲淹敢于疑古，教育学生要跳出儒家经典章句和注释，掌握经籍大义和主旨，开风气之先；范仲淹重新对《易经》进行阐述，对各类经籍的研究都有过人之处，有很强的创造和开拓精神；范仲淹吸收诸子百家思想，转变成自己独特的思想，小到治家，大到治国，体现了其兼容并包和经邦济世的精神；范仲淹洁身自好，修己安人，廉洁方正，体现了其内求反省的精神。每一条都和宋学精神遥相呼应。

而范仲淹用自己的亲身行动、高尚的人格、出将入相的功绩，开启了北宋良好士风之先，砥砺了社会风气，塑造了文人的傲骨，可谓泽被后世，功德无量。钱穆先生在《中国学术思想史论丛》中做了如下评价："胡瑗之道德，欧阳修之文章，范仲淹之气节，堪称鼎足之三峙，更与当时以甚大之影响。"其实，何止是当时呢？范仲淹的精神早已经穿越了近千年，至今仍旧在激励着我们奋勇向前！

第九节　首倡义庄，泽被千载

范仲淹幼年颠沛流离，在父亲范墉去世之后，与母亲谢氏贫无所依，只能寄身于苏州天平山下的咒钵庵勉强度日，范氏宗族的恩情寡绝在他心中留下了深深的阴影。即使后来继父朱文瀚对他不薄，朱氏毕竟属于外姓，范仲淹被朱氏家族的子弟歧视是不可避免的，这才有了后来感愤自立、应天苦读的经历。

这两件事情让他深刻感受到在一个家族中处于弱势地位的孤儿寡母，如果没有人伸出援助之手，那简直是灭顶之灾。有感于此，范仲淹在考取功名之后，并没有对弃他们母子于不顾的范氏宗族心怀怨恨，而是一心想用自己的能力和俸禄为范氏宗族的贫弱子弟做些有益的事情。遗憾的是，他早年在卑微的官职上蹉跎13年之久，俸禄微薄，连赡养母亲都捉襟见肘，根本没有能力顾及其他人。一直到他52岁，担任陕西经略安抚副使之职的时候，才名列高官之位，丰厚的俸禄和朝廷各种五花八门的赏赐接踵而来，范仲淹终于变得富有了。但是，在边陲抗击西夏的过程中，范仲淹将朝廷的赏赐全部分给了手下和范氏宗族的贫苦无依者，自己一分钱没拿。名义上范仲淹得了很多钱，其实除了留下最基本的生活开销之外，其余的财产全部救济了别人，以至于家人只有在客人拜访的时候才吃一次肉，其节俭清贫如此，不得不令后人感叹！

然而，有一个问题始终在范仲淹心头萦绕，那就是自己钱财再多也有分完的时候，并且仅靠自己的力量，尚无法照顾到族中所有需要帮助的人。那么有什么好办法能够将这种救济行为变成稳固常态呢？

范仲淹毕竟是复合型人才，懂文学，懂治国，懂经籍，懂工程，也懂经济。长时间在地方做官，无休止的救灾赈灾，让他积累了大量的经验，久而久之，便产生了一个新奇的想法：购买田地，建立义庄，让田地生财，用来周济宗族子弟。只要最初花一笔钱，中间按照需要酌情补充资金，就可以让救济行为一直滚动维持下去。这种建立义庄的思想，在范仲淹之前的任何朝代都没有人提出过，范仲淹是有史以来第一个提出这种想法并付诸行动的人，并且影响后世近千年，堪称伟大！

数千年来，维系着整个社会正常运转的有两大支柱：一个是政权；另一个是族权。政权统治天下黎民；族权维系着一个家族的兴亡。而族权维系下的大家族，就是一个小社会，几乎具备国家政权所有的功能，诸如奖惩、救济、培养人才、维护地方治安等，不一而足。而救济功能是一个家族最重要能力之一。政权与族权互相联盟，让整个社会得以保持安定。

自古以来，一人得道，全族跟着沾光的情形数不胜数。而历史上很多有名的人物，在功成名就之后，都将赈济家族子弟当成自己的天职。比较有名的有西汉的朱邑，身为列卿，居处节俭，家无余财。东汉的任隗，将自己的俸禄用来赈恤宗族，收养孤寡。春秋时期齐国宰相晏婴，即使身居高位，仍然乘坐着一匹瘦马拉的破车上朝。他的朋友陈桓子很不解，就笑话他："君位在上卿，所得俸禄百余万，却乘坐瘦马拉的破车，你这是在故意隐藏君王的恩赐啊！"晏婴说道："自从我位居显贵之位，我的父亲家族的人出门没有不乘车的，我的母亲家族的人没有一个不丰衣足食的，我的妻子家族再没有冻饿而死的人，而齐国的士族们如今等着我救济才能吃上饭的有 300 多人。这难道是故意隐藏君王的恩赐吗？我这是在彰显齐王的恩赐啊！"

而战国时代的孟子，则将这种救助行为上升到了"仁民爱物"的高度，他说："亲亲而仁民，仁民而爱物。"由此看来，帮助和救济别人，也是一名君子所遵循的基本做人准则。

宋仁宗皇祐元年（1049），61 岁的范仲淹知杭州，由于眩晕病和肺病的双重折磨，身体每况愈下。当时北宋大半国土都在闹饥荒，范仲淹来到杭州，就开始了赈灾工作。等通过以工代赈的方式缓解了灾情，范仲淹终于有时间放松一下紧绷的神经了。

这天，范仲淹与宗族子弟一起座谈，言及自己年老体衰，开始萌生退隐之意。“冬去以来，顿成羸老，精神减耗，形体孱弱，事多遗忘，力不支持。”一位子弟趁机说道：“范公，既然想要隐退，何不在西都洛阳买一块地，整饬一新，修建亭台楼阁、小桥水榭，种上奇花异草，养几只珍禽野兽，作为养老休闲之地，岂不乐哉？”

范仲淹听完微微一笑：“如果我们能够感受到道义之乐，何必在乎这身臭皮囊呢？既然不在乎外在形骸，还会在乎有无居室吗？我今年61岁了，也活不了几年了，在这个时候购买宅第，又能住几年呢？我现在担心的，不是没有住的地方，而是担心位高而退难啊！况且西都洛阳，士大夫建造的宅院鳞次栉比，作为宅院的主人，有几个经常去住呢？我要是想游览和住几天，没有人会拦着我啊！哪能光顾自己过得安逸而不顾其他人呢？所以，我的俸禄都周济了宗族子弟。你们这些小辈，要是能够遵从我的话，以后我就没什么可担心的了。”

这名宗族子弟建议范仲淹晚年购买宅第，享受退休生活，也是一番好意，并且他提的建议也很正常，因为在当时，朝中的显贵官员致仕之后，都是在东京汴梁和西京洛阳购买宅第，建造高宅大院，享受奢侈生活。以至于东京、西京，豪宅不可胜数，豪宅的主人竞相攀比，耗费金银无数。这些人兼并了大量土地，却不纳税，穷奢极欲，纸醉金迷。而老百姓却要为这些寄生虫买单。真宗时的宰相王旦就曾经批评过这种奢靡现象：“国家承平岁久，兼并之家，徭役不及，坐拥厚利，京城资产百万者至多，十万而上，比比皆是。”

欧阳修的《归田录》里记载着寇准的一则轶事，可一窥当年位极人臣的高官的奢靡。寇准19岁高中进士，可谓少年富贵。他喜欢吃吃喝喝，特别是夜宴，而且晚上从来不点油灯，通宵达旦点蜡烛。每当他被罢官，人们到了他的居所，看到不但卧室、厅堂，甚至连厕所里都是成堆的燃烧完的蜡烛油。看来，在北宋时代，晚上点蜡烛是一件极为奢侈的事情。在另一位宋人叶梦得的笔记《避暑录话》中，也记载了范仲淹的老师晏殊纸醉金迷的夜生活。晏殊未尝一日不饮，每次客人参加宴会，他从来不提前预备酒席，等客人到了，才开始准备酒宴。每个客人面前放一个茶几、一只杯子，然后开始吟诗斗酒，客人们一边喝，仆人们一边上果盘菜蔬，等喝完几杯之后，满桌子的珍馐美味就上齐了。据说，寇准和晏殊在北宋的高官里面还属于比较节俭的人，口碑不错，生活尚且如此，因此不难判断出其余不节俭的官员会奢靡到何种程度！与之对比，范仲淹的清廉节俭可谓百官之楷模。

范仲淹在杭州，除了萌生退隐之意外，还专门拜访了自己同父异母的哥哥范仲温。当年父亲范墉去世后，时年6岁的范仲温便被范氏宗族的人收养，自此兄弟两个便天各一方，除了偶尔书信联系之外，见面的机会很少。两个人都年老之后，便重新走到一起，商量出钱购买义田、建造义庄、兴办义学的事情，想为范氏宗族子弟做一些有意义的后事。

兄弟二人协商之后，范仲淹决定捐出全部俸禄和积蓄，由范仲温带着银两赶回老家苏州，购买1000亩地，并负责着手创办义庄。范仲温没有辜负范仲淹的嘱托，日夜组织赶工，终于在很短的时间里完成了购买义田、建造房屋等事宜。等一切办理妥当，范仲温便写信给范仲淹，让他回到苏州，商量制定义庄的管理办法。范仲淹不辞辛劳赶到苏州，在征求了族中长辈们的意见之后，确定了《义庄规矩十三条》，让族中子弟据此遵守，并由族中德高望重的老者来管理义庄。

范仲淹亲手制定的义庄规矩，涵盖范围非常广泛，几乎涉及了族中生活的方方面面，主要包括配给口粮、提供衣料、支付嫁娶丧葬费、支付科举费用、为没有房屋的族中子弟提供免费义宅、提供临时的借贷等。在这些义庄规矩里，范仲淹没有明确这些救济资助只针对贫苦无依之人，只要是宗族子弟，都可以享受义庄提供的各类帮助，不管是贫穷还是富有。可见，范仲淹做的这个义举，已经超出了普通的赈济功能，变成了活生生的“齐大家”样本。

为何这么说呢？那是因为，儒家的最高理想就是“内圣外王”，也就是通常所说的“立功、立德、立言”三不朽，达到这个崇高目的，就需要“修身、齐家”，才能“治国、平天下”。范仲淹应该是达到“立功、立德、立言”三不朽的典型人物。他廉洁自律，以天下为己任，修己安人，将四个儿子都培养成了国家栋梁之材。其中他的二儿子范纯仁，两次官拜宰相。他的三子纯礼、四子纯粹虽然没有获得二哥那样的高位，但也是国家的股肱之臣。他的大儿子范纯祐，在17岁的时候，便跟着父亲奔赴宋夏战场，父子二人共守边疆。范纯祐小小年纪就带领一队人马，在敌寇环伺的危急关头，成功抢建大顺城，得到了仁宗皇帝的嘉奖，可惜范纯祐后来精神受刺激，英年早逝。这是范仲淹“齐家”的功绩。谈及“治国”，范仲淹更是不在话下，古代文人梦寐以求的出将入相的崇高理想，范仲淹都一一实现了。本来，如果仁宗皇帝不大搞捕风捉影的朋党之争，给予范仲淹充分的信任，相信他也会完成“平天下”的不朽功勋。当然，历史不能假设，范仲淹能够矢志不移地完成前三个目标，就已经很了不起了。

出钱购地建立义庄是范仲淹晚年的一次回归，首倡义庄的意义，已经远远超出了赈济慈善的狭隘范畴。当然，范仲淹从“治国”再次回归到“齐家”，帮助宗族数万人共同致富，只是实现了家族范围内的共同富裕，距离让天下百姓共同富裕的目标还差得很远。但是，范仲淹无法跳出自身所处年代的历史局限性，求全责备已然不该。他能创造出义庄这个新生事物，足够证明其思想已经超出了自己的时代。后世无数义庄兴起，一直持续到民国时期，从中我们就能深刻体会到他的伟大和过人之处。

范仲淹不但建立义庄，保证族人的衣食无忧，还创办义学帮助宗族子弟接受教育，以达到“收宗族、厚风俗、使人不忘本”的目标。而范仲淹建立义学的思想，来源于他对上古时代私学教育的向往：“古者二十五家为闾，闾左右各设塾，乡先生为之师，褒衣博带，晨坐闾门，教其民出入田亩者，有教有养，诚为良法。”在范仲淹看来，私塾教育至关重要，因为这是面向最基层民众的教育机构，可以在乡民子弟世界观和人生观形成的关键时期，起到重要的引导作用。在上古先王们统治国家的时候，都是将 25 家结成一个单位，每一个单位设置一所私塾，并让乡下有学问的人担任教师。老师每天早上穿戴整齐坐在私塾门口，教育那些乡民子弟。这种组织模式，既能保证乡民们免于衣食之忧，也能加以教化。将这种组织模式移植过来，进行活学活用，就变成了义学。

范仲淹认为，宗族中每个家庭都要有守家立业之本，避免“贫富无定势，田宅无定主”，要是想保证宗族繁衍长盛不衰，宗族子弟就必须严守家族法规，修身养性，不但道德要高尚，还要学会一身本领。这就是义学办学的最重要的目的。

在范仲淹首倡以及宗族子弟的共同努力下，范氏义庄在仁宗皇祐二年（1050）正式开始运转。在范仲淹去世之后，管理和资助义庄的重担就落在了范纯仁的头上。范纯仁从小就受父亲的言传身教，行事风格与其父相同，从布衣到宰相，廉俭如一，所得奉赐全部用来扩大义庄规模。在范仲淹去世后，范纯仁为父亲守丧，由于范仲淹早已经将全部积蓄（包括房子）捐给了义庄，以至于家徒四壁，家人无所归依。仁宗皇帝为此专门拨给范纯仁一笔丧葬费，并在许州（今河南许昌）提供官屋，让范纯仁兄嫂弟妹一家老小 70 余口居住。而范纯仁自己则住在父亲的墓旁，与雇佣的杂役一起吃粗茶淡饭，毫无怨言。

范纯仁有一句名言一直被范氏宗族津津乐道并广为传播："唯俭可以助廉。"他也一生固守着这个理念，后来两次官拜宰相，俸禄优厚，他却将其全部捐出，继续扩大义庄规模，将父亲初创时候的 1000 亩地扩展到 3000 亩地，扩大了救济族人的范围。在范纯仁之后，范纯礼官拜尚书右丞，范纯粹官拜户部侍郎，也都和兄长一样，用俸禄维持义庄的运转。

在义庄的运作过程中，慢慢出现了不和谐的现象，一些宗族子弟中的败类，不遵守义庄规矩，而范氏宗族中也缺少像范仲淹这种威望极大的人。范纯仁忠厚老实，无力惩戒本族中的违法者，眼看着辛辛苦苦创办的义庄已经处于危险边缘，范纯仁不得不在英宗治平元年（1064）向朝廷求助，希望通过朝廷的法律来约束和惩戒宗族中的不法弟子，获得了英宗的同意。范纯仁就将义庄规矩刻石为证，告诫子孙，谁也不能违反，违反者以国法论处。

在父子两代人的初创和努力之下，范氏子弟"虽至贫者，也不复有寒馁之忧"。明末清初学者顾炎武也评价过范氏义庄的重要意义："自范氏义庄立，至今裔孙犹守其法，范氏无穷人。"而范氏义庄的影响，很快扩展到宋代的官宦士人之家，他们纷纷效仿范仲淹的做法，先后建立义庄，资助赈济本族子弟。一时间，建立义庄蔚然成风，泽被后世千年。

第十节　文正醇风，万古留名

宋仁宗皇祐四年（1052），一生为国、心系天下的范文正公病逝于徐州，享年64岁。

在他病笃之际，给仁宗皇帝上了最后一份疏，这就是可与西蜀诸葛孔明的《出师表》《后出师表》相媲美的《遗表》。在《遗表》中，范仲淹回顾了自己跌宕起伏的一生，向皇帝表明了最后的心迹：以天下苍生为念，不以一己之私而有所求。在《遗表》中，他只字未提个人要求，字里行间饱含着忧国忧民的情怀。读来让人感慨万千，敬意油然而生！

“伏念臣生而遂孤，少乃从学。游心儒术，决知圣道之可行；结绶仕途，不信贱官之能屈。”当年那个行走于长山乡野间孜孜求学的少年身影，此刻在我们的脑海中浮现。他穿着朴素，朝气蓬勃，游学在关中胜地，苦读于醴泉应天。仗剑高歌，抚琴低吟，恰同学少年，意气风发，松林古寺，指点江山。大通“六经”之旨，深悟易学精髓。讲谈兵书，醉心百家。慕上古三王之大道，思考济世之良策。五年不解衣，视方外如无物，沉浸在知识的海洋中，将自己锻炼成一流高手。当参透了儒学的宏旨，就产生了无与伦比的自信和精神力量，坚信只有圣人之道才能拯救天下万民。当考取功名，位列金榜，便为自己打通了一条施展治世本领的广阔舞台。13年弹指一瞬间，那个青春少年也已经步入中年，虽然官小位卑，但是不忘忧国。他将所学的知识倾注于笔端，将思考的结晶凝聚成黄钟大吕，吹响了警世的号角，震醒了沉睡的士子之心。贱官不屈，何其豪迈！在广德担任司理参军，坚持真理，日与太守争是非；在泰州监管盐仓，提议修建捍海大堤并亲力亲为。不以一心之戚，而忘天下之忧。这是范仲淹从少年到中年所走过的道路，所经历的心路历程。

“才脱中铨之冗，遽参丽正之荣。耻为倖人，窃论国体。”范仲淹人到中年，鬓生华发；然而却报国无门，蹉跎仕途。磨勘之制，害人不浅，庸官碌碌，拖累良才！若不是他能够跳出思维窠臼，冒哀上书进谏皇帝和皇太后；若不是他奋笔疾书，写下万言《上执政书》，也许，弹指间华发全白，终老九品，一腔抱负，转眼尘土！庆幸的是，天佑大宋，宰相慧眼识才，授意晏殊举荐范仲淹，他这才从应天府的教书匠，跻身秘阁校理。机会来之不易，常人自会小心经营。然而范仲淹却仗义执言，议论国体，为太后祝寿事进谏圣上，被贬出京城，通判河中府。如此奋不顾身，却被同僚讥为邀名。燕雀安知鸿鹄之志，只有飞得最高的人，才能看得最远！

“陛下奋权之初，首承德音，占预谏列。年昔执卷，惟虞无位之可行；况今得君，安敢惜身而少避。间斥江湖之远，旋尘侍从之班。大忤权贵，几成废放。”当年仁宗春秋鼎盛，执掌权柄，范仲淹作为右司谏，位列御史台。虽然被贬一次，依旧痴心不改，眼睛揉不得沙子，圣人之道岂能违反？皇帝至尊，行为也不能越界。而仁宗不但想再立一个太后，还因为内宠而废掉国母，大肆宠幸内臣，皇后暴死而不追究，长此以往，则是国家之大不幸！范仲淹舍命上书，叩门直谏，再次罢官，远窜睦州。此后范仲淹重回京都，将矛头直指宰相，孤身力战，不改初衷。即使官微力薄，那又何妨？正义之心总会爆发出惊人的力量。因为进谏，再次触怒权贵，被贬饶州，水路迢迢，禁军抄家，夫人病殁，幼子嗷嗷，其状甚惨！然而，范仲淹播下了星星之火，最终变成了燎原之势。宋代士人之风，从此开始扭转。

“属羌臣之赴险，顾将列以难裁。乃副权帅，仍峻使任。亦当周旋战备，指目地形。力援定川之师，始期御敌；誓复横山之壤，亟逼讲和。”范仲淹以 52 岁的高龄，奔赴国难，在西部边陲，与敌人对峙三年之久。他去的时候，面对的是一个满目疮痍的世界，他返回东京之际，边关军民已经一派祥和。长烟落日，带不走挥斥方遒的豪迈；鼓角铮鸣，振奋着边关将士浴血拼杀；孤城巍巍，漫天风沙中挺立着不屈的脊梁；千嶂迤逦，飘荡着塞下招展的猎猎旌旗。范仲淹面对西夏强敌，开展军事改革。精选良将于行伍，孤身临险于羌寨。审时度势，多方筹划，顶住了四面八方的压力，甚至拒绝执行皇帝下的命令。在宋军数次败亡之际，保存了有生力量。出兵拯救败军于危难，高筑城堡打碎西夏图谋。通过步步为营和坚壁清野，逼得元昊不得不屈首讲和。范仲淹所学的军事知识，让他在满朝惊惧中傲然挺立。作为数一数二的帅才，他的功绩得到了朝廷的认可。在他去世之后，仁宗皇帝加封他为兵部尚书。

“预中书之密切，曾不获辞；参大政之机微，亦难胜责。自念骤膺于宠遇，固当勉副于倚毗。然而事久弊则人惮于更张，功未验则俗称于迂阔。以进贤援能为树党，以敦本抑末为近名。洎忝二华之行，愈增百种之谤。”自古以来，每一位改革家或者死于非命，或者郁郁而终，很少有享受到改革成功果实的人。一个国家承平日久，纲纪松弛，奢靡之风泛起。人人以苟且为乐，个个以饱食为念。朝中都是素餐之徒，乡野遍地无主枯骨。高位者大兴奢华之风，卑微者拼力却不能果腹。醉生梦死于温柔之乡，却不知国破家亡的危机临近。此时如果有清醒的人振臂一呼，实施改革之策，迎接他的不是鲜花和掌声，而是大刀和长枪。

仁宗皇帝在庆历初年急于改革，在欧阳修的举荐之下，将范公提拔到中枢，担任参知政事，开启了庆历新政。然而仁宗皇帝虚与委蛇，首鼠两端，对这位替大宋江山立下不世功勋的良臣，始终抱有敌意。这种态度对新政的顺利实施是个致命的障碍。而那群狗苟蝇营之辈，只要眼睛不瞎，都能看到帝国即将滑入无底深渊。但是他们贪图富贵利禄，因循守旧，不但不支持范公改革，还联合起来置新政于死地。范公悲怆高呼：“事久弊则人惮于更张，功未验则俗称于迂阔！”新政只实施了8个月，功效怎能立刻就显现？每一个国家的改革，短则十数年，长则数十年，需要数代人坚持不懈的努力才有可能获得成功。如此急功近利，鼠目寸光，只因看不到改革的效果，便攻击新政迂阔。是可忍孰不可忍！也难怪范仲淹痛心疾首，耿耿于怀！如果这帮人只攻击新政迂阔也就罢了，孰料他们为了彻底堵住改革之路，再次以朋党之名，将新政实施者和支持者一网打尽，让北宋王朝错失最佳的改革良机，这是导致靖康之耻的最重要的原因之一。面对新政流产，范仲淹再次向仁宗痛呼：“（为何）以进贤援能为树党，以敦本抑末为近名！”

“然臣起于诸生，历此华贵。雨露泽于数世，圭组焕于一门。有为臣焉，足为荣矣！当瞑目以无憾，尚贪生而有云。盖念所惜者盛时，所眷者明主。”范仲淹即将身殁，一心想的还是国家、百姓和朝廷，拳拳之心，可昭日月！虽然他一生坎坷，三次被黜，颠沛流离，吃尽苦头，但他却甘之如饴，丝毫不以为意。俸禄丰厚，而清贫如洗；开创义庄，泽被后世；教育子女，严格家风；兴办教育，开有宋之先；身先士卒，涤荡士风；学贯经典，参悟大道；举荐英才，不遗余力；赈济救灾，黎民救星；革除文弊，兴复古文；提携后辈，为宋学开山。“夫不能利泽生民，非大丈夫平生之志！”范仲淹掷地有声，响彻寰宇。“义士不欺心，廉士不妄取”，信哉！范公一生总结的做人准则就是“不欺”二字。不欺心，人才方正；不欺人，君子坦坦荡荡；不欺君，则直谏朝廷弊政；不欺世，才被万民景仰。范仲淹的高尚人格和“不欺”精神，实实在在继承了古代君子之风，也是留给我们的宝贵精神财富。而他临终之前，对仁宗皇帝的谆谆告诫，言犹在耳，满腔赤诚，感天动地！

“伏望陛下调和六气，会聚百祥，上乘天心，下徇人欲。明慎刑赏，而使之必当。精审号令，而期于必行。尊崇贤良，裁抑侥幸。制治于未乱，纳民于大中。”只可惜范仲淹虽然自认遇见了明主，实际上仁宗却是平庸无能之辈。项羽只有一个范增却不能用，最后自刎于乌江；高祖用人眼光高人一等，创造了百年盛世。我们不能苛求一个从小就长在深宫之中的守成之君，他心中根本没有装着天下百姓，怎么能够与范仲淹的思想共鸣？前事不忘，后事之师。将仁宗年间与现在做一个对比，相信每一个人都能够从中悟出很多道理。

范仲淹虽然逝去已近千年，但是英魂依旧在。他的精神早已经突破了时空障碍，在影响着我们每一个人。他的身影已经与群山松涛融为一体，变成了我们得以奋勇直前的强大动力。那么，范仲淹都给我们留下了哪些精神遗产呢？

其一，永不言败的奋斗精神。范仲淹从一名低级官宦之家的子弟，通过十数年不懈的努力，终于成为国家的股肱之臣，又以无人能比的功绩名垂青史。这就是一部活生生的个人奋斗史。为了读书，他可以五年就寝不解衣衫；为了实现理想，他可以在八年内忍受食不知肉的清贫。三次被黜，从不怨天尤人，而是磨砺剑锋，东山再起。一生辗转大半个中国，从未放弃拯救天下苍生的信念。即使在位卑言轻的青年时期，他也时刻做好准备，通过独具一格的自荐书，赢得了更多的机会。在九品官位上也不忘为民造福，所到之处，万民怀念。

其二，心忧天下的前瞻精神。忧天下，不仅仅是将苍生的幸福当成自己的幸福，更重要的是能够在太平盛世的笙歌燕舞中窥探到潜伏的危机。“人无远虑，必有近忧”，这句话不但适合一个人，还适合一个国家。然而，如今很多人事不关己，高高挂起，躲在小楼里庸碌度日，国家的未来，社会的进步，好像与他们没有任何关系，这和北宋时期那些因循守旧的官员没有什么区别。一个人的过人之处，不在于他能不能在社会上混得风生水起、如鱼得水，而是看他有没有前瞻意识，能否看到其他人看不到的潜在的危机。看到了危机，能否用自己力量去做点什么。《易经》里用“潜龙在渊”“飞龙在天”“亢龙有悔”三个卦辞，形容事物由盛到衰的发展变化规律；用“穷则变，变则通，通则久”，来说明面对危机之时所要采取的措施。这些都需要前瞻精神才能体察到。

其三，坚持真理的献身精神。腐儒往往嘲笑那些坚持真理的人，认为他们不谙世事，学不会明哲保身，明知山有虎，还偏向虎山行。他们将八面玲珑当成为人处世的圣经，却忘记了自己只要伸出援助之手，就会向真理更加靠近一步。坚持真理需要献身精神，这在范仲淹身上体现得最清楚。他的所作所为不但为政敌所不容，也被他的朋友所误解，以至于写诗告诫他，要学会圆滑，以免再惹事端。然而，范仲淹站得比他们更高，喊出了“宁鸣而死，不默而生”的千古名言。他虽然势单力孤，却屡败屡战，终于慢慢转变了别人的思想，支持者越来越多，将北宋士人之风彻底改变，唤醒了他们心底的正义感，擦亮了他们的眼睛，挺起了他们的脊梁。

其四，修己安人的济世精神。儒家讲究“慎独”，其实就是修身的一种方式。所谓“头顶三尺有神明”，那也是一种慎独，只不过这是一种被动的慎独，借助假想神灵的震慑，来约束人的行为。这种修身方式的境界与儒家倡导的“修己安人”理念有着天壤之别。修身，才能齐家；齐家，才能治国；治国，才能实现平天下的最高目标。为官者廉洁自律，为民者不贪非己之财。道德约束力量往往比冰冷的法律条文要有用得多，因为那改变的是意识形态。当然，“修己安人”属于道德范畴，是君子所为。对于不是君子的小人，还需要通过法律手段进行约束和惩处。但是，如果让“修己安人”变成每个人意识形态的一部分，提高个人修养，那不更加事半功倍吗？范仲淹是一个道德崇高的人，就源于他学通了儒家经典的宗旨与核心理念，使其变成了自己精神世界的一部分，并指导着他的行动。从每一件小事做起，直到出将入相，承担起了安民济世的重任。俗话说，给予让人快乐，而济世精神就是更高层次的给予。既然这种精神乐人乐己，那么何乐而不为呢？

其五，爱国爱家的仁爱精神。儒家经典的核心宗旨也包含了“仁爱”主题。首先爱亲人，其次爱朋友，推而广之爱陌生人，最终就会爱国家。这是儒家总结的“仁爱”的逻辑链条。范仲淹不因为幼年时范氏宗族抛弃他们母子二人，而仇视和报复，相反，却以仁爱之心回馈宗族子弟；他也不会因为小时候遭受朱氏子弟的羞辱，而置养父的后人而不顾，相反，却尽己所能来报答他们。这才是仁爱精神。

范仲淹留给我们后世的精神食粮，绝不仅仅限于以上五点。他的精神早已成为中华民族精神的重要组成部分，在时时刻刻影响着我们的生活。

范公远去，精神不朽！

参考文献

[1][宋]范仲淹.范仲淹全集[M].成都:四川大学出版社,2007.
[2]王云五.宋范文正公年谱[M].台北:台湾商务印书馆,1979.
[3][宋]范仲淹.范文正公文集[M].影印宋刻本.
[4][宋]朱熹,李幼武.宋名臣言行录[M].清顺治刻本.
[5][元]马端临.文献通考[M].明刻本.
[6][汉]司马迁.史记[M].汲古阁明刻本.
[7][宋]范晔.后汉书[M].汲古阁明刻本.
[8][唐]房玄龄.晋书[M].汲古阁明刻本.
[9][宋]李焘.续资治通鉴长编[M].北京:中华书局,2004.
[10][元]脱脱.宋史[M].北京:中华书局,1985.
[11][宋]薛居正.旧五代史[M].北京:中华书局,1974.
[12][宋]欧阳修.新五代史[M].北京:中华书局,1974.
[13][宋]陈均.皇朝编年纲目备要[M].北京:中华书局,2006.
[14][宋]钱若水.宋太宗皇帝实录校注[M].北京:中华书局,2012.
[15][宋]杨仲良.皇宋通鉴长编纪事本末[M].北京:商务印书馆,1981.
[16][宋]江少虞.宋朝事实类苑[M].上海:上海古籍出版社,1981.
[17][宋]王称.东都事略[M].天津:天津古籍出版社,1998.
[18][宋]王铚,王林.默记:燕翼诒谋录[M].北京:中华书局,1981.
[19][宋]李心传.旧闻证误[M].北京:中华书局,1985.
[20][宋]魏泰.东轩笔录[M].北京:中华书局,1983.
[21][宋]范镇.东斋记事[M].北京:中华书局,1985.
[22][宋]王辟之,欧阳修.渑水燕谈录·归田录[M].北京:中华书局,1981.
[23][宋]沈括.元刊梦溪笔谈[M].北京:文物出版社,1975.

[24][宋]张绑基，范公偁，张知甫.墨庄漫录·过庭录·可书[M].北京：中华书局，2002.

[25][宋]王明清.挥尘录[M].北京：中华书局，1961.

[26][宋]王巩.甲申杂记·闻见近录·随手杂录[M].北京：中华书局，1991.

[27][宋]田况.儒林公议[M].北京：中华书局，1985.

[28][宋]文莹.湘山野录·续录·玉壶清话[M].北京：中华书局，1991.

[29][宋]司马光.涑水记闻[M].北京：中华书局，1989.

[30][宋]叶梦得.避暑录话[M].上海：上海古籍出版社，2012.

[31][宋]邵伯温.邵氏闻见录[M].北京：中华书局，1983.

[32][宋]邵伯温.邵氏闻见后录[M].北京：中华书局，1983.

[33][宋]惠洪.冷斋夜话[M].北京：中华书局，1988.

[34][宋]吴曾.能改斋漫录[M].上海：上海古籍出版社，1984.

[35][宋]张载.张载集[M].北京：中华书局，1985.

[36][宋]李觏.李觏集[M].北京：中华书局，1981.

[37][宋]杨亿，刘筠，钱惟演.西昆酬唱集[M].上海：上海书店，2001.

[38][宋]朱长文.吴郡图经续记[M].南京：江苏古籍出版社，1999.

[39][明]陈邦瞻.宋史纪事本末[M].北京：中华书局，1977.

[40][明]黄宗羲.宋元学案[M].台北：世界书局，1962.

[41][清]王夫之.宋论[M].北京：中华书局，2008.

[42][清]潘永因.宋稗类钞[M].北京：书目文献出版社，1985.

[43][清]徐帆.宋会要辑稿[M].北京：中华书局，1957.

[44]周勋初主编.宋人铁事汇编[M].上海：上海古籍出版社，2014.

[45]王国轩译注.大学·中庸[M].北京：中华书局，2006.

[46]张燕婴，陈秋平，饶尚宽译注.论语·金刚经·道德经[M].北京：中华书局，2009.

[47]万丽华，蓝旭译注.孟子[M].北京：中华书局，2006.

[48]安小兰译注.荀子[M].北京：中华书局，2007.

[49]李小龙译注.墨子[M].北京：中华书局，2007.

[50]周振甫译注.周易译注[M].北京：中华书局，1991.

[51]黄寿祺、张善文译注.周易译注[M].上海：上海古籍出版社，2007.

[52][日]服部千春.孙子兵法校解[M].北京：军事科学出版社，1987.

[53]毛礼锐，瞿菊农，邵鹤亭.中国古代教育史[M].北京：人民教育出版社，1983.

[54]张运中主编.古代教育家言论编注[M].北京：新华出版社，1990.

[55]王炳照，阎国华.中国教育思想通史(第3卷)[M].长沙：湖南教育出版社，1996.

[56]张其凡.宋代政治军事论稿[M].合肥：安徽人民出版社，2006.

[57]龚延明.中国古代职官科举研究[M].北京：中华书局，2006.

[58]李元华.中国古代科举与考试[M].北京：北京出版社，1994.

[59]金诤.科举制度与中国文化[M].上海：上海人民出版社，1991.

[60]李才栋.中国书院研究[M].南昌：江西高校出版社，2005.

[61]王炳照.中国古代书院[M].北京：商务印书馆，1998.

[62]臧知非，沈华.分职定位：历代职官制度[M].长春：长春出版社，2005.

[63]陈立民，石桂芬，董文义.中国历代职官辑要[M].兰州：甘肃人民出版社，1990.

[64]臧云浦，朱崇业，王云度.历代官制、兵制、科举制表释[M].南京：江苏古籍出版社，1997.

[65]王运熙，顾易生主编.中国文学批评通史·宋金元卷[M].上海：上海古籍出版社，1995.

[66]祝尚书.北宋古文运动发展史[M].北京：北京大学出版社，2012.

[67]陈植锷.北宋文化史述论[M].北京：中国社会科学出版社，1992.

[68]大陆杂志社编辑委员会.唐宋附五代史研究论集[M].台湾：大陆杂志社，1967.

[69]郭预衡.中国古代文学史长编(宋辽金卷)[M].北京：北京师范学院出版社，1993.

[70]吴秦荔.鹿因时鸣：白鹿洞书院[M].郑州：中州古籍出版社，2014.

[71]刘玉敏.理性的高扬：理学的形成、发展与式微[M].郑州：中州古籍出版社，2014.

[72]张城.直道而行：孟子与荀子[M].郑州：中州古籍出版社，2014.

[73]周海春.儒学滥觞：孔子与早期儒学[M].郑州：中州古籍出版社，2014.

[74]隋思喜.内圣外王　修已安人[M].郑州：中州古籍出版社，2014.

[75]袁晓晶.仁心与仁政：孟子[M].郑州：中州古籍出版社，2014.

[76]郭凌云.古文运动:韩愈与柳宗元[M].郑州:中州古籍出版社,2014.
[77]陈欣雨.推天道、明人事:周易[M].郑州:中州古籍出版社,2014.
[78]钱穆.庄老通辩[M].北京:生活·读书·新知三联书店,2009.
[79]钱穆.论语新解[M].北京:生活·读书·新知三联书店,2009.
[80]钱穆.中国学术思想史论丛[M].北京:生活·读书·新知三联书店,2009.
[81]钱穆.中国近三百年学术史[M].北京:商务印书馆,1997.
[82]罗家祥.朋党之争与北宋政治[M].武汉:华中师范大学出版社,2002.
[83]吴曾棋.历代名人书札(上)[M].上海:商务印书馆,1926.
[84]方健.范仲淹评传[M].南京:南京大学出版社,2001.
[85]王红.范仲淹故事评传[M].济南:山东友谊出版社,2013.
[86]董平.伟大的教育家范仲淹[M].西安:西安地图出版社,2000.
[87]范敬中.中国范仲淹研究文集[M].北京:群言出版社,2009.
[88]刘道兴,杨德堂主编.范仲淹文化研究[M].北京:中国文史出版社,2006.
[89]牟永生.范仲淹忧患意识研究[M].南京:南京大学出版社,2014.
[90]陈荣照.范仲淹研究[M].香港:三联书店香港分店,1987.
[91]诸葛忆兵.范仲淹研究[M].北京:中国人民大学出版社,2010.
[92]程应镠.范仲淹新传[M].上海:上海人民出版社,1986.
[93]吴季桓.范仲淹[M].台北:名人出版社,1970.
[94]周鸿度.范仲淹史料新编[M].沈阳:沈阳出版社,1989.
[95]刘文戈.范仲淹戍边[M].西安:三秦出版社,2009.
[96]刘文戈.范仲淹知庆州[M].兰州:甘肃人民出版社,2002.
[97]载汝忠.范仲淹与天平山[M].沈阳:沈阳出版社,1998.
[98]董利荣.范仲淹与潇洒桐庐[M].杭州:西泠印社出版社,2009.
[99]杨德堂.范仲淹足迹录[M].北京:中国文联出版社,2009.
[100]王耀辉.范仲淹的忧乐人生[M].武汉:长江文艺出版社,1997.
[101]师晟等.范仲淹立身行事九九方略[M].北京:中国戏剧出版社,2001.
[102]朱鸿林.范仲淹在邹平[M].邹平县政协文史办公室,1993.